財産権の憲法的保障

平良小百合

現代憲法研究 Ⅴ

尚学社

目　次

凡例　　vi

はじめに ……………………………………………………………………………………………… 3

序章　日本の財産権論の問題状況 ……………………………………………… 7

第1節　財産権と法制度 …………………………………………………………… 7

　1.　憲法による財産権保障の内容　7

　　(1)　「私有財産制」　7

　　(2)　現有財産権　11

　　(3)　森林法判決の問いかけ　14

　2.　制度からのアプローチの導入　16

　　(1)　制度からのアプローチの意義　16

　　(2)　法律による財産権の内容形成　17

　　(3)　取り組むべき課題　21

　3.　基本権の客観法的内容と制度形成　23

　　(1)　私人間効力論への傾注　23

　　(2)　基本権法益間の衡量の可否への議論の集中　24

第2節　既得の権利が制限される場合 …………………………………………… 26

　1.　曖昧な理論的基礎付け　26

　2.　信頼保護原則　29

第3節　憲法上の「原形」の探求 ………………………………………………… 33

　1.　民法あるいは自生的秩序　33

　　(1)　「原形」の具体的内容　34

　　(2)　基礎にある憲法・民法関係論　35

　2.　人格的発展の自由　39

　　(1)　人格的発展の自由を取り込んだ財産権論　39

　　(2)　基礎にある憲法・民法関係論　43

　3.　「原形」の探求への疑問　45

　　(1)　各見解への批判　45

　　(2)　「原形」探求からの脱却へ　47

　　(3)　憲法上の財産権はエンプティなのか　49

i

《小括》 52

第1章　ドイツにおける「憲法と私法」論 ——財産権の憲法的保障の基礎理論 54

第1節　憲法から私法への影響 55

1. 憲法と私法の隔絶から接近へ——基本法前　55

⑴　19世紀——私法の優位　55

⑵　ワイマール期——憲法の優位への助走　58

2. 憲法の優位の確立　62

⑴　基本法制定の意義　62

⑵　憲法の優位が成り立つ条件　65

3. 私法制度形成の基本権による拘束　65

⑴　リュート判決——民事裁判官の基本権拘束　66

⑵　基本権の客観法的側面　69

⑶　内容形成論　70

第2節　私法の独自性 73

1. 私法の伝統性　73

2. 私的自治の原則　75

《小括》 77

第2章　基本法下における財産権保障の概要 79

第1節　拘束のパラドックス 79

1. 財産権の法律依存性　79

2. 憲法による立法者の拘束　81

第2節　財産権保障の全体像 82

1. 問題となる局面　83

2. 拘束のパラドックスの消失？——時間の観点から　85

⑴　時間の観点による介入の創出①——既得の権利の保護　85

⑵　時間の観点による介入の創出②——規範存続保障論　87

3. 拘束のパラドックス克服の方向性　89

⑴　立法者への委託の意義　89

⑵　立法委託の不履行の審査　93

《小括》 95

第3章　憲法上の財産権概念 ·· 97

第1節　連邦憲法裁判所による判示 ······································· 97

1. 概要　97

(1) 財産権保障の目的と機能　97

(2) 憲法上の財産権概念を特徴付けるメルクマール　99

(3) 民法に対する自立性　99

2. 各メルクマールの分析・検討　102

(1) 財産的価値のある権利／法的地位　103

(2) 私的効用性　105

(3) 基本的な処分権限　115

第2節　学説による財産権保障のモデル ······························· 118

1. 各モデルの基本構造　119

(1) 自然権的財産権モデル　119

(2) ローマ法的所有権の追認モデル　122

(3) 行為自由的財産権モデル　125

2. 憲法上の財産権概念の役割　128

(1) 法律依存性と憲法上の財産権概念　129

(2) 財産権概念の確定可能性　131

(3) 「財産それ自体」の憲法上の財産権としての保護　133

(4) 憲法上の考慮要素モデル　135

《小括》 ·· 138

第4章　連邦憲法裁判所による財産権保障の展開 ················· 140

第1節　衡量審査の確立まで ·· 140

1. 第一期──法制度保障審査の始まり　140

〔1〕ハンブルク堤防整備法判決：BVerfGE 24, 367（1968年12月18日）
　　──法制度保障審査の原型の形成　140

2. 第二期──法制度保障審査と衡量審査の混在　143

〔2〕居住賃貸借解約保護法決定：BVerfGE 37, 132（1974年4月23日）
　　──衡量審査の萌芽　143

〔3〕クラインガルテン決定：BVerfGE 52, 1（1979年6月12日）
　　──衡量審査と法制度保障審査相当の審査（現在につながる審査
　　　枠組みの基礎）　145

〔4〕砂利採取決定：BVerfGE 58, 300（1981年7月15日）
　　──衡量審査と法制度保障審査（考慮要素の明確化）　147

3. 第三期──衡量審査への一本化　150

〔5〕史跡保護決定：BVerfGE 100, 226（1999年3月2日）　150

目　次　iii

4. 判例分析のまとめ　151

第2節　衡量審査の展開——比例原則審査　152

1. 比例原則審査の構造分析　152
   - (1) 史跡保護決定における審査枠組み　153
   - (2) 建築予定地整備決定の審査枠組み　156
   - (3) 財産権理論モデルを用いた判例理論の分析　158
2. 審査密度の段階付け　163
   - (1) 判例理論　163
   - (2) 背景にある思考　172

《小括》　175

第5章　財産権の審査枠組みの理論的分析　177

第1節　法制度保障審査の帰趨　177

1. 判例における法制度保障審査と衡量審査の一本化　177
2. 学説における従来の法制度保障論の後退　179
   - (1) 法制度保障の変容　179
   - (2) 法制度保障の撤廃　181

第2節　比例原則審査の構造　182

1. 比例原則適用の前提条件　183
   - (1) 従来の比例原則の理解　183
   - (2) 比例原則の適用否定論　185
   - (3) 比例原則の適用肯定論　187
2. 財産権における特別な比例原則審査　189
   - (1) 「特別」ということの意味　189
   - (2) 審査の流れ　193

《小括》　194

第6章　財産権の現存保障　195

第1節　財産権の現存保障の基礎　195

1. 問題となる局面　195
   - (1) 既得の権利者の存否による区別　195
   - (2) 内容・限界規定と収用との区別　196
   - (3) 内容・限界規定の局面への重点の移動　198
2. 現存保障の一局面——補償を要する内容・限界規定　200
   - (1) 補償を要する内容・限界規定の意義　200
   - (2) 収用補償との違い　203

第2節　信頼保護原則の顧慮 ·· 206

　　1. 信頼保護原則の法的基礎　206

　　　(1) 法治国家原理による基礎付け　206

　　　(2) 財産権保障による基礎付け　209

　　2. 信頼保護原則を用いた判断の仕方　213

《小括》 ··· 217

終章　日本における財産権の憲法的保障 ················· 219

第1節　財産権の内容形成の統制 ································· 219

　　1. 財産権論の日独比較　219

　　　(1) 日本の財産権論の特質　219

　　　(2) ドイツの財産権論の特質　221

　　2. 日本における財産権保障の基本構造　225

　　　(1) 基本思考　225

　　　(2) 日本における考慮要素モデルの展開可能性　227

　　　(3) 日本における内容形成論に基づく財産権論との違い　231

第2節　最高裁判所判例における審査枠組み ············ 233

　　1. 比例原則審査の特質　233

　　　(1) 比例原則の多段階化　233

　　　(2) 二種類の衡量　235

　　2. 審査の実相──内容形成の場合　236

　　　(1) 憲法問題としての取扱い　237

　　　(2) 衡量審査の提示　238

　　　(3) 衡量審査の定着　244

　　3. 審査の実相──既得の権利侵害の場合　250

《小括》 ··· 259

おわりに ·· 261

　あとがき　263

　事項索引　267

　判例索引　270

目　次　v

凡　例

a.a.O.	am angegebenen Ort
Abs.	Absatz
AcP	Archiv für die civilistische Praxis
Anm.	Anmerkung
AöR	Archiv des öffentlichen Rechts
Art.	Artikel
Aufl.	Auflage
BauGB	Baugesetzbuch
Bd.	Band
BGH	Bundesgerichtshof
BGHZ	Entscheidungen des Bundesgerichtshofes in Zivilsachen
BVerfG	Bundesverfassungsgericht
BVerfGE	Entscheidungen des Bundesverfassungsgerichts
BVerwGE	Entscheidungen des Bundesverwaltungsgerichts
ders.	derselbe
DöV	Die Öffentliche Verwaltung
DSchPflG	Denkmalschutz- und Pflegegesetz
DVBl.	Deutsches Verwaltungsblatt
et al.	*et alia / et alii*
f.	folgende (Seite)
ff.	folgende (Seiten)
Fn.	Fußnote
GG	Grundgesetz für die Bundesrepublik Deutschland
HdbGR	Handbuch der Grundrechte in Deutschland und Europa
HdbStR	Handbuch des Staatsrechts der Bundesrepublik Deutschland
Hrsg.	Herausgeber
insb.	insbesondere
JöR	Jahrbuch des öffentlichen Rechts der Gegenwart
Jura	Juristische Ausbildung
JuS	Juristische Schulung
JZ	Juristenzeitung
Lfg.	Lieferung
NJW	Neue Juristische Wochenschrift
NVwZ	Neue Zeitschrift für Verwaltungsrecht
NVwZ-RR	Neue Zeitschrift für Verwaltungsrecht, Rechtsprechungs-Report

NZS	Neue Zeitschrift für Sozialrecht
RGZ	Entscheidungen des Reichsgerichts in Zivilsachen
Rn.	Randnummer
S.	Seite
SGb	Die Sozialgerichtsbarkeit
StuW	Steuer und Wirtschaft
VersR	Versicherungsrecht
vgl.	vergleiche
VVDStRL	Veröffentlichungen der Vereinigung der Deutschen Staatsrechtslehrer
z. B.	zum Beispiel
ZHR	Zeitschrift für das gesamte Handels- und Wirtschaftsrecht

最大判	最高裁判所大法廷判決
最判	最高裁判所小法廷判決
高判	高等裁判所判決
地判	地方裁判所判決
民集	最高裁判所民事判例集
刑集	最高裁判所刑事判例集
集民	最高裁判所裁判集民事
高民集	高等裁判所民事判例集
訟月	訟務月報
判時	判例時報
判自	判例地方自治

財産権の憲法的保障

はじめに

　「基本権と制度」の関係をどのように捉えるかということは，近年，日本の憲法学において関心を集めているテーマの一つである。現代国家においては，人々の生活のあらゆる局面に，法制度が入り込み，生活関係を規律している。例えば，所有権制度，契約制度，家族制度，相続制度，選挙制度，裁判制度，社会保障制度等，人々の市民生活・社会生活を支えている法制度は，枚挙にいとまがない。それらの法制度が，憲法の保障する基本権の基礎となっていることも多い。このような状況の中で，「基本権と制度」の関係に注目が集まるようになってきた。そこでは，法制度が基本権保障の在り方を規定しているにもかかわらず，それでもなお憲法による保障が及ぶとするならば，それはどのようになされるかということが問われる。

　財産権もまた，こうしたテーマの下で論じられるべき基本権である。財産権が，法制度を前提とした基本権であるという認識自体は，近時，広まりを見せつつある。しかしながら，そうした特質を有する基本権はどのような保障構造を有するものであるのかについては，共通了解が構築されているとはいまだ言い難い状況にある。本書は，特に，財産権を検討の対象として取り上げ，その憲法上の保障構造を明らかにすることを目的としている。すなわち，憲法上の財産権に対して制限（介入）を加えているというよりも，その内容を定め，保護領域を確定しているだけであると考え得る法律に対して，憲法による拘束をどのような論理構成で及ぼすのかという問題に取り組む。また，財産権の保障構造に適合的な裁判所による審査がどのように行われるかについても考察する。

　憲法上の財産権保障について論ずるに当たり，本書は次のような構成をとっている。

　まず，序章〔日本の財産権論の問題状況〕では，日本におけるこれまでの財産権をめぐる言説を整理し，更に検討を要する点がどこにあるのか，現在の議論状況の中で本書が取り組むべき課題を明確にしたい。

　続いて，その課題の解決へ向けて，ドイツの議論を参照する。ドイツ連邦共和国基本法では第14条で財産権保障について定められている。

3

第14条1項：財産権及び相続権は，これを保障する。その内容及び限界は，法律でこれを定める。

　　2項：財産権には義務が伴う。その行使は，同時に公共の福祉に役立つべきである。

　　3項：収用は，公共の福祉のためにのみ許される。収用は，補償の方法及び程度を規律する法律により，又は法律の根拠に基づいてのみ，これを行うことが許される。その補償は，公共の利益及び関係者の利益を正当に衡量して，これを定めるものとする。補償の額につき争いのあるときは，通常裁判所で争う途が開かれている。

　基本法14条1項1文・2文は日本国憲法29条1項・2項とおおむね類似した条文構造を有している。そのため，実定法を前提とする比較が容易なものとなっている。そして，ドイツにおいては，基本権の客観法的側面についての議論の蓄積の上で，基本権と制度の関係を検討する議論が展開されている。それゆえ，基本権と制度の関係を考察するための基礎となる思考枠組みが得られやすい。さらに，財産権に関する連邦憲法裁判所判例が豊富にあり，日本でなされているよりも踏み込んだ議論が，それらの判決を素材に展開されている。こうした理由から本書では，比較法の対象国としてドイツを選択する。

　ここで，用語法の説明をしておくと，ドイツ基本法上の „Eigentum" という語は，民法典がそれを先に「所有権」として定めていたことを背景に，「所有権」と訳されることも多い。しかし，現在，基本法上の „Eigentum" は，民法上の所有権のみを保障しているのではなく，多様な権利を保障対象として含む概念となっている。このため，本書では，「所有権」と訳することが特に適当である箇所以外では，「財産権」と訳している。

　第1章〔ドイツにおける「憲法と私法」論——財産権の憲法的保障の基礎理論〕では，財産権の憲法的保障の基礎を成している「憲法と私法」論を取り上げる。まず，財産権の憲法による保障を否定する思考から肯定する思考への変化の根底にある憲法・私法関係論を分析する。次に，現在のドイツにおける財産権の憲法的保障論を支えるものとなっている基本権論の展開を概観する。さらに，現在の財産権論にも，依然として見られる私法の独自性の理論的淵源を探る。ここでの叙述は，伝統的に私法が定めてきた制度を，後に憲法が取り入れて憲法上の財産権の保障内容とすることの意味を考えるに際しての基礎となる

ものである。

　第2章〔基本法下における財産権保障の概要〕では，基本法による財産権保障の概要を把握することを目的とした叙述を行う。ドイツにおいても，憲法上の財産権は法律を前提として観念し得るものであり（財産権の法律依存性），憲法が立法者に内容形成を委託しているにもかかわらず，同時にその内容形成に憲法による拘束が及ばなければならない（拘束のパラドックス）ということが説かれている。まずは，そうした見解がどのように示されているのかを詳細に見る。次いで，財産権保障が問題となる局面を分け，拘束のパラドックスが財産権保障の全体像の中に，どのように位置付けられるのかを考察する。

　第3章〔憲法上の財産権概念〕では，法律依存性という特質を顧慮する必要のある財産権に，憲法上保障が及ぶとはどういうことかについての考察に深く立ち入っていく。この考察において鍵となる，法律から独立して憲法上自立的に観念される「憲法上の財産権概念」について，まず，連邦憲法裁判所の判示を分析する。「憲法上の財産権概念」は，複数のメルクマールから構成されているところ，それぞれの意義を明らかにする。次に，拘束のパラドックスを意識する学説が，財産権保障の憲法上の立脚点として提示している論理構成をモデル化して整理する。その上で，各モデルの背景を分析・検討し，それぞれの理論的特色を明確にする。

　第4章〔連邦憲法裁判所による財産権保障の展開〕では，連邦憲法裁判所の判例を素材に，財産権保障の審査枠組みを分析する。そこではまず，審査の大枠が，法制度保障審査から衡量審査へ移り変わってきた様子を描き出す。次に，衡量審査として具体的に行われる比例原則審査の構造を分析し，財産権保障の領域に特有の審査のなされ方を示す。また，憲法裁の判例を素材に審査密度の段階付けについても整理する。

　第5章〔財産権の審査枠組みの理論的分析〕では，前章で行った憲法裁判例の分析を踏まえて，今度は理論面から財産権の審査枠組みを分析する。具体的には，学説において，法制度保障審査が，どのような位置付けを与えられるようになったのかを示す。さらに，判例に見られた財産権保障の領域に特有の比例原則審査が有する特殊性のゆえんを分析する。

　第6章〔財産権の現存保障〕では，現存保障の側面から財産権論を見直す。ドイツでは，現存保障についても，内容・限界規定の局面で審査されることが

はじめに　5

多い。まず，その理論的な背景を分析する。また，現存保障の一局面としての「補償を要する内容・限界規定」の意義について考察する。さらに，財産権の現存保障と密接に関連するものとして，信頼保護原則について取り上げ，その法的な基礎付け，顧慮のされ方について分析する。

　最後に，終章〔日本における財産権の憲法的保障〕で，ドイツの財産権論を参照して得られた知見を整理し，それを基に，日本における財産権の憲法的保障論の再構築を試みる。最高裁判所判例の審査枠組みの検証もここで行う。

序章　日本の財産権論の問題状況

第1節　財産権と法制度

1. 憲法による財産権保障の内容

　日本国憲法において財産権を保障している条文を見ると，そこにはすぐには解し難い規定が並んでいる。それは，「財産権は，これを侵してはならない」（29条1項），「財産権の内容は，公共の福祉に適合するやうに，法律でこれを定める」（2項）とする規定である。この二つの規定をそのまま読めば，憲法によって保障される財産権は，法律の定める内容のものでしかない。それでよいとする見解も存在する[1]。しかし，29条もまた，立法者をも含む国家権力を拘束するものとして定められた憲法上の権利の一つである。それにもかかわらず，そのように読むことは適切でない[2]。そこで多くの論者は，法律によっても侵されることのない何か，に憲法上の財産権としての保護を与えようと理論構成を試みた。それが，29条1項は，「個人の現に有する具体的な財産上の権利」と，「個人が財産権を享有しうる法制度，つまり私有財産制」との二つを保障するものとする見解[3]であり，通説の地位を築いてきた。

(1) 「私有財産制」

　私有財産制の保障は，いわゆる制度的保障と呼ばれてきたものである。それによれば，制度の核心は法律によっても侵され得ない[4]。そして，その核心に

---

1) 最大判昭和28年12月23日民集7巻13号1523頁〔自作農創設特別措置法事件〕栗山茂裁判官補足意見，松井茂記『日本国憲法〔第3版〕』（有斐閣，2007年）571頁。松井は，「財産権の内容を国会が恣意的に変更することを禁止したもの」としてのみ，財産権の憲法による保障の意義が認められるとする。

2) 参照，藤田宙靖『西ドイツの土地法と日本の土地法』（創文社，1988年）137頁，石川健治「財産権②」小山剛・駒村圭吾編『論点探究憲法〔第2版〕』（弘文堂，2013年）244頁。

3) 芦部信喜（高橋和之補訂）『憲法〔第6版〕』（岩波書店，2015年）233頁。

ついて，資本主義体制とするもの[5]と，「人間が人間としての価値ある生活を営むに必要な物的手段の享有」であるとするもの[6]とで見解が分かれていた。憲法による財産権の保障内容の簡潔な叙述としては，このように述べるのが，最も一般的な説明の仕方であろう。

しかし，このような制度の核心が憲法上保障されると主張することによる実益は今日では乏しくなっている[7]。現在，資本主義と社会主義の激しい相克は消失している。それゆえ，前者のように侵されてはならない核心が資本主義体制だと説くだけでは，財産権が制度的に保障されることによる意義を今日において見出すことは，ほとんどできない[8]。

また，後者に対しても二つの点から批判が提起されている[9]。第一に，日本国憲法が個人の生活に不可欠な物的手段のみを保障するのであれば（かつての）社会主義国の憲法のようにその点を明示したであろうという指摘である。そして第二に，憲法22条1項によって「営業の自由」が保障されていることから，憲法は財産権を資本主義的市場経済の中で保障していると解されるという指摘である。このように，今日一般的に説かれている制度的保障の内容は，それが保障されていることによる意義が乏しくなっているものであったり，憲法の保障構造との整合性を説明し難いものであったりするのである。

他方で，私有財産制の保障内容として，専ら体制選択の問題に着目する[10]の

---

4) 芦部・前掲注3) 234頁参照。

5) 例えば，法学協会編『註解日本國憲法(上)』(有斐閣，1953年) 561頁参照。

6) 今村成和『損失補償制度の研究』(有斐閣，1968年) 13頁参照。

7) 安念潤司「憲法が財産権を保護することの意味」長谷部恭男編著『リーディングズ現代の憲法』(日本評論社，1995年) 144頁参照。

8) これに対して，資本主義制度の在り方が核心の周辺部分に位置する制度形成を嚮導するという形で財産権の制度的保障を説くのであれば，現在においてもその意義を保つことができよう。その見解によれば，制度的保障の構造は，「グローバルな市場により自生的に成立する」核心部分と，「憲法や法律による作り込みに委ねられる」周辺部分とからなる（棟居快行『憲法学の可能性』(信山社，2012年) 56頁〔初出2010年〕。また，棟居快行『人権論の新構成』(信山社，1992年) 263頁以下〔初出1988年〕も参照）。核心部分は，周辺部分を統制する際の規準点となる。ただし，この周辺部分は，憲法上，主観的人権としての直接の保護が及ぶわけではない。資本主義ないし私有財産制度の在り方を国家が整備していく上で従わねばならないルールが事実上ある（制度的制約）ということになろう（参照，棟居『憲法学の可能性』354頁〔初出1999年〕）。

9) 佐藤幸治『日本国憲法論』(成文堂，2011年) 310頁参照。

10) 石川・前掲注2) 247頁参照。

とは異なる部分に力点を置く理解も，日本国憲法制定の前後にまで遡ると示されていた。例えば，美濃部達吉は，大日本帝国憲法27条1項「日本臣民ハ其ノ所有権ヲ侵サル丶コトナシ」について，「それは私有財産制度の原則を言明して，国家の権力を以ても，法律上正当なる根拠の有る場合の外は，私有財産を侵害することを得ないことを定め，以て各人が安全にその財産を享有し得ることを保障して居るのである」と述べていた[11]。さらに，「私有財産制度の原則は，……近代社会の経済組織の最も著しい特徴を為すものである」として，その「法律上の特色」として，三点を挙げていた。第一に「統治権と財産権との分離」，第二に「土地私有の制」，第三に「財産不可侵の原則」である。そして，「私有財産制に伴ふ以上三種の原則の中，本条に於いて規定せられて居るのは専らその第三点に関するものである。第一及び第二の原則は直接に本条に於いて言明せられて居るのではなく，その前提とせられて居る所である」という[12]。つまり，行政権及び司法権に対して[13]，「各人が安全にその財産を享有し得ること」が私有財産制度の保障内容とされており，しかも，生産手段の私有制の一つを成すところの「土地私有の制」は前提であって直接規定されているわけでもないと述べられているように，美濃部の力点は，資本主義体制の保障とも，人間が人間として価値ある生活を営むに必要な物的手段の享有の保障とも異なるところに置かれている。「制度」の保障というよりむしろ，現在でいうところの「現に有する具体的な財産上の権利」が，正当な法律上の根拠に基づかずして行政権[14]及び司法権により侵害されることの禁止が，美濃部のいうところの私有財産制の原則の内容をなしているように思われる。「美濃部の枠組では，財産権は議会にとっては不可侵ではなかったのであり，議会自身による私有財産の

11）美濃部達吉『逐条憲法精義』（有斐閣，1927年）383頁。以下，表記が現在と異なる文献を引用する際には，旧字体は新字体に改め，片仮名は平仮名に改めた。

12）美濃部・前掲注11）384頁以下。

13）美濃部・前掲注11）386頁。本条の規定は，立法権に対する制限を意味するのではなく，法律をもって財産権の享有又は行使についていかなる制限を設けようとも，本条に抵触するものではないとされている。

14）「命令を以ては，原則として，財産権を制限する規定を設くることは出来ぬ」，「人民の財産権が如何なる効力を有するかは，唯法律を以てのみ定め得べき所」であるとされている。例外的に，警察命令（大日本帝国憲法9条）の大権によって財産権の効力を制限することができる（美濃部・前掲注11）387頁以下参照）。

制限については，その故に全く歯止めのない主張」であって，この点は後の論者[15]が，「私有財産制度自体の立法権からの擁護を説いたのに比べても」顕著な特徴であると指摘されている[16]。

　これに対して，専ら制度の側面から，かつ体制選択の問題から離れて，私有財産制の保障を論じたのが柳瀬良幹であった。柳瀬は，日本国憲法29条1項の財産権保障を「現実の個々の具体的な財産上の権利」を保障したものではなく，「現実の個々の具体的な財産上の権利を持ち得る資格または能力」，換言すれば，「何人も一定の要件を備へれば一定の財産上の権利の主体となり得る可能性」，更に換言すれば，「何人も一定の要件を備へれば一定の財産上の権利の主体となることのできるような制度」，つまり，「私有財産権能力または私有財産制度」を保障したものだという解釈を提示していた[17]。「財産権保障の主要な意味は，財産を取得し保持する権利一般を法制度として保障するという面にある」[18]と説く現在の通説的な見解の中にも，柳瀬の解釈と共通した発想を見出すことができるとの指摘もなされている[19]。また，このように財産権を「何かをなしうる可能性」と考えることが，すなわち，財産権を自由の問題であると考えることであるという指摘がなされている[20]。もっとも，ここで観念される自由は，制限のないことが原則とされるような自由とは全く異なるものである。柳瀬自身の説くところによれば，29条1項が法律に対して禁止しているのは，「各人の財産上の権利能力を全く否定し，各人が財産上の権利の主体となり得る可能性を全く否認することだけであって，苟くもこれを否認しない限り，その能力や可能性の内容を如何に定め，即ち人は如何なる要件を備へた場合に如何なる権利の主体になるかを定めることは，第1項の関知するところではなく，本来法律の自由の権能に属するところなのである」[21]。

---

15) 宮沢俊義『憲法略説』（岩波書店，1942年）61頁，黒田覚『日本憲法論(中)〔改訂4版〕』（1939年）319頁参照。

16) 石川健治「財産権条項の射程拡大論とその位相(1)」国家学会雑誌105巻3=4号（1992年）183頁参照〔圏点は原文〕。

17) 柳瀬良幹『人権の歴史』（明治書院，1949年）54頁参照。

18) 芦部・前掲注3)233頁。

19) 鵜澤剛「制度複合体としての憲法」立教法学80号（2010年）268頁参照。

20) 小島慎司「『経済的自由権』」南野森編『憲法学の世界』（日本評論社，2013年）241頁以下参照。

21) 柳瀬・前掲注17)61頁。

(2) 現有財産権

　次に，個人の現に有する具体的な財産上の権利の保障（現存保障）の内容について見ていく。今日，その保障の対象となるのは，一切の財産的価値を有する権利であると解されている。例えば，所有権その他の物権，債権のほか，著作権・特許権などの知的財産権，鉱業権・漁業権などの特別法上の権利，公法上の権利である水利権・河川利用権など，そして，（給付決定等によって権利として確定した場合には）各種社会保障受給権も含まれるとされている[22]。

　ここでは特徴的なこととして，二点記しておきたい。

　まず，第一の特徴は，民法上の所有権からは独立した憲法上の財産権が観念されていることである。このことについては，日本国憲法29条では，「財産権」という用語が用いられていることもあり，これまで特に大きな問題とはなってこなかった[23]。

　これに対して，大日本帝国憲法27条では，「所有権」という用語が用いられており，この語をめぐる解釈が分かれていた。一つには，「本条に所謂『所有権』は，民法に定められて居る所有権よりは遙に広い意義を有し，広く総ての財産権を意味するものである」というように，プロイセン憲法9条と同様に（これについて参照，第1章第1節1.）解すべきであるとする立場があった[24]。すなわち，「民法に認めて居る財産権ばかりではなく，特許権・実用新案権・意匠権・……の如き特別法に依る財産権をも含み，又単に私法的性質を有する財産権ばかりではなく，水利権・河川占用権・公園地又は道路使用権の如き公法的性質を有する一私人の財産権をも含んで居る」との美濃部による広い解釈である[25]。現有財産権の保障対象を一切の財産的価値を有する権利とする現在の日本国憲法についての解釈につながるものである[26]。

---

22) 渡辺康行・宍戸常寿・松本和彦・工藤達朗『憲法Ⅰ 基本権』（日本評論社，2016年）353頁〔宍戸執筆〕。

23) 「私法上の財産権」のみが保障されると解していた少数説として，佐々木惣一『改訂 日本国憲法論』（有斐閣，1952年）419頁がある。

24) 美濃部・前掲注11）383頁。

25) 美濃部・前掲注11）386頁。

26) こうした美濃部の考え方は，当時のコンテクストにおいてはむしろ例外的であり，かつ画期的であった（石川・前掲注16）14頁参照）。美濃部説の論拠とそれが主張された文脈についても，同28頁以下を参照。

こうした広い解釈には，上杉慎吉のように，「所有権は私人相互の間に存する財産上の権利にして，民法其の他私法の定める所に依りて，其の本質限界を定めらるるの権利なり，憲法は唯だ此の私法上の権利を侵さざることを規定するのみ，憲法自ら所有権の本質限界を定むるものに非ず」という立場が対峙していた[27]。ここには憲法上の財産権という観念は皆無である。このように，「大日本帝国憲法27条にいう『所有権』を民法上の所有権に限定する見解が昭和初期の時点ではかなり有力であった」[28]。

　他方，プロイセン憲法に範を求める美濃部の見解に対して，全く別の角度から批判的見解を述べるものもあった。金森徳次郎は，「外国に於ける特殊の事実は直に以て我憲法の解と為すに足」りないという理由や「憲法は一切の私権を保障するを要せず主要なる権利を保障するを以て足るが故に，妄に所有権以外の権利をも悉く立法事項と為したりとするを得ざる」という理由とともに，「現行民法は憲法制定当時存在せざりしこと，民法は朝鮮に行はれざること」という理由を挙げて，「憲法の所有権なる語は後に生じたる民法と独立して考ふべく，一般の意義に依り人が法に基き物に対して有する一般的の支配権なりと解すべきのみ」と述べていた[29]。所有権の意義は民法から独立して解釈すべきことが説かれているのであるが，現行民法，すなわち，実定法としての民法が大日本帝国憲法が制定された時には制定されていなかったということがその理由付けとして挙げられていることが注目される。そしてさらに，民法典とはまるで無関係に憲法上の財産権が観念され得，それが，「物に対して有する一般的の支配権」であるとされていることも興味深い。このような考え方に，憲法上の財産権を漠然と「自由な財産権」と観念する日本国憲法下の憲法学（下記，「原形テーゼ」についての叙述を参照）にも連なる意識を読み込むことは安易に過ぎるかもしれない。また，日本国憲法下とは異なり，帝国憲法下ではそれが一般的であったように，「自由権の効力は多数の場合に於ては法律に対抗することを得ざるものにして，唯行政権に対抗することを得るもの」と考えられていたという違いもある[30]。しかし，その時代的な限界を差し引いて考えると，所有権

27）上杉慎吉『憲法述義〔第16版〕』（有斐閣，1944年）293頁。

28）石川・前掲注16）13頁参照。

29）金森徳次郎『帝国憲法要綱〔訂正20版〕』（巌松堂書店，1934年）146頁。

30）金森・前掲注29）136頁。

不可侵の「侵す」の意義について書かれた次の一節も，「自由な財産権」を描いたものと読むことができるように思われる。曰く，「憲法法典は既述の如く所有権なる語に一定の意味の存することを前提とす，憲法は所有権に定型あることを予想す，故に此の定型ある所有権を其の儘存在せしむる場合を除くの外は常に所有権を侵すものと謂ふべし」[31]。

　次に，第二の特徴は，どのような権利が「憲法上の財産権」として保障され得るのかについて，「財産的価値を有する」ということ以外に，特段示すものがなく，現有財産権の保障対象が，かなり広く解されているということである。こうした概括的な把握を超えて，財産権という権利の内実が何かということには，これまでほとんど目が向けられてこなかったとの指摘もあるところである[32]。

　この点，本書の参照するドイツにおいては，例えば，社会保障受給権について，それが憲法上の財産権保障を受け得るのか，それはどのような要件を満たす場合なのかということが，活発な議論の対象となってきた[33]。また，ドイツでは，給付決定等によって権利として確定した場合でなくとも期待権としての保障が及ぶとされている点も異なる。

　また，租税を課することが財産権保障との関係で憲法上問題となり得るのかという問題の根底にある，財産それ自体 (Vermögen als solches) について憲法上の財産権保障が及ぶのかという論点についても，日本の憲法学では，議論が深められてきたとは言い難い。この点についても，ドイツでは自覚的に議論がなされてきた[34] が，日本の憲法学では主題として取り上げられること自体が少なく，租税法学においても同様の状況があったと指摘されている[35]。

---

31) 金森・前掲注29) 148頁〔圏点は筆者付記〕。

32) 中島徹「財産権保障における『近代』と『前近代』——震災とTPPを契機とする再考 (1)」法律時報84巻1号 (2012年) 83頁参照。同論文 (以降9号まで全8回の連載) は，こうした状況の中で生ずる問題，すなわち，前近代的財産権を憲法上の財産権は保障しているのかという問題に取り組んでおり，本書とは関心を異にする。

33) 日本における紹介として，斎藤孝「社会保険給付額の引き下げに関する憲法問題——社会保険給付請求権の規範的内容」法学新報98巻5=6号 (1992年) 97頁以下，太田匡彦「『社会保障受給権の基本権保障』が意味するもの——『憲法と社会保障』の一断面」法学教室242号 (2000年) 119頁，田中秀一郎「ドイツ年金保険における財産権論」社会保障法24号 (2009年) 77頁以下。

　本書では，第3章第1節1.において言及しているが，この論争には立ち入っていない。

34) 渕圭吾「政策税制と憲法——ドイツ法を素材とした序論的考察」海外住宅・不動産税制研究会編著『欧米4か国における政策税制の研究』(公益財団法人日本住宅総合センター，2014年) 153頁以下。

(3) 森林法判決の問いかけ

　以上，憲法による財産権保障の内容として，私有財産制と現有財産権の保障の二つがあることを見てきた。時には異なる見解が示されることがありつつも，それぞれ，より具体的には，資本主義体制，及び現に有する「一切の財産的価値を有する権利」が保障されるという理解が，通説と目されてきた。

　このような状況の中，こうした従来の通説的見解では対処し得ない財産権の保障形態が存在するのではないかということが，森林法判決[36]についての検討に際して学界の注目を集めることとなる。

　森林法判決の事案は，概略次のようなものである。兄弟である原告と被告が，父から持分2分の1ずつとして山林を生前贈与され，共有していた。ある時，被告が山林の一部を原告に無断で売却し伐採させるなどしたため，兄弟間で争いが生じ，原告が山林の分割等を請求した。しかし，当時の森林法186条が，共有物分割請求権を定める民法256条1項にかかわらず，共有森林につき持分価額2分の1以下の共有者に分割請求権を否定していたため，持分2分の1の原告の分割請求権は認められないことになっていた。そこで，原告は提訴し，分割を請求するとともに，森林法186条の規定は憲法29条に違反し無効であるなどと主張して争った。第一審判決[37]，第二審判決[38]は，ともに合憲とし，分割請求権を棄却したため，原告が上告した。

　最高裁は，まず冒頭で，憲法29条1項・2項について，次のような解釈を示す。すなわち，29条1項・2項は，「私有財産制度を保障しているのみでなく，社会的経済的活動の基礎をなす国民の個々の財産権につきこれを基本的人権として保障するとともに，社会全体の利益を考慮して財産権に対し制約を加える必要性が増大するに至ったため，立法府は公共の福祉に適合する限り財産権について規制を加えることができる」という。その上で，本件で問題とされた森林法186条は，憲法29条によって保障された財産権を制限するものであり，29

35）渕圭吾「憲法の財産権保障と租税の関係について」法学新報123巻11=12号（2017年）28頁以下参照。
　　本書では，第3章第2節2.において，本書の問題関心と関係する限りで，若干の検討を行っている。

36）最大判昭和62年4月22日民集41巻3号408頁。

37）静岡地判昭和53年10月31日民集41巻3号444頁。

38）東京高判昭和59年4月25日民集41巻3号469頁。

条2項にいう公共の福祉に適合していることが要求されるという。曰く，「森林法186条は，共有森林につき持分価額2分の1以下の共有者……に民法256条1項所定の分割請求権を否定している。…… 共有物分割請求権は，各共有者に近代市民社会における原則的所有形態である単独所有への移行を可能ならしめ，……公益的目的をも果たすものとして発展した権利であり，共有の本質的属性として，持分権の処分の自由とともに，民法において認められるに至ったものである。したがって，当該共有物がその性質上分割することのできないものでない限り，分割請求権を共有者に否定することは，憲法上，財産権の制限に該当し，かかる制限を設ける立法は，憲法29条2項にいう公共の福祉に適合することを要するものと解すべき」である。

　この判示に対して，根本的な疑問を投げかけたのが安念潤司である。安念によれば，最高裁のこのような理解の仕方は，憲法上の財産権は「個人の具体的権利」と「私有財産制」を保障しているものであるとする従来の学説によっては，そのいずれの保障内容からも説明のつかないものであるという。まず前者に関して，原告は分割請求権が否定されていることを知っていて本件森林を取得したのであり，救済すべき個人的権利の制限・剥奪はそもそもなかった。それにもかかわらず，財産権保障違反という判断が下されたのである。このことから，本判決は個人の具体的権利をこの事案での憲法上の財産権の保障内容としていたのではないという指摘がなされた[39]。次に後者に関しても，上記判示部分では，森林法186条が，共有森林について持分価額2分の1以下の共有者からの分割請求権の行使を禁止していたことが，「憲法上，財産権の制限に該当」するとされている。しかしそれは，共有物の分割請求権が憲法によって保障されていなければ不可能なはずであり，そうした保障は，私有財産制の保障とは異なるものであるという正当な指摘がなされた[40]。このような指摘をした上で，安念は，そうした判示の基礎には，私有財産制の保障とは異なるタイプの制度的保障のテーゼが存在することを浮き上がらせた。このテーゼは，「自由な財産権が財産権の原形（プロトタイプ）であり，この意味での原形こそが憲法上（制度として）保障されている」というものであり，原形テーゼと呼ばれている[41]。

---

39) 安念・前掲注7) 138頁以下, 143頁参照。

40) 安念・前掲注7) 145頁参照。

41) 安念・前掲注7) 147頁参照。

2．制度からのアプローチの導入

(1) 制度からのアプローチの意義

このように，一方で，個人の具体的な財産権という個のレベルにまで極小化された保障でもなく，他方で，体制選択の問題にまで極大化された私有財産制の保障でもない，その中間で，財産権保障を議論する余地が，なお広く残されている[42]。その場合，個人の保持している具体的な財産権に分解される前に，一般的に存在する財産権という権利の保障のなされ方を問題とすることになる。それはすなわち，財産権が法律上，どのような制度として形作られているかを議論の対象とするということである[43]。ここでいう「制度」は，私有財産制をその保障内容とする従来の制度的保障にいう「制度」のように，越えられてはならない最後の境界を意味しているのではない。それは単に，財産権を形作っている法規範の総体を意味している。こうした制度からのアプローチを行うことは，以下のような理由から，財産権論にとって有意義なものである。

制度からのアプローチの重要性は，第一に，財産権が法制度を前提とした権利であるという性質から生ずるものである。近年では，財産権は法制度を前提とした権利であるということの指摘自体は広く人口に膾炙したものとなりつつある[44]。「財産権という権利は，自由権とは異なり，どの範囲の財産が誰にどのような条件で帰属するかを定める『構成的ルール』を必要とする」[45]。制度からのアプローチにおいては，この構成的ルールの憲法適合性が問われることと

---

42) このように，財産権を形成する法律には三つの限界があるということについて，平良小百合「自分の家なのに出て行かないといけないのですか？――財産権」宍戸常寿編『18歳から考える人権』（法律文化社，2015年）81頁参照。

43) 鵜澤・前掲注19）271頁参照。

44) 例えば，体系書では，松井・前掲注1）559頁，長谷部恭男『憲法〔第6版〕』（新世社，2014年）246頁，宍戸・前掲注22）343頁，高橋和之『立憲主義と日本国憲法〔第4版〕』（有斐閣，2017年）272頁。財産権のような基本権について前国家的な保護の対象が観念できないということを，そうした基本権上の自由には，「概念上，他者に対する拘束力等，法的効力の利用が内包されているということ」から根拠付けるものとして，参照，篠原永明「立法者による基本権の保護の対象の決定(2·完)」自治研究91巻4号（2015年）104頁以下。それゆえ，財産権は，「国家からの自由」と「国家による強制」の両義的性質を備えたものであるという指摘もなされている（木下昌彦「21世紀の財産権と民主主義」法律時報89巻4号（2017年）105頁参照）。

45) 宍戸・前掲注22）343頁。

なる。29条2項が，法律による財産権の内容形成を求めている意義については，近年新たな議論が提起されつつあるところであり，次項で改めて検討を加える。

　第二に，財産権は個人の権利保護のみを目的として創出されるものではなく，社会的な効用の増大のために創出されることも多いということも，制度からのアプローチの重要性を示している。社会的な効用のための所有権保障という考え方は，かつて，柳瀬によって全面的に説かれていた。すなわち，憲法が所有権を保障する理由は，「所有権を保障することが社会生活上有用であり，必要であるからに外ならない」とされ，このことは日本国憲法にも妥当するものと述べられていた[46]。具体的な場面としては，共有地の疲弊を防ぐために，共有者の完全に自由な使用を限定するような権利の設定がなされるという例や，創作者のインセンティブを創出するために，著作権が設定されるという例によって説明される[47]。こうした制度形成を第一次的に行うのは立法者であるとしても，完全にその手に委ねられてよいわけではないであろう。むしろ，その結果として，憲法上保障される財産権の具体的内容が定まるのであるから，制度形成の段階で，内容を基本権の観点から方向付け，さらに，形成後の制度を検証し直すことが求められる。場合によっては，「既得の財産権に対する事後的な削減・剥奪をコントロールするに止まらず，いかなる財産権を創出すべきであるかという制度設計のレベルで立法者をコントロールする」[48]ための基礎理論を提供することも考えられる[49]。

(2)　法律による財産権の内容形成

　先に述べたような財産権保障の前提として法制度の存在が不可欠であるという考えには，「財産権という概念は文明の成立と同時に成立」[50]したとして，財産権は法制度ができる前から存在していたとする阪本昌成の見解が対峙するようにも思われる。この見解によれば，29条2項は，「法律上の財産制度を創設する規定ではなく，〈法律は，財産の正当性を確認するための二次ルール（確認のルール）である〉ことを示すものと解する」[51]ということになる。もっとも，

46）柳瀬・前掲注17）43頁以下，53頁参照。

47）角松生史「経済的自由権」安藤高行編『憲法Ⅱ　基本的人権』（法律文化社，2001年）234頁参照。

48）安念・前掲注7）147頁。

49）行政法学の立場からも，立法者による制度設計の際に働く人権規定の立法指針機能の重要性が説かれている（原田大樹『公共制度設計の基礎理論』（弘文堂，2014年）208頁以下参照〔初出2009年〕）。

50）阪本昌成『憲法理論Ⅲ』（成文堂，1995年）245頁。

この見解にあっても，二次ルールであるとはいえ，所得と交換のルールが国家によって維持・提供されねばならないことは認められている。29条2項は，「そのルール決定手続と形式が法定されること」を定めているのであり，この場合，29条2項にいう「『財産権の内容』は，財産権の内容そのものの状態のことではなく，権利者が権利を行使する際の範囲・程度を指すものと解される」ことになるのだという[52]。それゆえ，財産権が現実に保障されたものと言えるためには，財産権の範囲・程度を詳細に定める法律が必要とされることは同様である[53]。その上，権利者がどのような範囲・程度で財産権を行使できるかということは，財産権がどのような内容を有しているかということと結局は同義であるように思われる。財産権の内容とその行使を区別することは，一般に困難である[54]。また，財産権が行使される場としての市場を成り立たせるための規制を行う法律，すなわち，財産権の行使の態様に関わる法律も必要である[55]。このように，財産権が現実に行使される場面まで考えた場合，文明の成立と同時に観念され得るような極めてプリミティブな財産権は，憲法が保障する権利としての内容を備えたものとは言えない。それゆえ，本書では，憲法上の財産権の内容は，法律によって定められるという憲法29条2項の規定を文字どおり捉え，この理解を考察の出発点に置く。

　もっとも，阪本が，所得と交換のルール決定手続と形式が法定される，すなわち法律で定められるということが，財産の正当性を確認することになると述べている部分では，ほかならぬ法律で定めることが，財産権の正当性にとって意義を有しているということが含意されている。すなわち，29条2項は，「財産権の範囲・程度を一般性・抽象性・平等普遍性をもった法律の形式で定めるよう求めている」ものと解されており，その法律が「利害調整の普遍的ルール」となる

---

51) 阪本・前掲注50) 259頁。

52) 阪本・前掲注50) 261頁，佐藤・前掲注3) 296頁，佐々木・前掲注23) 420頁も同旨。

53) 財産権が自然権であることを主張する法哲学者の森村進も，財産権のルールの詳細は自然権や自己所有権の概念だけから決めることはできないことを認めている（森村進『財産権の理論』（弘文堂，1995年）122頁）。

54) 野中俊彦・中村睦男・高橋和之・高見勝利『憲法Ⅰ〔第5版〕』（有斐閣，2012年）486頁〔高見執筆〕参照。

55) 佐藤幸治『現代国家と人権』（有斐閣，2008年）182頁，長谷部恭男『テレビの憲法理論』（弘文堂，1992年）31頁参照。

という[56]。阪本の問題意識は，本書とは異なる（大きな財産と小さな財産を区別してルールを定めることへの批判を展開する文脈で述べられている）ものの，財産権の範囲・程度を定めるのは，「一般性・抽象性・平等普遍性」を有した法律の形式でなければならないということは，29条2項の解釈の一方の極を成すものである。

　これに対して，最近，山本龍彦によって，29条2項の本質は，財産権の内容を民主主義的に定めることにあるとし，「国会」という国家機関が「法律」という法形式によって定めることには重きを置かない見解が提起されている[57]。

　山本は，まず，機関や形式に関わる要請は，事実レベルでふやけてきていると指摘し，その例として，区分所有者団体によるルール形成の現代的変容，とりわけ多数決的に決定できる事項が拡張されているという事実を挙げている[58]。「いまやマンションの管理や処分にかかわる多くのルールが区分所有者団体によって民主主義的に決定される」ということが強調される[59]。そして，「事実として挙げた区分所有法制は，『法律』によって創設された制度である」ことは認められつつも，「ここでの『法律』の役割や意義とは一体何であろうか」と疑義が提起され，「区分所有法は，区分所有権の具体的内容を定めるものというより，当該権利の具体的内容を決定する主体と手続きを定めるもの」[60]とされている。

　確かに，区分所有権の具体的内容は区分所有者団体によって定められる規約に委ねられている（区分所有法3条，30条）。しかし，本書は，区分所有法自身もまた，区分所有権の内容を大枠で定めるものであるとの性質付けを維持したい。憲法29条は，法律の形成する実体的な内容が憲法上の財産権の保障を満たすものであることを求めているのであり，民主主義的な決め方でありさえすればよいという手続に解消されるべきものではない。

　また，区分所有団体は，私的団体としてはかなり強い手続的制約を受けているとはいえ[61]，区分所有者団体による決定に，法律による決定と同程度の民主

56）阪本・前掲注50）261頁参照。

57）山本龍彦「憲法上の財産権保障とデモクラシー」駒村圭吾編著『テクストとしての判決──「近代」と「憲法」を読み解く』（有斐閣，2016年）265頁。

58）山本・前掲注57）255頁以下。

59）山本・前掲注57）256頁〔圏点は原文〕。

60）山本・前掲注57）259頁。

61）座談会「憲法上の財産権保障と民法」宍戸常寿・曽我部真裕・山本龍彦編著『憲法学のゆくえ──諸法との対話で切り拓く新たな地平』（日本評論社，2016年）263頁〔山本発言〕参照。

的正統性が認められるのかという疑問もある。まず，マンションの規約作成者
は，管理会社か分譲会社であり，管理組合自身であることは，まれであるとい
う実情[62]がある。実際にどれだけの内容が，住民自身による決定によって決
められているのかに留意する必要があろう。さらに，「規約全般が標準規約〔国
土交通省の定める標準管理規約——筆者注〕という形で，外部から提供されたもの
に依存している」[63]。

　さらに，「国際機構，国家，自治組織という多層的なシステムにおける個人は，
それぞれの層における決定関与集団に参加しており，各層は独自の規範定立の
可能性を持つから，それぞれの層が民主的に正統化されているかが重要な問題
となる」[64] という観点から考えると，民主的な正統化の度合いが異なるそれぞ
れの層について，どのような内容形成が憲法上求められるのかも異なってくる
であろう。団体による財産権の内容形成については，法律による財産権の内容
形成の問題とは別に，その在り方について，実態[65]を踏まえた詳細な検討がな
される必要がある。本書は，そうした検討の重要性を認めた上で，しかし，国
家の法律による内容形成の憲法による統制の在り方を確立することを先決問題
として力を注ぎたい。本書で明らかにしたその統制の在り方をベースに，それ
以外の主体による規範の定立に対する統制のなされ方へと議論を展開させると
いう議論の順序を想定している。

　加えて，山本は，「29条 2 項の〈国会・法律〉概念」は，「規範的にふやかされ
るべきだ」と主張する[66]。この主張の根底には，財産権の内容は，国会が「多
元的な目的ないし価値を，公共の福祉に配慮しつつ適切に『比較考量』しなが
ら決定すべき」であるけれども，「国会が，常に適切な『比較考量』の実施者た

62）大村敦志『もうひとつの基本民法 I』（有斐閣，2005 年）135 頁参照。

63）大村・前掲注62）135 頁参照。

64）原田大樹「グローバル化時代の公法・私法関係論」浅野有紀・原田大樹・藤谷武史・横溝大編著
　『グローバル化と公法・私法関係の再編』（弘文堂，2015 年）39 頁〔初出2014 年〕。

65）例えば，マンション管理組合が実際にはどのように機能しているのか，そこでの決定が，正確な
　情報に基づき，常に民主性が担保されるようなものとなるような制度が整っているのか，といっ
　た点である。こうした観点からの法社会学的検討として，尾崎一郎「都市の公共性と法(1)～
　(4・完)——マンションにおける生活と管理」法学協会雑誌 113 巻 9 号（1996 年）1324 頁以下，10 号
　（1996 年）1465 頁以下，11 号（1996 年）1533 頁以下，12 号（1996 年）1685 頁以下を参照。

66）山本・前掲注57）261 頁。

りうるか」という疑念がある[67]。例えば，通説が，地方議会による「条例」という法形式を通じた財産権制限を認めてきた[68]ことについて，「地域の特殊な事情」を踏まえた衡量は，「当該事情に精通した地方公共団体の議会」が行うことが適切であるという機能的な考えによるものであるということが述べられる。憲法自身が，条例制定権を地方公共団体に認めており（94条），地域のルールはその場所により近いところにある機関が定める方が適切であり得るという問題意識には，本書も賛同する[69]。もっとも，そのような地域の特殊な事情を踏まえたルールの形成は，全国的に一般的に定められた財産権の内容をベースにそこから個別の地域的事情に応じた変更を加えるものであり，条例の制定は，法律による内容形成とは異なるレベルで語られるものであるようにも思われる[70]。

(3) 取り組むべき課題

以上のことから，本書は，区分所有者団体や条例による財産権に関する定めが，現代において重要な役割を果たしていることを否定するものではないが，まずは，それらの基本的な枠組みとしての位置付けを持たされ得る「法律」による内容形成が，憲法上どのように行われねばならないかという問題に焦点を絞って取り組む。

憲法上の財産権は，その内容（行使の範囲・程度，態様）を定める法律があって初めて成立するものであるとするならば，その法律に対する憲法の拘束はどのように及ぶのかという問いが生ずる。そしてこのことは，森林法判決のように，法律制定時に具体的財産権を保有していたのではない個人によって，法律の憲法適合性を問う訴訟が提起される場合にのみ問われるものではない。既に法律によって形成されていた財産権の事後的変更の場合にも，具体的な個人的権利の侵害のみが問われるのではない。例えば，既得の権利の制限事例として取り

---

67) 山本・前掲注57) 261頁。

68) 芦部・前掲注3) 237頁参照。

69) 吉田克己「人口減少社会と都市法の課題」吉田・角松生史編『都市空間のガバナンスと法』（信山社，2016年）42頁も参照。

70) 阪本昌成『憲法理論Ⅰ［補訂第3版］』（2000年）502頁，丸山敦裕「判批」（東京高判平成26年1月30日判自387号11頁）新・判例解説Watch：速報判例解説15号（2014年）34頁，小山剛「勤労の権利，労働基本権(2・完)・財産権(1)」法学セミナー727号（2015年）94頁参照。

上げられることの多い国有農地売払特措法事件[71] においても，法律それ自体の違憲性の審査が中心となっている[72]。

　自由な財産権が財産権の原形（プロトタイプ）であり，この意味での原形こそが憲法上（制度として）保障されている，という前記の原形テーゼは，こうした財産権の内容を定める法律に対する憲法の拘束はどのように及ぶのかという大きな問いに対する一つの解答であったことになる。しかし，安念の言うように，原形テーゼは自明のものではなく，法律による具体的な形態が与えられなければ，結局，財産権の内容は不明のままである。しかも，その法律を制限と見ることもできてしまうのであり，原形テーゼはそれをうまく説明することができないという欠陥を有するものである[73]。そこで，制度からのアプローチを断念するということも選択肢としてはあり得る。しかし，原形テーゼを補って，法律に先立つ原形が憲法上根拠付けられるものであることを説明する理論を考えるか，又は，原形を想定せずに憲法による立法者の拘束を可能にするような別の解答の仕方を考えることもなお可能であるように思われる。そして，そうした方が，(1)で述べたように，財産権の形成の仕方について憲法が定めている意義を踏まえて，より生産的な憲法上の財産権論を展開できると考えられる。

　以上のような理由から，本書は，財産権論における制度からのアプローチをより深めることが重要であると考える。すなわち，本書は，法制度を形成する立法者が憲法によってどのように拘束されるのかという問題に取り組む。まず，立法者はどのような財産権の内容形成を行うことを憲法上要請されるのかということを明らかにする。その際特に，財産権制度の根幹を成す私法制度については，それが「憲法による基本権の保障とどのような関係に立つのか」[74] とい

---

71) 最大判昭和53年7月12日民集32巻5号946頁。

72) 「変更が公共の福祉に適合するようにされたものであるかどうかは，いったん定められた法律に基づく財産権の性質，その内容を変更する程度，及びこれを変更することによって保護される公益の性質などを総合的に勘案し，その変更が当該財産権に対する合理的な制約として容認されるべきであるかどうかによって，判断すべきである」という枠組みでの審査である。

　小泉良幸「法曹実務にとっての近代立憲主義【第9回】経済的自由――財産権解釈論を素材に『自由』の意味を考える」判例時報2300号（2016年）7頁，齋藤健一郎「経過規定の法理論」商学討究66巻2・3号（2015年）265頁以下参照。

73) 参照，安念・前掲注7）147頁以下。

74) 山本敬三「憲法による私法制度の保障とその意義」ジュリスト1244号（2003年）138頁。

うことも考え合わせて検討を行う。そして，裁判所はいかなる場合に，法律を違憲と判断することにより立法者の内容形成に干渉すべきかを明らかにし，憲法による財産権保障の全体像を示したい。

3. 基本権の客観法的内容と制度形成

こうして財産権における制度からのアプローチを行うとすると，それを支える土台として，財産権の客観法的内容，ひいては基本権の客観法的内容についての理論が十分に構築されておく必要がある。ところが，日本の憲法学においては，以下の二つの面で議論の場の偏りが存在していた。

(1) 私人間効力論への傾注

基本権の客観法的内容という観念は，基本権保護義務論とセットで，すなわち，保護義務論の前提を成すものとして，ドイツから持ち込まれてきたものである[75]。この保護義務論は，基本権の私人間効力を論ずる場面で持ち出されることが多い。

本書が着目している財産権論における制度からのアプローチにおいて，基本権の客観法的内容が問題となるのは，財産権の基礎となる制度を「立法者」が形成する場面である。これに対して，私人間効力が問題となる場面では，「裁判所」での基本権の適用の在り方に関心が向けられてきた[76]。ただし，かつての学説においては，「適用権限の所在」は明示されておらず，憲法を適用する主体が理論上それほど自覚的に限定されていたわけではなかった[77]。例えば，間接適用説は，人権の対国家性と私的自治の尊重を重視し，私人間には，人権規定が直接適用されるのではなく，民法90条の公序良俗規定のような私法の一般条項を媒介にして，間接的に適用されるとする[78]。そこでは，私人間の関係を規律するのにふさわしいのは，立法者であるか，それとも裁判所であるかという

---

75) 小山剛『基本権保護の法理』（成文堂，1998年）194頁以下参照。

76) このことをはっきりと示した上でなされている私人間効力論の検討もある。参照，君塚正臣『憲法の私人間効力論』（悠々社，2008年）258頁，277頁注48。

77) 棟居・前掲注8)『人権論の新構成』9頁。

78) 芦部信喜「私人間における基本的人権の保障」『現代人権論』（有斐閣，1974年）63頁〔初出1968年〕参照。

ことが検討の主題となっているわけではない。単に,「私的自治という自由に対する公権的侵害は立法によって規律されるべきであるという,『侵害留保』の観念」[79] が持ち出されているのみである。すなわち,そこでの立法は,侵害留保的観点からの「法律の根拠」として,専ら要請されているにすぎず,その規律内容には目が向けられていない。

　後から提唱された基本権保護義務論もまた,これまで,私法と憲法の関係が問題となる状況の一面のみを捉えるにとどまっていたことは同様である。基本権保護義務の法理とは,「『基本権は,国に対して,各人の基本権法益を第三者の侵害から保護するための積極的措置を命じる』という法理」[80] であった。そこでは,第三者（私人）の侵害があった場合という限定が付された上で,国がどのような措置を義務付けられるのかということが問題とされている。その義務は国の三権について成立するとされており[81],定義中に出てくる「国」は,裁判所に限られているわけではない。けれども,ここでも先の間接効力説に対するのと同様の指摘が当てはまるように思われる。とりわけ日本における保護義務論が対象としてきたのは,基本権の保障内容が明確ではあるものの,第三者に対する防御の立法が欠如しているという場面である。法律が制定されていないにもかかわらず,裁判所が保護義務論を根拠に第三者に対する侵害を除去することができるかどうかに議論が集中してきたのである。そのため,財産権のようにそもそも基本権の保障内容が法制度の存在を前提としている場合については,議論の中心から外れている。それゆえ,立法者が実質的に何を義務付けられるのかについての詳細な検討がなされ難い議論の枠組みになっていたのである。

(2)　基本権法益間の衡量の可否への議論の集中

　よく指摘される客観法的内容の問題点として,それを認めることで基本権の対国家性の修正をもたらすということがある[82]。この批判は,しかし,基本権

---

79) 棟居・前掲注8)『人権論の新構成』10頁〔初出1988年〕。

80) 小山・前掲注75) 1頁。

81) 小山・前掲注75) 220頁。

82) 高橋和之「私人間効力論とは何の問題で,何が問題か」法律時報82巻5号（2010年）60頁。ほかに,松本和彦「基本権の私人間効力と日本国憲法」阪大法学53巻3 = 4号（2003年）903頁,西原博史「保護の論理と自由の論理」同編『岩波講座 憲法2 人権論の新展開』（岩波書店,2007年）293頁。

の客観法的内容により私法立法者を含む国家機関が拘束されるということ自体に向けられたものではないという点に注意が必要である。次のような理解は，日本における客観法的内容否定論者も共有しているものである。すなわち，「およそ権利（主観法）は，それに先行する客観法的条項なしには成り立たない，というのが近代法学の常識であり，国民の人権行使の前提となる憲法上の権利条項は，それ自体としては，まずもって客観法として存立していることは，憲法典が全体として拘束力のある法命題の集合として観念されるようになって以降は，いまさら議論するまでもない所与の事柄である。……日本国憲法の権利条項は，行政権・司法権のみならず立法権をも拘束する法命題として用意されており（13条），しかも，客観法としての日本国憲法は，一般論としては，私人全般を名宛人から外しており（99条），国家機関のみを拘束の対象としているから，権利条項は，原則としては，国民を拘束する行為規範ではない。これらは，こと新しく論ずるまでもない事柄であり，しかも，基本権条項（憲法上の権利条項）の客観法的内容というのは，その程度のものであった」[83]。

　否定論者が問題視しているのは，衝突する私人間の利益（基本権法益）の衡量を，裁判所が前面に出て解決しようとすることである[84]。そこでは，基本権の客観法的内容は，「照射効」[85]を有することとなり，基本権は国家に向けられたものであるという憲法観の修正を余議なくされるという[86]。そして，基本権の客観法的内容をめぐる従来の議論は，専らこの点について行われてきた。

　しかしながら，それにより，基本権の客観法的内容の有する最も基礎的な部分についての検討が疎かになっていた可能性がある。つまり，基本権による立法者の拘束が「どのように」行われねばならないかという点についての検討である。そしてこの点の検討こそが，財産権論の領域では「制度からのアプローチ」そのものなのである。私人間の利益の衡量が基本権によって統制されるべきかという問題は，財産権の基礎となる法制度を形成する立法者に対する基本

---

83) 石川健治「隠蔽と顕示──高まる内圧と消えない疑念」法学教室337号（2008年）46頁。

84) 参照，高橋・前掲注82）62頁以下。

85)「照射効」とは，後述するように（第1章第2節3.），憲法裁のリュート判決（BVerfGE 7, 198 (204 ff.)）によって説かれたような，全ての法領域において立法，行政，司法を導く効力を意味する。

86) この点に対して疑問を呈するものとして，参照，篠原永明「『指導原理』・客観法・憲法上の権利」甲南法学57巻1＝2号（2016年）151頁。

序章　日本の財産権論の問題状況　25

権による拘束がどのように行われるか，というより大きな問題に含まれる問題の一つを構成するものという位置付けになる。

第2節　既得の権利が制限される場合

　既得の権利の制限がなされる場合の保障（現存保障あるいは価値保障）が，憲法による財産権保障の一内容を成すということは，これまで広く受け入れられてきた。この場合，具体的な現有財産の保障の問題となるため，制度からのアプローチは不要であるとも考えられる。しかし，法改正の際には，財産権の法制度保障と現存保障とが常に同時に現れ，両者を切り離すことはできない。そして，現存保障の場合には，なぜ制度形成の場合の財産権の憲法的保障とは異なる取扱いがなされることになるのか，突き詰めて考えてみると，以下で述べるように疑問も湧いてくるように思われる。

1. 曖昧な理論的基礎付け

　まず，制度形成が問題となる場面と，現存保障が問題となる場面での財産権保障を，それぞれ請求権と自由権（防御権）という異なる権利について区別された構成で考える見解を取り上げる。それによると，制度形成が問題となる場面では，「国に対し『公共の福祉』に適合する財産法の構築を請求する権利」が問題となる[87]のに対して，現存保障の場合にはそれが立法者による侵害を排除する自由権に切り替わる[88]。憲法29条2項は請求権としての財産権の通常の規定であり，1項は自由権（防御権）としての財産権を保障する特別の禁止規定であるという。その理由付けは，次のようなものである。すなわち，既得の権利を侵害する立法は公共の福祉に反するものとして2項によっても当然に禁止されるが，交換によって得た財産に，既得の権利としての保障が及ぶであろうとの期待は経済活動の大前提であることから，禁止を明確化するために1項が置かれたというのである。この見解は，29条2項と1項の関係を，21条1項（表現の自由保障）と2項（1項でも当然に禁止される検閲の禁止）の関係とパラレルに

87）木村草太『憲法の急所〔第2版〕』（羽鳥書店，2017年）240頁参照。

88）木村・前掲注87）241頁。

捉えている。しかし，表現の自由の中でもとりわけ強度の保護が与えられると一般に解されている検閲の禁止と同様に，あらゆる既得の権利侵害の禁止は財産権保障の中でも強く禁止されるものなのであろうか。そもそも，既得の権利の保護というものがなぜ憲法上の財産権保障として要請されるのかということは，解明が求められる理論的課題として残されている[89]。

　近年の憲法学では，この見解と同様に，制度形成が問題となる場面での財産権は自由権とは異なる権利であるという出発点に立ちながらも，既得の権利が制限される場合には，自由権と同様の保障構造になるという考え方が目立つようになっている。「法律に基づき，私人が既に取得した財産的権利を，国家が剥奪したり，その内容を不利益に変更したりすることは，憲法上，財産権の制限に当たる」とし，その理由付けとして，「国家権力による既得権の制限・不利益変更は，市民の予測可能性を侵害するから」ということが挙げられることもある。この場合，「自由権と同様の防御権的構成を採用し，三段階審査によって規制の合憲性を判断することができる」という[90]。そしてさらに，既得の権利内容を事後的に規制する場合には，より厳格な審査が求められるとも説かれている[91]。

　しかし，こうした構成を支える理論的な基礎付けが盤石なものとして成り立っているかを考えると，更なる考察が必要であるように思われる。ここでの考察のポイントは，なぜ，既得の財産権は，「自由権」と同様の構成で保障されることになるのか，すなわち，既得の権利に対する制限（不利益変更）を例外とし，基本的に禁止されるものと構成することになるのか，ということである。

　予測可能性の保護が憲法上，要請されるものであるということについては，近時，租税法の遡及立法の禁止についての論考の中で，懐疑的な見方が示されている[92]。そこでは，「憲法（あるいはそれに代わる法規範）を通じて議会が自らの立法について長期的にコミットメントを行うことの可能性」という観点から

---

89) 参照，石川健治「空間と財産——対照報告」公法研究59号（1997年）306頁，石川健治「財産権①」小山剛・駒村圭吾編『論点探究憲法〔第2版〕』（弘文堂，2013年）238頁。

90) 宍戸・前掲注22）353頁参照。

91) 戸波江二『憲法〔新版〕』（ぎょうせい，1998年）293頁，宍戸常寿『憲法 解釈論の応用と展開〔第2版〕』（日本評論社，2014年）157頁。

92) 渕圭吾「租税法律主義と『遡及立法』」フィナンシャル・レビュー129号（2017年）93頁以下。

序章　日本の財産権論の問題状況　27

考えると，「遡及立法の余地を認め，また，法制度の変更に対して補償を行わないことが，社会全体の厚生の見地から望ましい」という主張をなし得る可能性が説かれている[93]。しかし，従来の日本の学説はこれとは全く異なる見地に立ってきた。例えば，「行政法規の不遡及の原則」ないし「行政法規不遡及の原則」を提唱した田中二郎[94]，そして，「不遡及の原則が租税法律主義の内容をなすとした上で，予測可能性・法的安定性によって同原則を基礎づけた」と評される金子宏[95]の説が代表的である。こうした学説は，「法規範の名宛人が抱いていた期待・予測可能性・既得権といったものを当該法規範が合憲であるか違憲であるかの判断と直結させるもの」であったけれども，「信頼・期待・予測可能性・既得権といったものは，たとえそれらが保護に値するとしても」，国や地方公共団体が特定の者との間で負う損害賠償責任の問題であって，憲法とは関係ないものと位置付けられている[96]。

　このように既得の権利の保護の憲法上の基礎付けには疑問が差し挟まれる余地がある。しかし，多くの場合，現実の立法実務に当たっては，「既得の法制度に対する相当に慎重な検討がなされている」と指摘されている[97]。そして，既得の権利に関わる法制度の改正が行われる場合，「旧法秩序から新法秩序への移行を円滑にするため」に定められる経過規定[98]が整備されることが多い。しかしながら，こうした「経過措置を講ずるか否かは，もっぱら立法政策の問題であると考えられる」[99]との理解が示されていた。これに対して，近年，単なる立法政策の問題であるという理解を超えて，その法理論的な基礎付けを構築しようとする試み[100]がなされており，本書と根底での問題意識を共有するものである。

93）淵・前掲注92）101頁。

94）田中二郎『行政法総論』（有斐閣，1957年）164頁以下参照。

95）金子宏「租税法の基本原則」『租税法理論の形成と解明(上)』（有斐閣，2010年）47頁以下〔初出1974年〕，同「市民と租税」同書14頁以下〔初出1966年〕。

96）淵・前掲注92）102頁参照。

97）齋藤健一郎「法，時間，既得権──法の時間的効力の基礎理論的研究」（筑波大学博士論文，2015年）。

98）齋藤・前掲注72）235頁。

99）碓井光明「租税法律の改正と経過措置・遡及禁止」ジュリスト946号（1989年）122頁。

100）齋藤・前掲注97）。

2. 信頼保護原則

このように，既得の権利が制限される場合，憲法29条1項に基づいて自由権と同様の保障がなされるということについては，その基礎付けは曖昧なものであり，強度の保障がなされることがデフォルトであるというのも自明ではない。既得の権利は厚く保障されるという意識の下で，例えば，原子力事業者への新たな安全基準の適用に基づく改善命令（バックチェック）がされにくく機動的な安全規制を難しくしたり[101]するといった弊害が生ずることもある。強められた保障がなされるべきか否かを，個々の場合に判断する枠組みを作ることが必要であるように思われる[102]。

ここでドイツに目を向けると，既得の権利が制限される場合，財産権保障についての議論の中で，憲法上の原則としての信頼保護原則を引き合いに出して考えるということが通例となっている[103]。

これに対して日本においては，信頼保護原則は，必ずしもその性質が明快なものとはなっていないと言われており[104]，その法的根拠がどこに認められる

---

101) 参照，川合敏樹「原子力発電所の安全規制の在り方に関するノート──既存の原子力発電所に対するバックチェックおよびバックフィットの現状と課題」國學院法學47巻3号（2009年）147頁。

102) 碓井・前掲注99）946頁と問題意識を共有する。

103) 日本において，財産権保障との関連で，信頼保護原則に言及するものとして，山本龍彦「『財産権』は立法府が自由にこねられる粘土か？──財産権の意義と規制」安念潤司・小山剛・青井美帆・宍戸常寿・山本編著『論点日本国憲法〔第2版〕』（東京法令出版，2014年）135頁，憲法判例研究会編『判例プラクティス憲法〔増補版〕』（信山社，2014年）222頁〔山本龍彦執筆〕，小山剛「財産権(2・完)」法学セミナー728号（2015年）79頁参照。

　西ドイツの信頼保護原則についての研究として，乙部哲郎「行政法における信頼保護」公法研究39号（1977年）166頁以下，鍋沢幸雄「行政法における信頼保護の諸問題(1)～(5)」立正法学11巻3=4号（1978年）25頁以下，12巻3=4号（1979年）1頁以下，13巻3=4号（1980年）1頁以下，15巻1=4号（1982年）93頁以下，19巻1=2号（1986年）1頁以下があったが，その後，日本においては，ドイツの信頼保護原則を対象とした包括的な研究は途絶えている。

　〔追記〕脱稿後，井上典之「事後法禁止の原則をめぐる憲法上の一考察」浦部法穂先生古稀記念『憲法理論とその展開』（信山社，2017年）35頁以下に接した。同論文では，「非刑罰法規の領域において，法律不遡及あるいは事後法禁止の原則は，どのような憲法上の要請から，いかなる内容の規範となり得るのか」という問いが提起され，最高裁判例の分析やドイツにおける法的安定性・信頼保護の要請の分析がなされている。

104) 髙木光「法治主義と信頼保護──教員採用の職権取消を素材とした一考察」芝池義一先生古稀記念『行政法理論の探究』（有斐閣，2016年）74頁参照。

かもはっきりしないとされている[105]。けれども，行政庁の判断の変更に関して信頼保護原則を顧慮して下された判例は多数存在している[106]。また，立法による法制度の改正に際しての議論において，考慮事項として，憲法上の原則あるいは行政上の法の一般原則としての信頼保護原則が挙げられることは度々ある。例えば，公的年金の制度変更に関して，あるいは，租税法における遡及立法に関して[107]，その他，教員免許更新制の導入[108]に関して言及されている。

　ここでは，公的年金（とりわけ老齢年金）に関する議論を取り上げてみたい。基本的な理解として，公的年金制度は次のような段階を経て権利が発生していく。まず，受給要件を満たした段階で受給権（基本債権）が発生する。次に，厚生労働大臣の裁定により基本債権につき権利の存在や支給額が確認され，年金が支給可能な状態となる。そして，支払期月の到来により基本債権から当該支払期月分の年金を受ける権利（支分権）が発生する[109]。したがって，公的年金受給権には，①支給要件をいまだ満たしていない段階，②支給要件は満たしたが，裁定を経ていない段階，③支給要件を満たし，裁定を経た段階，④裁定によって基本債権を取得した後，2カ月ごとの支払期月が到来した段階がある[110]。

---

105) 菊池馨実『社会保障法制の将来構想』（有斐閣，2010年）99頁〔初出2002年〕。

106) 行政法における信義則に関する判例を総合的に研究したものとして，乙部哲郎『行政法と信義則──判例を中心に』（信山社，2000年）がある。同書では，信頼保護は，「信義則の観念の中核を成し禁反言則の本質的内容」であるとされている（378頁）。

　　近年の例では，保護基準の改定による生活保護の老齢加算の廃止について，激変緩和措置を講ずること等を求めた判例（最判平成24年2月28日民集66巻3号1240頁，最判平成24年4月2日民集66巻6号2367頁）は，信頼保護を根拠とするものであると指摘されている（村上裕章「判批」（生活保護老齢加算廃止訴訟）法政研究80巻1号（2013年）210頁，214頁参照）。

107) 木村弘之亮「租税法規不遡及の原則と信頼保護に基づく自由な取引活動」税務弘報58巻2号（2010年）125頁参照。

108) 教育職員免許法の2007年改正によって導入され，この改正前に授与された免許状については，適用除外とされ，有効期間の定めがないものとされた。これは，「改正前に免許状を取得した者に認められた専門職に就きうる地位に対して一定の配慮が求められ」たからであると指摘されている（齋藤・前掲注72）239頁参照）。もっとも，既に免許を取得している者に対しても，10年ごとに免許状更新講習を修了しなければならず，そうでなければ免許は失効し，教員としての身分を失うという措置がとられたことに対して，原田・前掲注49）187頁〔初出2007年〕では，信頼保護原則の観点からの移行措置が不十分であるとの指摘がなされている。制度設計論における信頼保護原則の役割について，原田・前掲注49）195頁〔初出2009年〕も参照。

109) 嵩さやか「公的年金と財産権保障──高所得者への老齢基礎年金の支給停止案を契機に考える」菅野和夫先生古稀記念論集『労働法学の展望』（有斐閣，2013年）740頁参照。

2004年に導入され，2015年度に初めて実施されたマクロ経済スライド[111]では，給付水準そのものの引下げ[112]が行われる。この場合，支分権の発生していない上記②，③の段階での受給権も，既得の財産権として保障を受ける可能性があり[113]，「既裁定年金の引き下げをめぐる議論の一環として考察すべきテーマ」であるとされている[114]。ただし，「賃金や物価の伸び率がスライド調整額より低い場合もあるため，財産権等に配慮して，年金額を名目額未満には引き下げないとの歯止め」が設けられている。この歯止めを撤廃して，名目額未満でもフルスライドさせることが，現在の論点となっている[115]。この論点については，財産権の事後的変更について争われた国有農地売払特措法事件の枠組み[116]にのっとって，憲法上の財産権保障に違反しないかが，社会保障法学において検討されている[117]。「いったん定められた法律に基づく財産権の性質，その内容を変更する程度，及びこれを変更することによって保護される公益の性質など」の勘案に当たって，「将来の変化に応じて柔軟に対応する必要性と同時に，国民の制度への信頼にも配慮する必要性」が説かれている[118]。後者の配慮を基礎付けるものとして，信頼保護原則が，「財産権保障との関係で一定程度尊重されるべきである」ことが述べられているのである[119]。

---

110) 菊池・前掲注105) 89頁。

111) マクロ経済スライドとは，「社会全体の年金制度を支える力の変化（被保険者の減少分）と平均余命の伸びに伴う給付費の増加というマクロでみた給付と負担の変動を，毎年度行われる年金額の調整に自動で組み込むとの考え方に基づき，新規裁定者は賃金（1人あたり名目手取り賃金）の伸び率，既裁定者は物価（消費者物価指数）の伸び率から，スライド調整率（公的年金全体の被保険者の減少率プラス平均余命の伸びを勘案した一定率）を差し引いたものを，年金額とすること」である（菊池馨実「基礎年金と最低保障——近時の年金制度改革と今後の課題」論究ジュリスト11号（2014年）34頁）。

112) 嵩・前掲注109) 740頁。

113) 菊池・前掲注105) 90頁，嵩・前掲注109) 743頁。

114) 菊池・前掲注111) 39頁。

115) 菊池・前掲注111) 39頁，関ふ佐子「高齢者の所得保障——公的年金制度の現状と課題」法律時報89巻3号（2017年）50頁。

116) 本章注72) 参照。

117) 菊池・前掲注105) 91頁以下，西村健一郎『社会保障法』（有斐閣，2003年）45頁以下，中野妙子「老齢基礎年金・老齢厚生年金の給付水準」ジュリスト1282号（2005年）71頁以下，石崎浩「既裁定年金の受給権に関する一考察」季刊労働法215号（2006年）156頁以下，嵩・前掲注109) 745頁。

118) 嵩・前掲注109) 746頁。

ただし，②の未裁定の段階では，その保障の程度はより弱いものとなるとされている。すなわち，「公的年金制度に加入している個別の被保険者の権利は，年金の裁定があるまでは，抽象的な権利である」ことから，「すでに被保険者となって保険料を納付している者に対する関係において，支給開始の時期・金額等を不利益に改正することも可能」である，つまり，「法改正の可能性」が認められている[120]。「『抽象的権利といっても，一定程度までの給付をしないことは憲法違反である』といった議論（一定程度の保障説）がなされること」が期待されつつも，困難な道となる予想が示されている[121]。

こうした議論状況の下，本書では，いかなる場合に既得の権利の保護がなされるべきかを個々に判断する枠組みとしてドイツで用いられている信頼保護原則[122]に関する議論の分析に取り組みたい。無論，信頼保護原則からのアプローチについても，日本においてこの原則がどこまで有用性を持ち得るかについては更なる検討を要する。本書では，まずはドイツにおいて信頼保護原則が財産権保障と関連してどのように用いられているのかを分析する。上述のように，具体的な制度改正に関する議論の中で信頼保護原則に言及されることが度々あることからも，この原則が持ち得る力，とりわけ憲法上どのような意義を有するかを一般的に考察することに取り組みたい。

日本では，信頼保護原則は，行政上の法の一般原則として位置付けられるのが一般的である[123]。しかし，並べて挙げられている，民法1条2項に実定化されている信義誠実の原則との区別がどのようになされるのか，すなわち私人間に妥当する原則と国家機関と私人との関係に妥当する原則とは異なり得るのではないか，という問いへの答えは明らかでない[124]。また，信頼保護原則は，行

---

119) 菊池・前掲注105）95頁，小山剛・葛西まゆこ「年金改革関連法と憲法」法学セミナー598号（2004年）69頁，中野・前掲注117）72頁。

120) 碓井光明「社会保障財政における社会保険料と租税——財政法学からの分析」国立社会保障・人口問題研究所編『社会保障財源の制度分析』（東京大学出版会，2009年）96頁参照。

121) 碓井・前掲注120）97頁参照。

122) 信頼保護といった場合，本書が検討の対象とするような個別の場合に認められる信頼とは別に，「制度の存続という国民全体が広く一般的に有する信頼」が保護されるかという問題設定もある。この観点からの検討を行うものとして，参照，太田匡彦「社会保障の財源調達——社会保障の構造を踏まえた法的議論のために」フィナンシャル・レビュー113号（2013年）74頁以下。

123) 塩野宏『行政法Ⅰ 行政法総論〔第6版〕』（有斐閣，2015年）71頁。

政上の法の一般原則であることに加え，憲法上の原則でもあり得ることが日本でも説かれている[125]。しかしながら，憲法上の原則としての信頼保護原則が，違憲審査の場面においてどのように考慮されるのかについての議論は乏しい。また，財産権保障との関連でも，「日本の憲法25条あるいは憲法29条に一般論として信頼保護を読み込めるかには議論の余地があり，また，可能であったとしても，立法への制約は他の要素との総合衡量の結果として行われるにすぎず，最終的に保護されるべきなのは生存権あるいは財産権それじたいであって立法への信頼ではない。この原則によって給付水準の引下げに何らかの具体的な限界を設定するためにはさらに議論の必要性があろう」[126]との指摘がなされている。他方で，「ドイツにおいては，社会保障受給権の基本権保障を，財産権保障から信頼保護原則に重点を移して論じようとする立場」が台頭していることが紹介されている[127]。財産権保障と信頼保護原則との関係の整理が必要である。本書は，財産権保障の中での信頼保護原則の顧慮について叙述することにより，こうした日本での議論の空白を幾分なりとも埋めようとするものである。

第3節　憲法上の「原形」の探求

判例では明らかにされていない憲法上の「原形」の具体的内容について，学説はいくつかの考え方を示してきている。それらにより憲法上の「原形」として説かれているものは，民法あるいは自生的秩序に由来するもの（1.），憲法の保障する人格的発展の自由に由来するもの（2.）とに大別することができる。

1. 民法あるいは自生的秩序

まず，民法あるいは自生的秩序に由来する「原形」を説く見解を取り上げる。具体的には，「原形」をローマ法的所有権観念と解するものと，法律家集団の共通了解と解するものとが挙げられる。なお，これらの見解は，森林法判決をう

---

124) 髙木・前掲注104）75頁参照。

125) 遠藤博也『実定行政法』（有斐閣，1989年）140頁，髙木・前掲注104）76頁，高田敏編著『新版行政法――法治主義具体化法としての』（有斐閣，2009年）44頁〔高田執筆〕（その際の根拠は憲法13条）参照。

126) 笠木映里「現代の労働者と社会保障制度」日本労働研究雑誌612号（2011年）46頁。

127) 太田・前掲注33）121頁参照。

序章　日本の財産権論の問題状況　33

まく説明するためのロジックとして述べられており，論者自身が，財産権全般
にその説明が妥当すると考えているわけではなさそうである。

(1) 「原形」の具体的内容

① ローマ法的所有権観念

民法に由来する「原形」の一つの例は，ローマ法的所有権観念である。伝統的
に構築されてきた私法制度——例えば，民法制定者の選択した一物一権主義（単
独所有）に表れているようなローマ法的な所有権観念に基づく「法制度としての
所有権」——を制憲者が追認したことによって，それが憲法上の「原形」となる。
立法者が単独所有のような財産権の「原形」を侵す場合には，それが憲法適合
的なものとして正当化され得るかどうかが比例原則によって審査される[128]。

② 法律家集団の共通了解（ベースライン論）

民法として結実していないものをも含めた自生的秩序に由来する「原形」の
例として挙げられるのが，法律家集団の共通了解である。これを説く論者は，
「国民の利益を保護するための国家の制度設営義務を遂行するよう請求する国
民の主観的権利」を観念する。この国家の制度設営義務は立法者にとっての内
容形成義務と考えることもできるが，それとは別のレベルで，「違憲審査の際に
出発点となる具体的なベースライン」がどこにあるかが見出されねばならない
と説く。ある制度に関する法律家集団の共通了解は，「当該制度のあるべき内
容について法律家共同体内部で広く共有された理解」であり，それは，社会の
当該制度に関する共通了解に対応している[129]。

これらの二つの見解では，民法典や法律家集団（違憲審査の際に確定されるので，
具体的には民事裁判官を指すと思われる）の共通了解が，憲法上の財産権に関する
法律の憲法適合性を審査する際の規準となっている。司法審査というものは憲
法に照らして法律の有効性を判断するものであるから，これらの規準を用いる

---

128) 石川健治「法制度の本質と比例原則の適用」LS憲法研究会編『プロセス演習憲法〔第4版〕』（信
山社，2011年）304頁以下参照。

129) 長谷部恭男『憲法の理性〔増補新装版〕』（東京大学出版会，2016年）133頁以下〔初出2003年〕，
同『続・Interactive憲法』（有斐閣，2011年）38頁以下〔初出2009年〕参照。

と，位置関係が逆転するように見える。このことはどのように説明されるであろうか。憲法29条1項と2項の規定が提起する問題，すなわち，法律によって憲法上の財産権の内容が変更されてしまうのではないかという問題の解消をも含めて考えるならば，この点がより深く検討される必要がある。

(2) 基礎にある憲法・民法関係論

そこで，本書では，憲法と民法の関係という広い視点から，上記の見解を支える論理を考えてみる。

憲法と民法が相互に関わりを有するということが意識され出したのは，比較的最近のことである。それまでは，公法・私法二元論[130]や国家と社会の二分論を背景に，憲法と民法とは峻別して捉えられてきた（憲法・民法峻別論）[131]。こうした捉え方が支配的な状態は長く続き，憲法と民法の関係が論じ始められるのは，1990年代に入ってからのことであった[132]。そして，現在でもなお，憲法・民法峻別論は根強く存在し続けている[133]。

これに対して，上記の見解との関係で意義深いのは，憲法と民法は協働してその役割を果たすのだという見解である（憲法・民法協働論）[134]。その下地は，

---

130) 公法・私法二元論は，「平等相互の関係は私法の規程するところにして……公法は命令と服従の関係を規程するものなり」（穂積八束「行政訴訟」『穂積八束博士論文集』（有斐閣，1913年）178頁〔初出1889年〕）という穂積八束の定義に始まり，現在に至るまで多くの学説によって根強く維持されているとされる（参照，水林彪「近代民法の本源的性格」民法研究5号（2008年）17頁，64頁以下）。

131) 梅謙次郎『民法総則』（信山社，1990年）150頁以下〔初出1903年〕，川島武宜『民法総則』（有斐閣，1965年）2頁以下，高柳信一「行政の裁判所による統制」雄川一郎・高柳編『現代の行政』（岩波書店，1966年）262頁参照。

132) 山本敬三「憲法・民法関係論の展開とその意義——民法学の視角から」新世代法政策学研究5号（2010年）8頁参照。憲法・民法関係論の展開について，瀬川信久「経済秩序をめぐる憲法規範と民事法規範」企業と法創造6巻4号（2010年）22頁以下も参照。

133) 星野英一『民法 財産法』（放送大学教育振興会，1994年）5頁，田中教雄「市民社会の法としての民法の理念に関する一考察」法の科学34号（2004年）158頁以下（ただし，「市民法」の理解について両者に差があることについて，同160頁），高橋和之「私人間効力論とは何の問題で，何が問題か」法律時報82巻5号（2010年）62頁参照。

134) 憲法・民法峻別論から距離を置く，もう一つの立場として，憲法と民法を一体化して捉えるものがある。これは，市民社会論を説く論者によってとられている立場であり，憲法も民法も同じ市民社会の法に属するものとして，両者の区別は完全に消失する（参照，広中俊雄『新版民法綱要』（創文社，2006年），吉田克己「民法学と公私の再構成」早稲田大学比較法研究所編『比較と歴史の中の日本法学』（成文堂，2008年）410頁以下）。

公法・私法二元論がかつてのような相互排他的な形では主張されなくなってきた[135]ことにある。さらに，公法と私法の協働を積極的に説く見解[136]は，その協働により両者の機能を共に高めることを提唱する。それによれば，民事法の規律も行政法の規律も，諸私益間の調整を行っているという点で共通性を有すると同時に，その制御機能の面で異なっていることから両者を有効に組み合わせることが求められるという[137]。

　もっとも，こうして公法と私法の協働が志向されるようになってきたものの，これまで公法と私法の関係は，行政法と私法の関係の検討にとどまっており，新たな公法・私法の関係の中で憲法がどのような位置付けを有するのかが十分に明確にされてきたとは言えない。しかし，それに関する議論は，まさに，憲法上の財産権の「原形」として，民法に現れたローマ法的所有権観念や法律家集団の共通了解を挙げる上記(1)で挙げた見解の基礎付けに資するものである。

　それらの見解を基礎付けるためには，民法が憲法に影響を及ぼすことがなぜ認められるのかという点が説明されている必要がある。この問題を考えるために参考になるのが，中里実の提唱する「憲法上の借用概念論」という考え方である。憲法上の借用概念論とは，「成文憲法は完結した包括的法体系ではなく，統治機構と人権について定めるだけで，多くを憲法外の法概念・法制度に委ねていることを概念の借用と考え」，「例えば，『財産権』の概念は，私法上の法概念・法制度を憲法が借用し受容していると見る」ことになるように，「憲法が，自ら作り出したものではない一定の法概念・法制度を前提として制定されているという事実を正面から認める考え方」のことである[138]。そして，「このように考えると，憲法における財産権の保障においては，保障という以前に，私法上の法概念・法制度の借用に力点があ」り，「財産権が自然法から生ずるものではないとしても，私法や財産権の制度は，その歴史から見て，わざわざ憲法で

---

135) 吉村良一「民法学から見た公法と私法の交錯・協働」立命館法学312号（2007年）224頁。

136) 山本隆司「私法と公法の〈協働〉の様相」法社会学66号（2007年）19頁。

137) 山本隆司『行政上の主観法と法関係』（有斐閣，2000年）322頁以下参照。この見解は，ドイツにおける相互的捕捉秩序（Auffangordnungen）という考え方を下敷きにしている。Vgl. Eberhard Schmidt-Aßmann, Öffentliches Recht und Privatrecht, in: ders./Wolfgang Hoffmann-Riem (Hrsg.), Öffentliches Recht und Privatrecht als wechselseitige Auffangordnungen, 1996, S. 8.

138) 中里実「憲法上の借用概念と通貨発行権」高橋和之先生古稀記念『現代立憲主義の諸相(上)』（有斐閣，2013年）648頁参照。

保障しなくとも国家がこれを侵害すると憲法の明文で定めない限り，私法上存在するものが憲法においても基本的にそのまま妥当」し，「その意味で，憲法が民法の上位に位置するとしても，単に形式的なことにすぎないといえよう」という[139]。

また，「社会構成原理としての民法」を中心に考え，民法から憲法への影響を重視する大村敦志の見解も参考になる。大村は，「基本価値（人権）の内容ではなく，そのような価値によって基礎付けられた民法という法規範によって，社会関係を規律するという，その基本的な選択の正当性を再確認することの必要性」を説く[140]。社会を構成する原理は，「人為的」な側面と「伝統的」な側面，別の言葉で言うと，「意図的・固定的な側面」と「無意識的・生成的な側面」を併有しており，憲法が前者の側面に，民法が後者の側面に対応する[141]。憲法が民法に対して意図的・固定的な側面から影響を及ぼすよりも，民法が無意識的・生成的な役割を発揮するのは，次のような場面である。すなわち，それは，先に民法によって構築されていたところ，憲法によってもまた保障の対象とされた法制度（例えば，所有権制度，契約制度など）の解釈の場面である。そのような法制度の憲法上の保障内容について考えるに際しては，どうしても，先に構築されていた私法上の制度をモデルケースとして参照せざるを得ない。社会において自生的に生成され，通用していた法制度と大きく乖離したものを，憲法が一から作り上げることは，私的自治の尊重という観点からなされるべきでないし，実際上も考え難い事態である。（ただし，旧民法下で構築されていた家族制度のように，現行憲法に明らかに反する場合は別である。）民法[142]や民法学は，憲法解

139）中里・前掲注138）652頁参照。

140）大村敦志『他者とともに生きる』（東京大学出版会，2008年）241頁参照。

141）大村・前掲注140）241頁参照。

142）ここで社会通念と憲法との間を媒介する民法は，「現実に存在する形式的な実定民法として理解すべきではない。そのように理解する場合には，例えば，対抗要件の仕組みなどかなり技術的な制度内容も憲法上保障されることになりかねない。そこでの民法は，社会構成原理を提供する理念的なものと捉えるべき」である（吉田克己「憲法と民法——問題の位相と構造」法律時報76巻2号（2004年）53頁。なお，吉田は，同所で，「論理的にはなにゆえ民法が憲法規範の内容を充填しうるのかを説明するのは難しい。にもかかわらず，社会厚生の基本立法である民法によって憲法規範の内容を充填するという構想は，魅力的である」として，民法が憲法規範の内容を充填し得る理論の探究は課題として残されたままである）。

釈に当たって参照すべき私法上の制度について，長年にわたって洗練し蓄積してきた成果を提供するのである[143]。

　まとめると，憲法に先行して生成する社会通念が民法・民法学を通して憲法規範を実質化するという構図が，制度形成の場面において描かれる[144]。この構図は，憲法と民法の役割分担の一例を示すものである。ローマ法的所有権観念を憲法上の財産権の「原形」とする上記の見解における，憲法と民法の一見逆転した関係は，このような理解を基礎に置いたものとして理解できる。これに対して，法律家集団の共通了解を憲法上の財産権の「原形」とする見解においては，歴史的に確立された私法上の概念が取り入れられるという理解とは異なり，私法上の概念の形成が，現在妥当している社会通念を参照しつつ継続的に行われ，それを憲法がベースラインとして取り入れるのだということになる。

　更に極端に言うと，全ての法律が憲法に反するようなものであってはならないということ自体，従来根強かった憲法・民法峻別論や，近年広がりを見せている憲法・民法一体化論に基づくと，反対される余地があるようにも思われる。民法の独自性を強調すると，憲法が私的自治の世界に介入すべきではないということにもなりかねない。また，憲法と民法の区別が相対化すると，論理的に憲法の最高法規性が説明できなくなるという批判も提起されているところである[145]。

　しかし，そうした反対論が当を得たものとは言い難いということは，山本敬三の以下のような所論を読めば明らかである。それは，「国家を構成する法として憲法を捉える」，すなわち，「国家を作り上げ，その国家を規定する根本的

---

143) 参照，大村敦志「大きな公共性から小さな公共性へ——『憲法と民法』から出発して」法律時報76巻2号（2004年）73頁以下。さらに，ある言明が「『議論』という生存競争に耐えて生き残った」ということをその「客観性」や「正しさ」を基礎付けると考える「議論」論（平井宜雄『法律学基礎論の研究』（有斐閣，2010年）〔初出1988-1990年〕）（財産権保障との関わりでこの議論を取り上げるものとして水津太郎「憲法上の財産権保障と民法」宍戸常寿・曽我部真裕・山本龍彦編著『憲法学のゆくえ——諸法との対話で切り拓く新たな地平』（日本評論社，2016年）225頁以下参照）や，法制審議会において全員一致に至るまでの丁寧な調査審議が慣行となっていることを強調する民事基本法制準拠論（山野目章夫「財産権の規矩としての民事基本法制」企業と法創造9巻3号（2013年）165頁以下）にも共通する思考が見られる。

144) こうした考え方に賛同するものとして，樋口陽一『憲法という作為』（岩波書店，2009年）153頁以下。

145) 水林・前掲注130)70頁。

な禁止・命令を憲法が定めるという考え方」である[146]。私法もまた「国家法としての性格を持ち」，立法という国家の行為がある以上，憲法による拘束に服する[147] という基礎付けである。つまり，民法が憲法に拘束されるということの究極の根拠は，民法を定めているのがほかならぬ国家であるということに求められる[148]。

以上のことからすると，「憲法に先行する民法」と「民法を拘束する憲法」とが，同時に整合的に存在することになる。

2．人格的発展の自由

(1)　人格的発展の自由を取り込んだ財産権論

次に，人格的発展の自由を財産権の「原形」と考える見解を取り上げる。それらの見解は，上記の民法や自生的秩序に由来する「原形」を考える上記の見解と異なり，森林法判決の説明ということを超えて，財産権全般に当てはまるものとして説かれている。

財産権が人格的自由と強い関連性を有することを説く見解は多い[149] が，ここでは，二つの見解を取り上げる。憲法上の保障の及び方（すなわち，憲法上の

146）山本・前掲注132）24頁。

147）山本敬三「基本法としての民法」ジュリスト1126号（1998年）263頁以下。

148）このように「民法の法形成主体を国家にみる」という考え方に対しては，「市民社会において生成する個人間の行動様式を巡る規範に国家の活動が制約されるという出発点」をとる立場からの批判が提起されている（中村哲也『民法理論研究』（信山社，2016年）318頁以下〔初出2006年〕）。これによれば，「国家は民法の制定や適用を『義務』付けられているとしても，それは法の形式面での立法及び司法手続的要請であって，そのように構成された『義務』が請求権規範の実質的な存在理由を示すわけではない。……国家・裁判の民法上の法形成における役割は，最終段階の助力・関与であって，その規範の内容（請求権）の根拠を構成する意味をもつものではないということになる」という。これに対する再批判として，山本敬三「基本権の保護と不法行為法の役割」民法研究5号（2008年）93頁注32は，「民事立法や民事裁判を『形式』と『実質』に分け，立法や裁判という国家の行為が介在していることを『形式』の問題にすぎないと位置づけることは憲法によって国家法を拘束するというシステムを空洞化させる恐れもある」と述べている。

149）かつてより，狭義の意味での人格的自由との関連性を説く代表例として，今村・前掲注6）13頁以下，広義の意味での人格的自由との関連性を説く代表例として，栗城壽夫「憲法と財産権」公法研究51号（1989年）63頁以下という論考の存在が挙げられる。ただし，今村の財産権論も狭義の生存権的意味を超えた広がりを持ち得るということについて，参照，巻美矢紀「経済活動規制の判例法理再考」ジュリスト1356号（2008年）38頁。

財産権が人格的自由と関連性を有しているということにより，立法者にどのような形で拘束が及ぶのか）を明確に打ち出した棟居快行の見解と，ドイツで説かれている内容形成（Ausgestaltung）論を下敷きに財産権論を展開する小山剛の見解である。

　棟居は，前述のように（前掲注 8 参照），制度的側面からも財産権の保障を説く（ただし憲法上直接の保護は及ばない）のであるが，それとは別に，「個人の自律にかかわる個人主義的側面」での財産権の保障があるとする。この側面では，「人格の自由な展開」（憲法 13 条）の前提条件としての「物質的手段の排他的支配・自由な使用」を規準に，立法者に対して自由権と同様の拘束が生ずる[150]。

　小山は，より広い意味で[151]，人格の自由な展開を追求するための個人の自由な選択による行為そのものを可能にする法制度を保障しようとしている。まず，財産権の保障内容を定める法律は，「基本権にかかわるが基本権を制限するのではない法律」[152]と定義される内容形成的法律である。この内容形成的法律によって形成される基本権は，「規範により造形された保護領域を持つ基本権」[153]であり，それは「個々具体的な権利の保障のほかに制度保障という内実を持つ基本権」[154]である。そして，内容形成的法律に対しては客観法的視点からの憲法による拘束が及ぶ[155]。その際，「基本権主体に財産法領域における自由の空間を確保し，基本権主体が自身の生活を自己責任的に形成できるようにすること」[156]が立法者に拘束を及ぼすための憲法上の規準となる。そして，こうした「制度としての財産権の保障に反する法律は，直接，現実に財産法領域における

---

150) 棟居・前掲注 8)『憲法学の可能性』352 頁以下。同旨を説くものとして，宍戸・前掲注 22) 342 頁を挙げることができる。曰く，「個人が自分の責任の下で，自由に生活を形成するための前提条件として財産を使用する権利を保障することが，憲法 29 条の第 1 の趣旨であ」り，「例えば，個人が自ら責任を負う自由な生活の形成を著しく侵害する立法は，違憲であろう。もっとも，立法が憲法 29 条の本質的内容を侵害したといえるのは，生活必需財の使用を国家の許可制の下に置く等の極端な事例に限られよう」。

151) もっとも，棟居は森林法判決に関連して，「持分権者が望めば共有から単独所有に自由に移行できるべきだ，という自己決定権の尊重」が違憲判決の決め手となったのだとも述べている（棟居快行「私人間の憲法訴訟」戸松秀典・野坂泰司編『憲法訴訟の現状分析』（有斐閣，2012 年) 41 頁）ことからすると，両者は接近しつつあるのかもしれない（ただし森林法判決の説明のためにのみ述べられた可能性もある）。

152) 参照，小山剛『基本権の内容形成』（尚学社，2004 年) 120 頁。

153) 小山・前掲注 152) 110 頁。

154) 小山・前掲注 152) 121 頁。

当事者の自由を縮減する……。憲法29条1項は，憲法の規準に反した法規範による規律を受けないことの保障を含む」[157]。

　本書では，この内容形成論に基づく財産権保障を説く小山の説を，憲法上の「原形」を探求する見解の一つとして位置付けている。こうした位置付けは，当該学説は「原形」を観念しないものだと整理する通常の見方[158]とは異なるであろう。

　確かに，基本権を制限する法律とは別の内容形成的法律に着目するという議論の出発点では，財産権は通常の自由権とは異なるものだという問題意識が明確に見られる。そして，棟居の理論では財産権の「原形」は，それを侵すことが立法者に禁ぜられるものとしてのみ考えられていることと比較するとより際立つのであるが，小山の理論では，人格的発展の自由が立法者を積極的に拘束し，禁止のみならず要請をも行うという点に新しさが見られる。すなわち，「憲法は，人格発展という憲法上の規準をよりよく実現するように，制度を不断に改善する義務を国会に課している」[159]ことが強調されている。しかしながら，上述のように「制度としての財産権の保障に反する法律は，直接，現実に財産法領域における当事者の自由を縮減する」と述べるに至り，結局は，29条1項を当事者の自由を縮減する規定と捉えることにより，防御的権利の枠組みに帰着している。この点については，「当事者の主観的自由が不適切な財産権立法によっ

---

155) 小山・前掲注152) 197頁以下。同様に，内容形成論に基づく構成を試みるものとして，中島茂樹「憲法を規準とした財産権の内容形成──戦後補償問題の立法的解決によせて」立命館法学287号（2003年）1頁以下がある。また，これと同様の発想を示していたものとして，亘理格「憲法理論としての土地財産権論の可能性」公法研究59号（1997年）296頁以下が挙げられる。すなわち，「最高裁判例は，明らかに，土地財産権の内容について一定のあるべき客観的法原則を想定している。そのような判例傾向を斟酌しつつ，立法裁量に対する実体的なコントロールの可能性を土地財産権保障の領域でも確保しようとするならば，29条2項固有の憲法的保障のあり方を究明することが不可欠」であるとの認識の下に，「近代の市民的法治国家の憲法原理が所与の前提とした財産制度」，日本国憲法の場合には，「29条1項と2項が並存し，各々が近代的な財産権観と社会国家的な財産権観とを担っているという実定憲法原理」を踏まえて，憲法により保障された財産権の外延を限定すべきとする見解である。

156) 小山剛「基本権の内容形成論からの応答」法律時報81巻5号（2009年）13頁。

157) 小山剛『『憲法上の権利』の作法〔第3版〕』（尚学社，2016年）158頁。同「人権と制度」西原博史編『岩波講座 憲法2 人権論の新展開』（岩波書店，2007年）71頁も参照。

158) 例えば，水津・前掲注143) 98頁参照。

159) 小山・前掲注156) 13頁。

て縮減されると説くのは,『憲法上の自由な財産権』を思考の道筋に逆輸入しているのではないか」,「そこでの自由は下位法上の自由でしかない」という批判も見られる[160]。これに対しては,次のような指摘が加えられた。すなわち,「内容形成論では,法制度は自律的な生活形成という人権論の観念に適合的なものでなければならない。財産権が法制度に依存するとしても,法律制度が憲法上の規準に服する以上,この限りで憲法上の権利を語ることは矛盾ではない」[161]。確かに,そのような理論構成自体はあり得るものであり,何ら論理的な問題はない。しかし,本書が問いたいのは,財産権は通常の自由権とは異なるということを強調しながら,最終的に「自由の縮減」と構成されることにより,それは純粋な内容形成論とは異なるものとなっている可能性があるのではないかという点である。つまり,そこでは,縮減されてはならない「原形」が想定されているのではないか[162]。

　更に興味深いのは,小山が説いていることは,実は,従来の日本の憲法学が当たり前のように財産権を「経済的自由」の一つに数えてきたその根底にある思考と共鳴しているのではないかということである。「経済的自由が（近代的意味の）憲法上の権利とされていることの意味を考える」小泉良幸の論考は,「自由な財産権」の根拠として,「封建的拘束を打破して確立された近代的所有権概念を中心とする私法秩序によって可能となる資本主義経済そのもの」を挙げる。そして,「『所有権』を民法に規定するだけでなく,対＝国家の経済的自由権として近代立憲主義憲法が保障したのは,システムとしての経済（市場）の,政治

---

160) 清水潤「憲法上の財産権保障の意義について」東京大学法科大学院ローレビュー3号（2008年）109頁参照。

161) 水津・前掲注143）103頁。

162) このことに対しては,法制度保障論と準拠型審査（「憲法限りで原型・輪郭を描けず,その実現に法律による具体化や制度構築を必要とする諸権利」について「何らかの『準拠点』を設定することで,そこから離脱する立法の憲法適合性を比較的厳格に審査する」審査（山本龍彦「三段階審査・制度準拠審査の可能性」法律時報82巻10号（2010年）103頁））との混濁が生じているという観点からの指摘もみられる（同105頁）。

　もっとも,はっきりしないが,小山自身は,財産権における法制度保障論を制度準拠審査の一類型としては考えていないようにも思われる（参照,小山・前掲注157）『『憲法上の権利』の作法』174頁以下。また,参照,渡辺康行「立法者による制度形成とその限界——選挙制度,国家賠償・刑事補償制度,裁判制度を例として」法政研究76巻3号（2009年）285頁による指摘）。しかし,仮にそうだとしても,結果として,原形を観念することになっているという問題はそのままである。

からの自律性を担保することが主要な目的であり，その自律性が維持される結果として，個人の『人格の自由な発展』が可能になる」と説く。その結果，「『公共の福祉』不適合な立法により（一般的）自由を縮減されない権利」が保護されることとなるという[163]。この権利がすなわち，芦部のいう「自由な経済活動を行うため」の権利であるという[164]。このように考える場合，財産権は（一般的）自由とほとんど径庭ないものとなり，法律によって形成されるという財産権の特殊性は減殺されることになる[165]。また，小山自身の次のような説明も，こうした理解と符合するように思われる。すなわち，「内容形成テーゼは，民法上の原則ないし権利を自動的に憲法上の所有権概念の構成要素とするものではな」く，「自由な使用・収益・処分は『財産法領域における自由の空間』の要諦であり，公法上の規定が――しかも，古い規定が漫然と残存して――これに規制を加えるのは合理性を欠き違憲である，との結論は，内容形成テーゼからも基礎付けうる」[166]という。

(2) 基礎にある憲法・民法関係論

ここでも，先述した山本敬三の見解のように，国家法たる民法は，国家を構成する法としての憲法による拘束に服する関係にあるということが基礎にある。そして「人格的発展の自由」をいわば原形として，自由の縮減に対する防御が行われるとの考え方からすれば，憲法による拘束は，前述の民法あるいは自生的秩序に由来する「原形」を説く見解とは異なり，私法への立ち戻りなしになされることができる。このように私法から完全に独立して憲法上の財産権を観念するという思考は，遡ると，かつて帝国憲法時代に説かれていた金森の見解

---

163) 小泉・前掲注72) 8頁参照。小泉によると，このように，29条1項を理念としての「自由な財産権」を内容とする法原理として捉えることは，「生来の権利としての財産権」について述べられた高原賢治「社会国家における財産権」田中二郎編『日本国憲法体系第7巻 基本的人権(1)』（有斐閣，1965年）242頁以下と同趣旨とされる（9頁注16）。さらに，内容形成論を出発点とすることを考えると離れたところに位置するように見える小山の記述が，「自由な財産権」テーゼに接近していると指摘されている（9頁注17）。

164) 芦部・前掲注3) 224頁参照。また，現有財産に目を向ける場合には，既に取得した財産権を行使する自由という意味で，財産権を経済的自由の保障の一つに列する可能性が説かれている（小島・前掲注20) 241頁）。

165) 小泉・前掲注72) 8頁，小島・前掲注20) 242頁以下参照。

166) 小山剛「私法の自律性と憲法上の権利」法学研究88巻1号（2015年）194頁。

（上述第1節1.）と共通するものがあるように思われる。

　また，内容形成論に基づくと，自由の縮減が疑われる場合に加えて，立法者は，より積極的に憲法による拘束を受ける。小山は，基本権と法律との間に，基本権の制限ではなく，むしろ親和的な関係が成立する事態に光を当てる[167]。この親和的な関係は，これまで顧みられることが少なかった。比例原則を中心とした正当化の強制は，保護領域に対する侵害という基本権と法律との関係がある場合にのみ，なされると考えられてきた。それゆえ，基本権保護義務とこれを具体化する法律のように両者の親和的関係が成り立つ場合には，この正当化の強制が発動する前提に欠けることになる[168]。従来の憲法学は，その場合には，自分の出番はないと謙抑的な態度をとっていた。これに対して，内容形成論は，より親和的な関係にすることをも目指している。すなわち，基本権による積極的な憲法的拘束を及ぼす理論をも構築することを狙いとしている。したがって，憲法を起点にしてかつ制度（客観法）の側面からアプローチする見解として分類することができる。

　また，この類型に当てはまる構造を示すものとして，ドイツの行政法学の新傾向に示唆を得た，近年の行政法学における有力な見解を挙げることもできる。それは，相互的捕捉秩序としての公法・私法という捉え方を提唱する先に取り上げた見解（山本隆司）である。その見解は，諸行為・諸利益間の調整・関係化という内容に行政法の規律と民事法の規律の共通性を見出す。その根底にある認識は，行政作用を多極的法関係，すなわち「専ら行政庁が私人に利益または不利益を与える関係（の因果関係連鎖ないし量的総和）と捉えるのではなく，私人（私益）間の多様な関係（の複合）を含む関係複合」[169]と捉える見方である。そこでの私人は，それぞれが基本権主体として捉えられ[170]，基本権の照射効[171]が観念されることになる[172]。

167）もっとも，小山の主張する財産権論において，こうした内容形成論が貫徹されていないことについて，前述 2.(1)。

168）小山・前掲注152）109頁。

169）山本・前掲注137）247頁。

170）山本・前掲注137）254頁参照。

171）基本権の照射効とは，国家−私人間の縦の関係での基本権の効力とは区別される，私人−私人間の横の関係で基本権法益が及ぼす効力を指す用語である（第1章第1節2.も参照）。

44

3.「原形」の探求への疑問

　財産権の内容を定める法律に対して，憲法上の財産権による拘束を及ぼす理論構成を構築するために，上述のように，いくつかの具体的な財産権の「原形」が提案されてきた。しかし，以下に見るように，そのいずれもが難点を抱えており，憲法上の財産権保障の抱える理論的課題を解決する決定打とはなり得ていないのが現状である。

(1)　各見解への批判

　ローマ法的所有権観念に見られるような単独所有が財産権の「原形」であると説く見解に対しては，近年かなりの批判が寄せられるようになってきている。まず，制憲者がローマ法的な所有権観念を承認したということは，証明されていることでもなく，また確かめようもないことであるという批判がある[173]。また，そもそも，ローマ法的所有権の理解の仕方自体にも疑義が呈されている。「土地に対する重畳的な所有——利用関係の成立を認める利用権の優位こそが市民法原理」であったのであり，「そうであれば，『近代市民社会における原則的所有形態である単独所有』は自明の定式ではなく，それを憲法が保障していると解することには，依然として疑問の余地がある」という[174]。さらに，「『事実』として，そもそも明治民法制定者は一物一権主義を法制度として選択したのか」ということに疑問の余地があり[175]，現在の日本の財産権の保障のなされ方の現状を見ても，組合財産，区分所有，入会，株式など，単独所有とはかけ離れたものが多数存在する[176]。もとより，ローマ法的所有権観念に見られるような単独所有が財産権の「原形」であると説く見解は，森林法判決の説明の便

---

172)　塩入みほも「公権論における基本権の放射的効力」慶應義塾大学大学院法学研究科論文集39号
　　（1999年）95頁以下参照。なお，「放射的効力」も「照射効」も，同じAusstrahlungswirkungの訳語
　　であり同義である。

173)　小山・前掲注152) 195頁参照。ドイツにおいてローマ法的な所有権観念に固執する学説（デペ
　　ンホイヤー：参照，第3章第2節1.）に対する批判として紹介されている。

174)　中島徹「財産権は市民的自由か」辻村みよ子・長谷部恭男編『憲法理論の再創造』（日本評論社，
　　2011年）440頁〔初出2010年〕。さらに参照，駒村圭吾『憲法訴訟の現代的転回——憲法的論証を求
　　めて』（日本評論社，2013年）219頁。

175)　山本・前掲注57) 245頁以下。

序章　日本の財産権論の問題状況　45

宜の限りで主張されたものであるように，この考え方を財産権論一般に押し広げることはできないというべきであろう[177]。

　法律家共同体の共通了解が財産権の「原形」となるという見解についても，それが立法者の拘束の規準として働くには余りにも漠とし過ぎではないかと思われる。また，法律家共同体（具体的には民事裁判官）が具体的に提起された訴訟への判示を通して，社会通念を財産権の内容として充填していくという作業は，確かに訴訟の場面で日常的に行われることがあると言えよう[178]。しかし，法律家集団が共通了解の基礎とする社会通念が憲法上のベースラインとなり得ると言うためには，さらに，ベースラインの設定を「法律家集団の共通了解に媒介して正当化する憲法上の原理」が必要であると指摘されている[179]。また，森林法判決の説明としては，果たして当時の日本社会に単独所有が原則的所有形態として受容されていたのかについては疑わしく，妥当しないのではないかという指摘がなされている[180]。

　では，それに代えて（あるいはそれに加えて），例えば，人格的発展の自由を財産権の「原形」と考えればよいのかというと，これもまた難しい。「人格発展の保障」が憲法上の要請であるとしても，それが財産権と結び付くことは自明ではない[181]。また，財産権の「原形」又は内容形成の規準点として働くものとして人格的自由を捉えると，憲法による拘束が及ぶのは，人格的自由と何らかの関係がある財産的権利に限られるということになってしまう。つまり，個人の人格的発展とは結び付かない企業の財産権のようなものが保障の対象外となる。これでは，憲法上の財産権保障の及ぶ範囲は狭きに過ぎよう。

176）山本龍彦「ローカルな法秩序の可能性——日本国憲法における入会」新井誠・小谷順子・横大道聡編著『地域に学ぶ憲法演習』（日本評論社，2011年）22頁以下，安念潤司「憲法訴訟論とは何だったか，これから何であり得るか」論究ジュリスト1号（2012年）136頁参照。

177）小山・前掲注166）192頁も同旨。

178）棟居・前掲注151）32頁参照。

179）巻・前掲注149）37頁以下。巻はベースライン論を継承しつつ，「人格」に憲法上の正当化原理としての意味を持たせる。

180）山本・前掲注57）239頁以下参照。

181）松本哲治「財産権」ジュリスト1400号（2010年）107頁，海野敦史「財産権及び営業の自由の『多層的構造』」経営と経済90巻1＝2号（2010年）164頁以下参照。

⑵ 「原形」探求からの脱却へ

　このように，それぞれの見解が難点を抱えつつも，これまでの日本の財産権論の傾向としては，財産権の「原形」を何とか見出そうという方向で進んできた。財産権の何らかの原形を憲法上観念するということは，財産権を形成する法律による制限の対象となるものが憲法上存在するということである。そうすると，違憲審査における審査枠組みも，憲法上自足的に観念できる他の基本権と同様のものが用いられることになる（防御権的構成）。

　これに対して，財産権には，そもそも「原形」は存在しないと説く見解も出現している[182]。上記のように，財産権の「原形」の具体的内容として現在説かれているものは，いずれも成功しているとは言い難い。それゆえ，前提となっていた財産権の「原形」の存在そのものを疑ってみるということが，試みられてよいのではないかと本書も考える。

　また，現実の状況に目を向けてみると，あくまでも憲法上の「原形」を想定し，それに対する介入，正当化という防御権と同じ図式で考えようとすることが果たして適切な財産権保障の在り方であるか[183]が，問題視される場合もある。その最たる例として挙げられるのが，日本の都市法制における「必要最小限規制原則」に基づく規制の状況である。この原則は，「土地所有権に対しては，公共の利益に対する目前の支障を除くために必要最小限の規制を行うことのみが許される」[184]という考え方のことである。実際に，日本には，非常に緩やかな土地利用規制しか存在しておらず，規制の網のかかっていない部分では広く建築の自由が妥当している[185]。このように，個人の土地所有権や建物所有権を

182）中島・前掲注174）427頁以下。

183）財産権の不可侵を精神活動の自由と同一の法的構造（原則＝自由，例外＝制限）として理解しようとする従来の通説に対して批判的な見方を示すものとして，参照，佐藤幸治編著『憲法Ⅱ 基本的人権』（成文堂，1988年）299頁以下〔高橋正俊執筆〕，高橋正俊「財産権保障の意味」『新・法律学の争点シリーズ3 憲法の争点』（有斐閣，2008年）152頁以下。

184）藤田宙靖「必要最小限規制原則とそのもたらしたもの」土地制度に係る基礎的詳細分析に関する調査研究委員会編『土地利用規制立法に見られる公共性』（土地総合研究所，2002年）7頁。

185）高橋寿一「『建築自由・不自由原則』と都市法制」原田純孝編『日本の都市法Ⅱ 諸相と動態』（東京大学出版会，2001年）44頁以下，原田大樹『例解行政法』（東京大学出版会，2013年）432頁，内海麻利「土地利用規制の基本構造と検討課題──公共性・全体性・時間性の視点から」論究ジュリスト15号（2015年）9頁参照。

序章　日本の財産権論の問題状況　47

最大限に保護するという思考が都市の発展を阻害[186]することもあることが指摘されている。必要最小限規制原則については，憲法学の観点からも[187]，既にその妥当性に懐疑的な見方が示されている。それによると，同原則は，個人の人格形成等に関わる精神活動の自由を保障した憲法13条についてのものであり，財産権のように憲法29条で公共の福祉が強調されている場合，政策的な制約までも認められ，必要最小限よりも幅を持たせた規制が行われ得るはずであるという[188]。

　しかしながら，適切な規制（例えば，景観規制[189]や空き家問題に対処するための規制[190]）がなされるべきであるという観点から考える場合，更なる思考の転換が求められる。それは，権利に対する制限の正当化という思考の枠組み，すなわち，侵害留保的な思考からの脱却である。侵害留保的な思考の枠内では，公共の福祉は，「国家に対して権限行使を容認する機能しかなく，権限行使を義務付ける機能は持っていない」[191]ために，憲法の観点から適切な規制を要請することはできない。ここでは，財産権の保障構造自体の見直しが必要となるように思われる。さらに，土地所有権や建物所有権に加え，著作権等のように，社会的な必要性に応えるために作られたという側面も強く持つような人為的な権利の場合にも，こうした侵害留保的な思考はなじまないであろう[192]。

　このような関心からこれまでの日本の議論を振り返ってみると，「原形」の探求から脱却した財産権論を構築する手掛かりとなりそうなものは既に見られる。それは，これまで主張されてきた内容形成論に基づく財産権論である。これを説く小山の当初の枠組みでは，内容形成論を基礎にした法制度保障論は，旧来

186）参照，吉田克己「土地所有権の日本的特質」原田純孝編『日本の都市法Ⅰ　構造と展開』（東京大学出版会，2001年）369頁。

187）これに対して，民法学の観点から同原則を批判するものとして，参照，吉田・前掲注69）40頁。

188）大石眞「憲法から見た必要最小限規制原則」土地制度に係る基礎的詳細分析に関する調査研究委員会編『土地利用規制立法に見られる公共性』（土地総合研究所，2002年）21頁参照。

189）詳しくは，平良小百合「日本における景観の法的保護——ポイケルト教授の報告への応答」行政法研究17号（2017年）87頁以下参照。

190）土地所有権論との関係について，吉田克己「空き家問題は土地所有権論にどのような影響を与えるか」月報司法書士534号（2016年）36頁以下参照。

191）松本和彦「憲法における環境規定のあり方——憲法研究者の立場から」ジュリスト1325号（2006年）85頁。

192）角松・前掲注47）234頁以下参照。

の制度的保障論を再構成したもので，「〔事実関係を顧慮して〕適切な結論を提供
すること」が規準点とされていたのみである（構成的権利の枠組み）[193]。そこでは，
もはや憲法上の規準点を観念することもないことになっていた。ところが，人
格的発展の自由というものが憲法上の財産権による立法者の統制の際の規準点
として持ち込まれた[194]。このことを契機として，「原形」を観念しているのと
変わらない論理構成になってしまっていることは先に述べたとおりである。そ
こでは，人格の自由な展開を追求するための個人の自由な選択による行為その
ものを可能にする法制度の保護が目指されているが，そうした保護内容は，本
来，前法律的に存在し得るものである。そのことから，財産法領域における当
事者の自由の縮減が観念され，その排除が憲法上なされることになる（防御権的
構成）。このように，この見解においては，内容形成論の基本的な考え方が貫徹
されているわけではないように思われる。

　そこで，本書では，内容形成論の母国であるドイツの議論を参照し，現在，日
本で説かれている内容形成論に基づく財産権論とは異なる，完全に「原形」を
観念することから脱却した財産権論の成立可能性を探っていきたい。そこでは，
立法者の内容形成の仕方を統制する制御の思考が基底に置かれる。

(3)　憲法上の財産権はエンプティなのか

　もっとも，仮に，「原形」観念することから脱却するとしても，「『財産権』は，
せいぜい『財産権と考えられてきたもの』としか敷衍できない」[195]というよう
に，立法者の制度形成を統制する要素が憲法上全くないと考えてよいというよ
うに言い切る立場とは異なる方向を本書は目指す。最近，とみに見られるよう
になってきた考え方として，法律上の争訟性さえ満たせば，あえて「財産権制
限」という論理構成をとらずに，「公共の福祉」適合性（憲法29条2項）という観
点から客観法的に審査すれば足りるという見解がある（財産権エンプティ論）[196]。
財産権を「法律によって形成された制度が憲法上の客観法的原則に適合してい

193）参照，小山・前掲注152）197頁以下。

194）参照，小山・前掲注156）13頁。

195）中島・前掲注174）443頁。

196）山本龍彦「イントロダクション」宍戸常寿・曽我部真裕・山本編著『憲法学のゆくえ——諸法と
　の対話で切り拓く新たな地平』（日本評論社，2016年）208頁参照。

ることを求める権利」であるとする見解[197]も提示されている。このことは，主観法的に，「国に対し『公共の福祉』に適合する財産法の構築を請求する権利」があるとも言い換えられる[198]。この場合，「『憲法上の財産権』を実体的に構成する必要，あるいは『憲法上の財産権』という概念を残しておく必要がどこまであるのかが，憲法上改めて問題となる」とまで言われることとなる[199]。

また，最高裁判例について[200]も，森林法判決では，「原形」に対する制限が正当化し得ないと判断されたのだという読み方とは異なる理解があり得る可能性が示唆されている。すなわち，森林法186条は，他の類似の諸法律との差異につき合理的な説明を見出し得ず，「"相場"から突出した立法例として正当化困難」とされたのだと読み，同判決では，「法律テクスト自体の論理内在的な一貫性」が問題とされており，類似の諸法律との対比を手掛かりに，「理論的に正当化され得ない法律は少なくとも結論として『違憲』という外ない」というのである[201]。あるいは，「形式上『財産権の制限』に該当する共有物分割請求権の否定が実質的に憲法29条2項違反になるか否かは，当該の共有物分割請求権の否定が『公共の福祉に適合する』（29条2項）と言えるか否かにかかっている」[202]という言明からは，「財産権の制限」の存在は，入口で違憲審査の俎上に載せるために必要なだけであるということがうかがわれる。さらに，それ以外の判例についても，法制度の合理性を審査しているのだという読み方が示され[203]，森林法以後の判決では，「制限」を特段議論していないということも指

---

197) 駒村・前掲注174) 208頁。

198) 木村・前掲注87) 240頁。

199) 山本・前掲注57) 267頁。同箇所では，「近代的価値——個人主義的価値——に真っ向から反するような財産上のルールは，そもそも，個人の尊重を謳う憲法13条や，消極的結社の自由を保障する憲法21条など，他の憲法上の権利」の侵害として構成すれば足りるということも言われている。

200) 本章では，最高裁判例の詳細な分析検討は行っていない。次章以降でドイツ財産権論から得られた知見を基に，終章にて日本における財産権論の再構築を試みる中で，最高裁判例を読み解くこととする。

201) 仲野武志『国家作用の本質と体系Ⅰ 総則・物権編』（有斐閣，2014年）7頁以下。もっとも，「"相場"とは個々の立法例（テクスト）に通底するコンテクストであり，そこに憲法規範が体現されていると考えられる」（仲野武志「内閣法制局の印象と公法学の課題」北大法学論集61巻6号（2012年）197頁注11）とも述べられていることからすると，「相場」は単に法律上形成されるものではなく，憲法規範が保障する内容が前提とされているようにも思われる。

202) 蟻川恒正「財産権内容『規定』事案の起案(1)」法学教室429号（2016年）99頁。

203) 宍戸・前掲注22) 348頁以下参照。

50

摘されている[204]。

　こうして近年続々と示唆されているように財産権に関する立法の客観法的な統制を志向する場合，立法者に対する指導原則は何もない，すなわち，憲法上の実体的な財産権保障はエンプティということになるのであろうか。憲法に権利として定められていながら，そこから立法者に対する何の指示も出てこないと解することになるのであろうか。

　そこで，ドイツに目を向けてみると，私的効用性（Privatnützigkeit）及び基本的な処分権限と社会的拘束との間での衡量審査が，憲法裁判所の判例の審査枠組みとして確立されていることが注目される。既に，こうした憲法裁判例を参照して，日本国憲法についても，「29条は，2項において立法者にこの調整を委ねるとともに，調整の誤りについては，これを違憲として排除する」のだという理解が，近年示されている[205]。しかし，立法者が考慮すべきものとされている私的効用性は，日本においてはこれまで憲法上の財産権保障に関して広く一般的に用いられてきた用語ではなく[206]，その意義を確かめる作業は残されている。また，私的効用性は私法に由来する概念であるが，なぜそれが憲法上立法者が考慮すべき指針とされ得るのか，説明する必要があろう。

　本書では，こうした点についてドイツの財産権論を参照しながら検討し，財産権が憲法上保障されるとはどういうことか，先行する私法との関係を考察しながら，まとまった見解を提示する。

204）座談会・前掲注61）232頁〔曽我部真裕発言〕参照。

205）小山・前掲注70）92頁。この論稿では，前述したような，立法者の制度形成違反が，最終的には「自由の縮減」（29条1項）になるとの構成は採られていない。
　　立法者は，私的効用性と社会的要請を憲法的限界として考慮しなければならないというドイツの憲法裁判例をつとに取り上げていたものとして，参照，角松生史「憲法上の所有権？——ドイツ連邦憲法裁判所の所有権観・砂利採取決定以後」社会科学研究45巻6号（1994年）24頁，57頁。憲法裁判例においては，「立法者こそが所有秩序の第一次的創設者・形成者としてとらえられている」が，「その形成に対して憲法的限界——私的効用性と社会的要請の考慮——は存在し，それは結局のところBVerfGによって統制される」という。

206）かつて，「私的用益可能性」（Privatnützigkeit）に言及していたものはあったがそこでも，踏み込んだ検討がなされていたわけではない。参照，石川健治「憲法論から土地法制を見る視角」ジュリスト1089号（1996年）257頁，「第五分科会経済的自由権討論要旨」公法研究59号（1997年）319頁〔石川健治発言〕。

《小括》

〈1〉 森林法判決の一見，不可解な判示をきっかけに，財産権の保障を制度的な側面からの検討が始まっている。この場合，財産権は法制度を前提とした基本権であるという認識の上で，個人の保持している具体的な財産権の保障ではなく，一般的な財産権の憲法適合的な形成（法律による財産権の内容形成）のなされ方に検討の重心が置かれることになる。

こうした認識は，日本の憲法学において広がりを見せつつあるが，現在の議論の大勢としては，依然として，憲法上の財産権を，立法者による侵害に対抗する防御権と同様の構成で捉えることが基本とされている。それには二つのタイプがある。一つは，既得の権利に対する制限の場面で財産権の制限を観念する見解である。しかし，なぜ，既得の権利に対する制限は，基本的に禁止されると構成することができるのか，特に，予測可能性による基礎付けが理論的に盤石なものとなっているかという疑問も残る。

もう一つは，「原形」を探求することにより，既得の権利侵害の場合でなくとも，防御権「的」に審査枠組みを構築しようとするものである。例えば，ローマ法的所有権や法律家共同体の共通了解を「原形」とするものである。しかし，これらの見解に対しては，各々難点が指摘されるところである。

これに対して，一般的な財産権の憲法適合的な形成のなされ方について検討することを標榜して，憲法上の財産権を，その規準に従って立法者が制度形成を行うことを要請するものと捉える新しい見解も既に示されている（内容形成論に基づく財産権論）。しかし，その見解の中身に立ち入ると，規準を人格的自由の展開と解することにより，制限に対抗する「原形」を措定することと結局のところ異ならないものとなっている。そのため，制度形成それ自体を統制するという当初の意図はかすんでくる。むしろ，この見解も自由な活動を行うための権利としての財産権という，日本の憲法学に脈々と流れてきた思考に収束しているようにも思われる。

〈2〉 本書は，憲法上の財産権が立法者に対して規準に従うことを求める客観法的内容を有すると考える点では，これまでに日本において主張されている内容形成論と出発点における問題意識を共有するものである。しかしながら，

完全に「原形」を脱却する可能性を独自に探究してみることとする。他方で，近年強まってきている憲法上の財産権の保障内容をエンプティなものと考える議論とも異なる方向性を目指す。

　本書が，明らかにしようとすることは次の諸点である。第一に，「原形」の探求から脱却した財産権保障の基本構造はいかように描かれるのかという点である。第二に，立法者を統制する規準となるものは何かという点である。そして，最後に，司法審査の際の審査枠組みはどのようなものになるかという点である。

　これらの諸点に対する検討を深めるため，次章以下では，ドイツの財産権論の豊富な議論を見ていく。

第1章　ドイツにおける「憲法と私法」論
——財産権の憲法的保障の基礎理論

　今日，財産権が憲法によって保障されるということ，すなわち，基本権として立法者に対しても拘束力を有するということは疑いを容れない。それは，財産権制度の根幹を形作っている私法に対しても変わりない。しかし，歴史的に見ると，私法は憲法に先んじてその秩序を独自に形成してきた。このことは，私法に対する憲法の拘束にとって，どのような意味を有するのであろうか。財産権の憲法的保障を考えるに当たっては，私法の独自性との関係をどのように整理するのか，という問題それ自体の考察を深めておかねばならない。そこで，ドイツ財産権論の検討を次章以下で本格的に行うのに先立ち，本章では，財産権の憲法的保障の基礎を成している「憲法と私法」論を取り上げる。

　また，現在までの憲法上の権利保障の歩みをたどる中で，今日の財産権論の出発点を確認する作業をも行いたい。とりわけ，ワイマール期における憲法上の財産権の保障対象の拡大や制度的保障という考え方の出現，基本法下における憲法の優位の確立，そしてさらに，基本権による制度形成の統制への着目といった出来事が重要である。

　ドイツにおける19世紀，ワイマール期の財産権論については既に日本でも詳細な検討がなされてきたところでもあり，よく知られた事柄も多い。以下では，財産権保障に関わる両時代の全ての出来事や議論を網羅的に取り上げることはせず，本書の関心に即して，憲法上の財産権と立法者との関係を考えるに当たって，特にあらかじめ確認しておいた方がよいであろう事柄のみを取り上げることとする。

第1節　憲法から私法への影響

1. 憲法と私法の隔絶から接近へ──基本法前

⑴　19世紀──私法の優位

　それでは，19世紀にまで時代を遡って，憲法と私法の関係を見ていこう。ここで，19世紀から参照を始めるのは，この世紀が「身分制の封建社会から市民社会への変化の世紀」であり，この変化に憲法と私法が自由と平等を標榜してそれぞれ対応しようとしたために，「最初の近代的な憲法の世紀」かつ「私法の発展の世紀」となったからである[1]。すなわち，憲法にとっても私法にとっても，そうした意味で今日に連なる起点と見ることができる時代であった。その様子を少し時間軸に沿って見ていく。

　19世紀前半には，まず南ドイツの諸ラントにおいて，権利規定を含む憲法が制定されるようになった。もっとも，これらの憲法では，「公民の権利（staats-bürgerliche Rechte）」という言葉が用いられ，「基本権（Grundrechte）」という言葉は用いられていなかった[2]。この公民の権利が有していたのはプログラム機能のみであり，立法者に対して拘束力を及ぼすということはなかった。立法者への対抗ではなく，立法を通じた封建制への対抗が目指されていたのである[3]。

　19世紀中頃になると，ライヒにおいても統一的な憲法が制定されるようになった。フランクフルト憲法（1849年）には，「当時のドイツの事情に即して，形式，内容共に周到を極め，基本権史上における一大労作の名に恥じない」[4] とも言われる基本権カタログが組み込まれ，所有権についての規定も置かれていた（164条）。しかし，フランクフルト憲法は，施行されることのないまま，同盟会議の決議により効力を失った。その次に制定されたプロイセン憲法（1850年）

---

1) Vgl. Konrad Hesse, Verfassungsrecht und Privatrecht, 1988, S. 7.

2) Vgl. Thorsten Kingreen/Ralf Poscher, Grundrechte Staatsrecht II, 32. Aufl. 2016, Rn. 27. 邦訳として参照（ただし，第15版の対応する箇所〔注：同書は第29版以降，Bodo Pieroth/Bernhard Schlink から現著者へ引き継がれている〕），永田秀樹・松本和彦・倉田原志訳『現代ドイツ基本権』（法律文化社，2001年）12頁以下〔永田訳〕。本書での用語法に合わせて訳語を変えている箇所もある。

3) Vgl. Friederike Valerie Lange, Grundrechtsbindung des Gesetzgebers, 2010, S. 34f.

4) 阿部照哉「19世紀前半の独逸における基本権の発展」法学論叢61巻4号（1955年）85頁。

もまた，基本権カタログを持ち，所有権についての規定も有していた（9条，特に土地所有について42条）[5]。この保障は，「無制約の国家権力の発動を制約する極めて重要な意義を有するもの」[6]ではあった。けれども，基本権は，立法者に対しての拘束力は有しておらず，個人の権利として保護された法的状態を表していたのでは決してない。それは，まずもって，封建制の市民社会への移行のためのプログラムを示していたと評されている[7]。続く，帝国憲法（ビスマルク憲法）（1871年）は，基本権カタログを有しておらず，財産権保障の規定はなかった。この憲法が制定された頃には，身分制・封建的権利の除去がある程度進行し，自由主義的な経済・社会秩序を完成させることが課題となっていた。そこでは，市民の経済社会・流通社会への行政による介入の防止が特に重要であり，市民階級が自ら代表者を送っていた立法府による介入の防止は必要ないものと考えられていた[8]。立法はむしろ，新たな展開に抑制的に対峙する古い法秩序の部分を排除する役目を果たした[9]。

　市民の経済社会・流通社会の完成の過程は次のように説明される[10]。まず，この時代には，国家と社会の分離が進行し，社会の領域（特に，経済の領域）は原則的に前国家的性格を有し，私的自治により自ら規律されるものとみなされたという。これに対して，憲法は，市民社会の不可欠の条件を形成しているわけではなく，「私法において整えられた社会モデルの基本原則を絶対主義や封建

---

5) プロイセン憲法9条に関して参照，高橋正俊「財産権不可侵の意義(1)」香川法学4巻3号（1985年）103頁以下，石川健治「財産権条項の射程拡大論とその位相(1)」国家学会雑誌105巻3＝4号（1992年）197頁以下。

6) 水林彪「『憲法と経済秩序』の近代的原型とその変容——日本国憲法の歴史的位置」企業と法創造9巻3号（2013年）120頁。

7) Vgl. Joachim Wieland, in: Horst Dreier (Hrsg.), Grundgesetz Kommentar, Bd. 1, 3. Aufl. 2013, Art. 14 Rn. 2.

8) Vgl. B. Pieroth/B. Schlink, a.a.O. (Anm. 2), Rn. 32 ff. 訳書14頁以下〔永田訳〕。

9) Vgl. Helmut Rittstieg, Eigentum als Verfassungsproblem - Zu Geschichte und Gegenwart des bürgerlichen Verfassungsstaates, 1975, S. 207.

10) Vgl. Dieter Grimm, Die verfassungsrechtlichen Grundlagen der Privatrechtsgesetzgebung, in: Helmut Coing (Hrsg.), Handbuch der Quellen und Literatur der neueren europäischen Privatrechtsgeschichte, Bd. 3/1, 1982, S. 19 ff.
　19世紀から20世紀にかけての公法と私法の関係について，ディーター・グリム（大森貴弘・鈴木秀美訳）「アイデンティティーの問題に直面する公法」比較法学46巻2号（2012年）169頁以下も参照。

主義への後戻りに対して保護するという任務」のみを有しており，その任務は限定的であったとされる。私法は憲法とは無関係に展開してきたのであり[11]，むしろ，私法が「憲法に対する実質的な優位」を保持しているとも言い得るものであった[12]。私法は，「保護される価値のある『国家から自由な』領域」として，政治的な影響を受ける公法から切り離された[13]。このようにして私法はその独自性を保持することとなった。私法立法者が基本権によって拘束されることはなく，立法権に対する主観的権利としての基本権が形作られることもなかったのである[14]。

　こうした私法の優位は，ドイツ帝国の建設（1871年）後，直ちに開始された民法典の編纂（発効は1900年であり，今でも現行法として生き続けている）を通じても強められた[15]。民法典は，憲法との糸は切れており，自由の保護や自由領域の限界は自律的に解決されるという考えに基づいて編纂された[16]。民法典で保障された所有権（民法903条[17]）は，完全に自由な行使が認められたものではなかったけれども，例えば，土地所有権のように社会的拘束を負ったものがあるという思想は，いまだ採られていなかった。民法典は，所有権の対象の多様さやその様々な意義に関わりなく，私法上隔絶された所有権，すなわち取引生活における私的自治や所有権者の権利の平等に固執して，定められたものと評されている[18]。

---

11) Vgl. K. Hesse, a.a.O. (Anm. 1), S. 8.

12) Vgl. D. Grimm, a.a.O. (Anm. 10), S. 21; K. Hesse, a.a.O. (Anm. 1), S. 11.

13) Vgl. Michael Stolleis, Öffentliches Recht und Privatrecht im Prozeß der Entstehung des modernen Staates, in: Eberhard Schmidt-Aßmann/Wolfgang Hoffmann-Riem (Hrsg.), Öffentliches Recht und Privatrecht als wechselseitige Auffangordnungen, 1996, S. 57.

14) Vgl. Jörg Neuner, Die Einwirkung der Grundrechte auf das deutsche Privatrecht, in: ders. (Hrsg.), Grundrechte und Privatrecht aus rechtsvergleichender Sicht, 2007, S. 162.

15) 「19世紀の大法典編纂における私法の優位の強化と硬化」について Vgl. Wolfram Müller-Freienfels, „Vorrang des Verfassungsrechts" und „Vorrang des Privatrechts", in: Manfred Löwisch/Christian Schmidt-Leithoff/Burkhard Schmiedel (Hrsg.), Beiträge zum Handels- und Wirtschaftsrecht – Festschrift für Fritz Rittner zum 70. Geburtstag, 1991, S. 454 ff.

16) Vgl. Christian Starck, Wie kommen die Grundrechte ins Privatrecht und wie wirken sie dort?, in: Alexander Bruns et al. (Hrsg.), Festschrift für Rolf Stürner zum 70. Geburtstag, 2013, S. 65.

17) 民法903条：物の所有権者は，法律又は第三者の権利の妨げとならない限りで，任意にその物を取り扱い，あらゆる影響から他人を排除することができる。動物の所有者は，その権限の行使の際，動物の保護のための特別の規定を顧慮しなければならない。〔2文は1990年に追加された。〕

しかし，民法典の編纂時には反映されなかったものの，自由主義的な経済・社会秩序の綻びが生じ始める 19 世紀後半には，自律的な私法という観念は社会的な模範機能を失っていた[19]。それとともに，私的所有権に基づく経済秩序の自己規律力への確信も失われていったのである[20]。

　このように，憲法とは無関係に私的自治を通じて形成される所有権秩序が成り立つという思考は，封建制の解体及び市民の経済社会・流通社会の完成が目指されたその時期に広く行き渡り，その後，影を潜めていくこととなった。

(2) ワイマール期――憲法の優位への助走

　憲法と私法とが別々に発展し，実質的には私法が憲法に対して優位するという 19 世紀の途中まで支配的であった憲法と私法の関係は，ワイマール期に根本的な変質を遂げた。この変質はワイマール憲法（1919年）に明確に表れている。周知のように，ワイマール憲法には，社会的・経済的次元の基本権が定められた（第 2 編第 4 章・第 5 章）点に大きな特徴がある。第 2 編第 5 章「経済生活」は，その全体が，「私人間の経済的関係のあり方全般を直接に規律する性質を有している」[21]。憲法が，私法の規律する領域に対しても影響を及ぼすようになってきたのである。これは，市民階級による市民社会の形成がなされた後，労働者階級への配慮が重要な課題となってきたことに，憲法において対応したものである。ただし，それらの社会的・経済的次元の基本権の効力は，単なるプログラム規定として理解されるにとどまっていた[22]。

　もっとも，部分的には，「憲法に対する法意識の変化――従来のように単に政

---

18) Vgl. Erwin Stein, Zur Wandlung der Eigentumsbegriffes, in: Theo Ritterspach/Willi Geiger (Hrsg.), Festschrift für Gebhard Müller - Zum 70. Geburtstag des Präsidenten des Bundesverfassungsgerichts, 1970, S. 508.

19) Vgl. Christian Bumke, Eigentum - Paradigma für ein dem Gemeinwohl verpflichtetes Rechtsinstitut, in: Herfried Münkler/Karsten Fischer (Hrsg.), Gemeinwohl und Gemeinsinn im Recht, 2002, S. 183. ブムケは，既に 1873 年には，設立者の崩壊（Gründerkrach）と呼ばれる金融危機（ウィーンの証券会社の破綻に端を発し，ドイツでも多くの中小企業が倒産した）が発生し，その展開のスタートが切られていたとしている。

20) Vgl. ebenda, S. 185.

21) 水林・前掲注 6) 129 頁。

22) Vgl. B. Pieroth/B. Schlink, a.a.O. (Anm. 2), Rn. 37f. 訳書 16 頁〔永田訳〕。K. Hesse, a.a.O. (Anm. 1), S. 7.

治的宣言・プログラムとして見るのではなく，立法部をも拘束する『直接に適用される法』としての性格を，できるだけ見出そうとする判例・学説の努力」があり，このことがよく表れているのが，財産権保障[23]理論の変化であるということも指摘されている[24]。

とりわけ，そのような変化を牽引したのが，当時，私法学の泰斗であったM・ヴォルフの財産権論[25]であった。彼の財産権論は，ワイマール期において先導的な役割を果たしたものとして重要である。そしてさらに，他の学説や判例にも受け継がれ，基本法下における財産権論にまで大きな影響を及ぼし続けてきた。

ヴォルフの財産権論の特色は，第一に，財産権概念の拡大にある。従来，ワイマール憲法 153 条 1 項にいう財産権は，原則として土地所有権として捉えられていた。これに対して，ヴォルフは，財産権保障の対象を「全ての私的な財産権（債権，株，物権的権利，著作権）」へと拡大した[26]（このことが，現在の財産権論においても，憲法の観点からの議論をする際に重要な役割を果たしていることについて，本書第 3 章第 1 節 1.，第 5 章第 1 節 1.）。第二の特色は，初めて法制度保障を主張したということである。すなわち，ワイマール憲法 153 条によって，「あらゆる個人的な法主体の現存している，新たに生じている具体的な私権の保護だけが保障されているのではなく，『法制度としての私的所有権』もまた保障されている」と述べた[27]。

---

23) ワイマール憲法 153 条 1 項：所有権は，憲法によって保障される。その内容及び限界は，諸法律に基づいてこれを明らかにする。2 項：公用収用は，公共の利益のために，かつ，法律上の根拠に基づいてのみ，これを行うことができる。公用収用は，ライヒ法律に別段の定めのない限り，正当な補償の下に，これを行う。補償の額について争いのあるときは，ライヒ法律に別段の定めのない限り，通常裁判所への出訴の途が開かれているものとする。……3 項：所有権は，義務を伴う。その行使は同時に公共の善に役立つものであるべきである（日本語訳は，高田敏・初宿正典編訳『ドイツ憲法集〔第 7 版〕』(信山社，2016 年) 145 頁以下に従った)。

24) 参照，高橋正俊「ワイマール憲法 153 条における財産権保障理論の変更について」香川大学教育学部研究報告第 1 部 38 号（1975 年）53 頁。

25) ヴォルフの財産権論について参照，石部雅亮「ヴァイマル憲法と所有権──M・ヴォルフの所有権論について」乾昭三編『土地法の理論的展開』(法律文化社，1990 年) 121 頁以下，柏﨑敏義「ヴァイマール憲法における M・ヴォルフの所有権理解」明治大学大学院紀要法学編 24 集（1987 年）55 頁以下。Vgl. auch Annelene Henning, Der verfassungsrechtliche Eigentumsbegriff, 2014, S. 253 ff.

26) Vgl. Martin Wolff, Reichsverfassung und Eigentum, in: Festgabe der Berliner Juristischen Fakultät für Wilhelm Kahl zum Doktorjubiläum am 19. April 1923, 1923, Teil IV, S. 3.

ヴォルフがこのように主張するまでの通説は，ワイマール憲法 153 条 1 項の規定を文字どおりに解釈し，財産権は立法者に対しては拘束力を及ぼさないという理解をとっていた。例えば，同項 2 文について，当時の主導的な国法学者 G・アンシュッツは，法律によって具体的に規定された制限や義務のみが所有権を拘束するのであり，「所有権は立法権の限界とならない。逆に所有権が立法権による規定にその限界を見出す」と述べていた[28]。このような主張の背景には，19 世紀後半において既に見られていたような，法律による制限の範囲内でのみ財産権の存在を認めるという考え方があった[29]。

　これに対してヴォルフは，「立法者に対する具体的な政治的危惧」[30] から立法者に対する拘束を及ぼすための理論として，「ワイマール憲法 153 条は，極左の思想に対抗して，有体物の上に所有権の名に値する私権，すなわち，それに関しては支配の意向の制限が例外であるような私権が存続し続けることができるべきである」[31] ということを主張したのである。もっとも，その理論的根拠は特に述べられていない。このように不明瞭な点は残しつつも，ヴォルフの法制度保障論が，立法者に対する制約を意図していたということは注目すべきところである[32]。そして，この理論は，その後，他の学者にも受け入れられ[33]，

---

27) Ebenda, S. 5. これについて，次のような註釈が加えられている。「この前例を見ない発想の源になったのは，154 条において保障されている相続権（Erbrecht）である。それまでの憲法で採られてきた所有権『不可侵』の定式を，所有権『保障』に変更した新憲法のなかに，ヴォルフは，従来相続権条項が前提としていた『保障』の法論理に乗り換えようとする憲法的選択を，鋭く読みとった。そこで彼は，相続権『保障』＝『法制度としての相続権の保障』をプロトタイプとして Eigentum に関する法制度保障論を構想したのであった」（石川健治『自由と特権の距離――カール・シュミット「制度体保障」論・再考〔増補版〕』（日本評論社，2007 年）166 頁）。

28) Gerhard Anschütz, Die Verfassung des Deutschen Reichs vom 11. August 1919, 2. Aufl. 1921, S. 246f.

29) 石井紫郎「財産と法――中世から現代へ」『岩波講座 基本法学 3 財産』（岩波書店，1983 年）28 頁以下参照。石井は，この考え方の源流を，アメリカの独立宣言や権利章典，フランス人権宣言などにより，「近代にいたって『前国家的』な所有権が国家法によって保障されることになった，という……一種のパラドックス」に見出す。

30) 社会主義・共産主義勢力の攻撃が念頭に置かれていたことについて，参照，石部・前掲注 25) 124 頁。

31) M. Wolff, a.a.O. (Anm. 26), S. 5f.

32) Vgl. J. Wieland, a.a.O. (Anm. 7), Rn. 4.

33) Vgl. z. B. Heinrich Triepel, Goldbilanzen – Verordnung und Vorzugsaktien, 1924, S. 15 ff.

アンシュッツも記述を見直すこととなった[34]。以降，「ワイマール憲法は，今やその優位に基づいて，私法の本質的な基礎の保障のために，少なくとも，中心的な私法制度の完全な廃止を排除」するという影響力を認められていったのである[35]。

　また，ライヒ裁判所も財産権が立法者に対して拘束力を有することを認めるに至った。ライヒ法律の憲法適合性を初めて問うたのは，増額評価法律についての判決（1925年11月4日）[36]である。この判決は，ワイマール憲法が違憲審査権を予定していなかったにもかかわらず，自ら「初めて実質的な『広範な（diffus）』審査権を要求した」[37]ことで知られており，ドイツの違憲審査史において画期的な意義を有するものである。ヴォルフの主張した財産権概念の拡大に倣って，債権にも財産権保障が及ぼされた[38]ことにより，この増額評価の問題が憲法上の財産権保障に関わるものとして扱われる端緒が開かれた。もちろんこの当時，裁判官の審査権は未成熟なものであり，同判決において法律が基本権としての財産権保障に適合するかどうかが実質的に審査されたとまでは言えない[39]。「憲法改正に関わるワイマール憲法76条1項の規定から，憲法律（Verfassungsgesetz）と法律は，同一の権力，すなわち，立法権の意思表示をしているという思考」[40]が蔓延していた。また，当時の審査権論は，「法律の憲法適合性（Verfassungsmäßigkeit）というよりも，法律の『法』適合性（Rechtsmäßigkeit）の色彩が強かった」[41]とも評されている。憲法の優位が確立したと言うには足り

---

34) Vgl. z. B. Gerhard Anschütz, Die Verfassung des Deutschen Reichs vom 11. August 1919, 14. Aufl. 1933, S. 706 f.

35) Vgl. K. Hesse, a.a.O. (Anm. 1), S. 18.

36) RGZ 111, 320 (322 ff.). 当時の尋常でないインフレの状況下で生じた債権の増額評価の問題について，参照，広渡清吾『法律からの自由と逃避——ヴァイマル共和制下の私法学』（日本評論社，1986年）201頁以下，279頁以下，畑尻剛『憲法裁判研究序説』（尚学社，1988年）83頁以下，宍戸常寿『憲法裁判権の動態』（弘文堂，2005年）66頁以下。

37) K. Hesse, a.a.O. (Anm. 1), S. 18.

38) Vgl. RGZ 111, 320 (328).

39) Vgl. Reinhard Renger, Aufwertung und Richterliches Prüfungsrecht, in: Theo Ritterspach/Willi Geiger (Hrsg.), Festschrift für Gebhard Müller – Zum 70. Geburtstag des Präsidenten des Bundesverfassungsgerichts, 1970, S. 286 f.; Christoph Gusy, Richterliches Prüfungsrecht, 1985, S. 129.

40) Martin Gellermann, Grundrechte im einfachgesetzlichen Gewande, 2000, S. 1. ワイマール憲法76条1項では，加重要件はあるものの，「憲法は法律制定の方法でこれを改正することができる」と定められていた。

第1章　ドイツにおける「憲法と私法」論　61

ないこうした限界も確かにあった。しかし，それでもなお，憲法の優位の確立への助走は始まっていた。とりわけ，「まさに財産権保障の領域で，初めてライヒ裁判所の裁判官の審査権が主張されたのは偶然ではない」[42]。これが必然的に生じた一つの理由としては，ワイマール共和国における議会が，もはや市民の利益を脅かすことのなかった 19 世紀のような市民の代表ではなくなっており[43]，市民階級の財産的権利を損なうような立法をするようになった[44] ということが挙げられる[45]。市民階級の代表である議会を信頼して，憲法から離れた領域で自由な経済秩序を作り上げるという時代は，はるか彼方に過ぎ去っている。もう一つの理由としては，ワイマール憲法 153 条という基本権規定が，法律の憲法適合性審査の際の立脚点として依拠することができるほどに，立法者に対する拘束力を有しているという理論的な基礎が，ヴォルフの議論に端を発して固まってきたということが挙げられよう。そして，法律に対する裁判官の審査権が裁判所によって要求されたことにより，更に立法者の法律による財産権の内容形成は著しく制限されていくこととなったのである[46]。

2. 憲法の優位の確立

(1) 基本法制定の意義

　基本法の制定（1949 年）により，憲法が私法へ影響を及ぼし得るための確固たる基礎が完成した。こうした基礎は，憲法の優位の確立が不十分であったワイ

41）宍戸・前掲注 36）76 頁〔圏点は原文〕。Vgl. auch J. Wieland, a.a.O. (Anm. 7), Rn. 6.

42）Bodo Pieroth, Geschichte der Grundrechte, Jura 1984, S. 577.

43）Vgl. ebenda, S. 578.

44）ワイマール憲法に表れているような社会主義的な理念を実行し，市民の財産に干渉してくるという意味での議会不信が広まっていたことについて，参照，高橋・前掲注 24）83 頁。さらに参照，畑尻・前掲注 36）132 頁以下。

　　また，第一次世界大戦後，市民層は私的所有権秩序の根本的変動の危険にさらされ，議会に対する市民層の信頼は大きく動揺した（参照，石部・前掲注 25）125 頁）。

　　増額評価問題では，増額評価しない立法をすることによってインフレの利得を享受しようとする政府の利益（戦後，ドイツは多額の賠償債務を抱えていた）と，それにより損失を被る一般人（債権者）の財産との対立が生じていた（Vgl. H. Rittstieg, a.a.O. (Anm. 9), S. 263）。

45）これに対処するため，「立法収用」が承認され，法律に対してもまた，153 条 2 項の収用の要件を満たしているかが審査されるようになった（Vgl. Otto Kirchheimer, Die Grenzen der Enteignung, 1930, S. 42 ff.）。

46）Vgl. J. Wieland, a.a.O. (Anm. 7), Rn. 6.

マール憲法の弱点を克服するため，そして，ナチスの支配の経験に基づく議会立法者への不信に対処するために築かれたものである[47]。

　基本権と法律との関係を考える際，基本法の中で，特に重要なのが，20条3項（「立法は憲法的秩序[48]に，執行権及び裁判は法律及び法に拘束されている」）と1条3項（「以下の基本権は，直接に適用される法として，立法，執行権及び裁判を拘束する」）との二つの条項である[49]。両条項の規範的な内容に違いはない[50]とされているのであるが，1条3項は，特に基本権に焦点を当てて，「基本権規範は国家の規範体系の最も高い階層に位置付けられ，特に，基本法によって構成された国家権力によって顧慮されねばならないということをはっきりと表している」[51]。従来の憲法の優位の確立状況に顧みると，これらの条項では，憲法の優位は立法者に対しても妥当するものとして規定されていることにとりわけ大きな意義がある。こうした憲法の優位は，法秩序の段階構造という観念を用いることによってもイメージすることができる。その場合，法秩序の段階構造は，優位にある憲法の効力のメタファーとして理解されている[52]。こうした理論に加えて，ドイツでは，さらに，上記の基本法の諸条項により，「基本法それ自体が『通常』法（„einfaches" Recht）[53]に対する憲法の優位を定めているということに，特別

---

47) Vgl. W. Müller-Freienfels, a.a.O. (Anm. 15), S. 427.

48) 憲法的秩序とは，「基本法の全ての規範が存続されている状態（Normbestand）」を意味する（Vgl. Ute Mager, Einrichtungsgarantien, 2003, S. 398）。Oliver Lepsius, Die maßstabsetzende Gewalt, in: Matthias Jestaedt et al. (Hrsg.), Das entgrenzte Gericht, 2011, S. 263（邦訳として参照，鈴木秀美・高田篤・棟居快行・松本和彦監訳『越境する司法——ドイツ連邦憲法裁判所の光と影』（風行社，2014年）216頁〔棟居訳〕）は，執行権と裁判権がより厳格に法及び法律に拘束されている一方，立法権は憲法適合的秩序に拘束されているにすぎず，より弱い拘束に服しているとして，基本法20条3項が差異を設けていることを強調する。それゆえ，立法機関に向けられている規範統制における統制密度は，専門裁判所の判決への攻撃を典型とする憲法異議におけるそれよりも低くなるとしている。しかし，連邦憲法裁判所は，1条3項に基づく実体上統一的な諸基本権の拘束にとり有利となるように，——まさにその点をレプシウスが批判の対象とするとおり——この差異を打ち砕いている。

49) 日本語訳は，高田・初宿編訳・前掲注23）223頁，213頁に従った。

50) Vgl. U. Mager, a.a.O. (Anm. 48), S. 398.

51) M. Gellermann, a.a.O. (Anm. 40), S. 1.

52) Vgl. Matthias Ruffert, Vorrang der Verfassung und Eigenständigkeit des Privatrechts, 2001, S. 35 ff.

53) 「法律」と同義であるが，ここでは，憲法との差異を際立たせるためにこの用語法が用いられている。

な価値が置かれている」[54]。

　もっとも、これらの条項からは、私法や私法関係に影響を及ぼす基本権の内容については明らかにはならず、「基本権の拘束のより詳細な内容、方法、範囲は、その時々の作用における個々の基本権の解釈において実際に突き止められねばならない」[55]。ここで扱われているのは「基本権によって義務付けられる者（基本権の名宛人）」に関する問題のみである[56]。

　このように、これらの条項の射程は狭いのであるが、私法立法者も基本権の名宛人であり、すなわち、私法立法者に対する憲法の優位が確立したという点に関しては、ほとんど疑義なく受け入れられている[57]。

　しかしながら、「憲法と私法」論の観点から注目したいのは、憲法の優位は、基本法制定と同時に、直ちに広範囲に受容されたわけではないということである。「憲法の優位は、全ての法領域において、同時代に、同じ強度で実践的な重要性を有していたわけではない。当然、最も重要なのは、行政法の領域においてナチスの法律が、1949年以後、基本法へ適合するように改正される必要が生じたことや無効とされたことである。あらゆる法律の憲法従属性の原則は、まず公法において明確になった」[58]。これに対して、私法の領域においては、伝統ある歴史や私的自治の原則によって支えられた私法の独自性との関係が理論的に明快に整序される必要があった。後述のように、私法に対する憲法の優位の確立はそう単純ではなかったのである。

---

54) W. Müller-Freienfels, a.a.O. (Anm. 15), S. 428.

55) M. Ruffert, a.a.O. (Anm. 52), S. 34.

56) 基本権の内容に関する問題と基本権の名宛人に関する問題との厳格な区別の必要性を説くものとして、Vgl. Wolfram Cremer, Freiheitsgrundrechte, 2003, S. 414. 基本法1条3項の射程について Vgl. ebenda, S. 436.

　これに対して、Michael Nierhaus, Grundrechte aus der Hand des Gesetzgebers? – Ein Beitrag zur Dogmatik des Art. 1 Abs. 3 GG, AöR 116 (1991), S. 102は、拘束の「有無」だけでなく、「態様」や「程度」についても、基本法1条3項の問題として論ずることができるとしているが、このように説くのは少数である。

57) Vgl. U. Mager, a.a.O. (Anm. 48), S. 399.

58) Rainer Wahl, Der Vorrang der Verfassung und die Selbstständigkeit des Gesetzesrechts, NVwZ 1984, S. 403. 邦訳として参照、小山剛監訳『憲法の優位』（慶應義塾大学法学研究会、2012年）257頁〔石村修訳〕。本書の用語法に合わせて訳語を変えている箇所もある。

(2) 憲法の優位が成り立つ条件

私法立法者に対する憲法の優位がどのように成り立つのかについては，後述するが，ここでは，より一般的に，憲法の優位が成り立つ条件について確認しておく。基本法がそう定めているというだけでは，自分で自分が優位するということを述べているだけであり循環論法になってしまうため，条文にそう書いてあるという以上のことが必要である。まず，憲法の優位を認めるコンセンサスが存在しているということである。憲法の優位は「全てのドイツ人の基本的なコンセンサス」に源がある[59]。さらに，憲法の優位がどれだけ実効性を持って妥当するかは，憲法裁判所の有無によって違ってくる[60]。基本法下では，法律の憲法適合性の審査が憲法裁判所によってなされることになるのであるが，その際，規準としての憲法は法律よりも一段上のレベルで観念されねばならない。これは，論理上当然のことである。「規準としての憲法は審査の対象としての法律から明確に区別されていなければならず，内容的に自主的・独立的でなければならない。憲法と法律との間には分離・隔離が存するのみであって，協働作業は存在しない」[61]。つまり，法律が基本権に適合しているかどうかが審査されるためには，審査の規準点となる基本権がどのような内容を定めているかが，基本権限りで明確に示されていなければならない[62]。このことは，「枠」という観念を用いて説明される。「枠」としての憲法と，その枠によって限界付けられたり，枠内で内容を形成されたりする法律とは，異なるランクになければならないのである[63]。

3. 私法制度形成の基本権による拘束

ここまで見てきたように，基本法制定後，憲法の優位は立法に対しても妥当

---

59) Vgl. W. Müller-Freienfels, a.a.O. (Anm. 15), S. 429. 長谷部恭男『憲法〔第6版〕』（新世社，2014年）25頁以下も参照。そこでは，憲法の最高法規性の確立のためには，「法の運用者による受容」と「社会の大多数のメンバー」による受容が必要とされている。

60) Vgl. Hans Christian Röhl, Verfassungsrecht als wissenschaftliche Strategie?, in: Hans-Heinrich Trute/Thomas Groß/ders./Christoph Möllers (Hrsg.), Allgemeines Verwaltungsrecht – zur Tragfähigkeit eines Konzepts, 2008, S. 824f.

61) R. Wahl, a.a.O. (Anm. 58), S. 487. 訳書217頁〔小山剛訳〕。Vgl. auch S. 513. 訳書234頁以下；Matthias Jestaedt, Grundrechtsentfaltung im Gesetz, 1999, S. 16.

62) Vgl. M. Gellermann, a.a.O. (Anm. 40), S. 3.

63) Vgl. M. Ruffert, a.a.O. (Anm. 52), S. 40.

するものとして確立された。このことは，私法領域においても異ならない。つまり，私法立法者の行う制度形成をも基本権によって拘束することができるということになる。ただし，こうした私法制度形成の基本権による拘束についての議論が繰り広げられるようになるまでには，更なる基本権論の展開が必要であった。以下では，財産権論を扱うに当たって拠って立つ理論的基盤を明確にしておくために，ドイツ基本権論の総論的な議論の流れを整理して示しておく。私法立法者の基本権による拘束についての検討が盛んになる前の段階から，基本権の客観法的側面についての議論の進展を経て，内容形成論の興隆に至るまでを描く。

(1) リュート判決——民事裁判官の基本権拘束

基本法下において憲法と私法の関係を論ずるに当たって，必ず引き合いに出されるのが，リュート判決（1958年1月15日）である。この判決は，基本権の客観法的側面（同判決の用語では客観的な価値秩序）というものを持ち出し，次のように述べたことで，注目を浴びた。

> 「疑いもなく基本権は，第一次的には，個人を公権力の侵害から守るために定められている。基本権は市民の国家に対する防御権である。……基本権は決して価値中立的な秩序ではない。基本法はその基本権の条章において客観的な価値秩序をも打ち立てたのである。……その中心点を社会共同体の内部で自由に発展する人間の人格とその尊厳に見出すこの価値体系は，憲法の根本的決断として全ての領域の法に妥当しなければならない。立法，行政及び司法はそれによって指針と動因を受け取る。したがって，この価値体系はもちろん民法にも影響を及ぼす。いかなる民法規定もこの価値体系と矛盾することは許されず，全てはその精神において解釈されなければならない」[64]。

ここでは，基本権の客観的な価値秩序から立法，行政，司法に対して向けられる指針と動因が存在することが一般的に示されている。全ての法領域において立法，行政，司法を導く基本権の効力は，比喩的に「照射効（Ausstrahlungswirkung）」と呼ばれ，ドイツの基本権論の大きな特徴として広まっていくことになる。

---

64) BVerfGE 7, 198 (204 ff.). この判決について参照，木村俊夫「言論の自由と基本権の第三者効力——リュート判決」ドイツ憲法判例研究会編『ドイツの憲法判例〔第2版〕』（信山社，2003年）157頁以下。

もっとも，リュート判決で具体的に問題とされたのは，民事裁判官の基本権拘束についてであった[65]。その後の学説でも，照射効という言葉は，——リュート判決の上記判示によれば，立法権に対する効力をも含意しているはずであるにもかかわらず——執行権力と裁判権に対する基本権の効力のみを意味するものとして用いられることがある[66]。そして，憲法と私法の関係について論じられる場合，その関心は，民事裁判官による法律の適用を基本権によってどのように拘束するかということに集中するという状態が続いていた。

　このことは，基本権保護義務論という理論を用いて，憲法と私法の関係を把握しようとする試みについても言えることである。基本権保護義務論に関する検討において，私法立法者に対する基本権の拘束の在り方の探究が主眼となることは余りなかった。本来，保護義務論は立法者への要請も含んだものである。保護義務論によれば，国家は，私法の制定や民事裁判を通して，個人の基本権を他の私人による侵害から保護しなければならない[67]。しかも，保護義務の第一次的名宛人は，立法者であると考えられてきた[68]。また，保護義務論は，「裁

---

65) Vgl. BVerfGE 7, 198 (206 f.). Vgl. O. Lepsius, a.a.O. (Anm. 48), S. 193 ff. 訳書 160 頁〔棟居訳〕。同論文は，その後，客観的価値秩序としての基本権が，この事案を離れ，立法者をも拘束するようなものとして内容を拡張されてきたことに対し，厳しい批判を加えている（S. 197 f. 訳書 164 頁）。確かに，連邦憲法裁判所が個別の事案を離れコンテクストと無関係に抽象的に基準を定立しているようであることに対する批判はそれとして傾聴に値するものである。しかし，こうした憲法裁の判決の出し方に対する批判のもたらす帰結として，基本権の客観法的側面によって立法者を拘束するということの意義までもが否定されるものではないように思われる。立法者の形成余地を確保すべく正当な配慮をしながら，同側面を理論的基盤として立法者による制度形成を統制するという後述(3)で取り上げる内容形成論のような企ては，前向きな検討に値するものとして本書は扱っている。

66) Hans D. Jarass, Funktionen und Dimensionen der Grundrechte, in: Detlef Merten/Hans-Jürgen Papier (Hrsg.), HdbGR, Bd. 2, 2006, §38 Rn. 57. そこでは，Ausstrahlungswirkungと対をなして，立法者に関わるものとして，„normative Ausgestaltung（規範的な内容形成）"という概念が捉えられている。「内容形成」については後述(3)を参照。

67) Vgl. Claus-Wilhelm Canaris, Grundrechte und Privatrecht, AcP 184 (1984), S. 225 ff.; ders., Grundrechte und Privatrecht, 1999, S. 37 ff.

68) 小山剛『基本権保護の法理』（成文堂，1998 年）52 頁。松本和彦「基本権の私人間効力——基本権保護義務論の視点から」ジュリスト 1424 号（2011 年）59 頁でも，「基本権保護義務論のそもそもの適用場面は，裁判所のみならず，あるいは裁判所というよりも，むしろ議会や行政の作為義務の履行の場面であ」り，「主として裁判所を念頭に置く私人間効力論は，少なくとも当初は別物の議論であった」と指摘されている。

第 1 章　ドイツにおける「憲法と私法」論　67

判官の主観的解釈を招きやすい第三者効力論よりも，明確な法律——『一般条項』ではなくて——の存在，それ故にまた立法者の『本質的』役割を中点に据える」ものであるとも指摘されている[69]。

　しかし，憲法裁の判例は，民事裁判所の判決を憲法裁が統制する中で発展し，その結果，民事裁判所における基本権の影響の下での法適用の問題が，最も重要なものとして議論されてきた。これに対して，基本権の私法への影響を第一に実現しなければならない立法権はほとんど全くと言ってよいほど視野に入れられていないとまで言われている[70]。

　近年では，法秩序の「憲法化 (Konstitutionalisierung)」という現象が注目を集めているが，ここでもこの傾向は消えていない。「憲法化」に関する議論は，確かに立法者による憲法化をも射程に含むものであり，憲法化の効果として立法者の権力，それゆえ議会の権力が制限されることが指摘されている[71]。また，立法者は基本権行使のために，「私法の個々の領域において一定の最低水準を確保する義務を負うかもしれない」[72]。「基本権の権限秩序に基づけば，何よりもまず立法者に，通常法秩序を憲法の規準 (Vorgaben) に適合させるという任務が与えられている」[73] として，家族法を例にした改革立法が取り上げられることもある。家族法のように，伝統的に受け継がれてきた内容が，新たに定められた憲法と逆行するものを含む場合，まず新憲法に適合した法秩序が作られねばならず，立法者による対応が要請されるのである。しかしながら，憲法化に関する議論を見渡すと，依然として，検討の主眼は，質・量ともに，専門裁判所による憲法化をどのように捉えるかということであったように見える[74]。

---

69) 小貫幸浩「憲法の『優位』と私的自治・契約の自由——現代ドイツ基本権思惟の特質・試論」高岡法学18巻1 = 2号（2007年）31頁。

70) Vgl. K. Hesse, a.a.O. (Anm. 1), S. 27. 同様の指摘として，Eberhard Schmidt-Aßmann, Öffentliches Recht und Privatrecht – Ihre Funktionen als wechselseitige Auffangordnungen, in: ders./ Wolfgang Hoffmann-Riem (Hrsg.), Öffentliches Recht und Privatrecht als wechselseitige Auffangordnungen, 1996, S. 13; Gunnar Folke Schuppert/Christian Bumke, Die Konstitutionalisierung der Rechtsordnung, 2000, S. 25.

71) ハンス・D・ヤラス（工藤達朗訳）「連邦憲法裁判所と法秩序の憲法化——憲法，とくに基本権の意義の増大について」ハンス・D・ヤラス（松原光宏編）『ヤラス教授日本講演録　現代ドイツ・ヨーロッパ基本権論』（中央大学出版部，2011年）7頁参照。

72) ヤラス・前掲注71) 13頁。いくつかの具体例も同頁を参照。

73) G. F. Schuppert/C. Bumke, a.a.O. (Anm. 70), S. 10.

⑵　基本権の客観法的側面

　他方で，制度形成の統制を行う基盤たり得るよう，基本権の客観法的側面に関する議論が発展していく流れも，当初細々とではあったが存在し，次第に太く確かなものとなってきている。

　憲法に定められた基本権は立法者に対して，二通りの働き方をする[75]。すなわち，基本権は，制限する規範となることと，委託する規範となることとがある。制限する規範は，立法者の行為の限界を指し示し，その限界を超えた立法を禁止する。これに対して，委託する規範は立法者の行為を促す。このことは，基本法1条3項からも導かれる。「基本法1条3項に従って，基本権が立法に対しても拘束力を持って直接に適用される法であるならば，このことは，立法者は基本権の中にある禁止の言明（介入に対する制約）を無視してはならないということ，及び，基本権の中にある要請の言明（基本権の実現）を顧慮しなければならないということを意味している」[76]。

　ドイツでは，長い間，これらのうち，制限する規範としての基本権の働きが非常に重視されてきた[77]。介入思考への偏りとも言い得る状況である。反対に，委託する規範としての基本権の働きには，余り目が向けられてこなかった。議論の関心は，立法者による基本権への介入をいかにして最小限に防ぐのかということに集中し，立法者による制度形成それ自体が基本権によってどのように統制されるのかという視点での議論は乏しかったのである。前述したリュート判決において持ち出された基本権の客観法的側面は，そうした介入思考からの脱却へ向けた足掛かりとなった。それゆえ，同判決は，その後も大きな意味を有するものとして取り上げられることが多いのである。

　この基本権の客観法的側面については，その用い方について少々注意が必要である。時には，この側面は委託する規範についてのみ語られることがある。基本権の客観法的側面は，基本権による要請に対応して法秩序の形成について

---

74) 憲法化について取り上げられた2001年の国法学者大会も，テーマは，「憲法と通常法——憲法裁判権と通常裁判権」であった（Vgl. VVDStRL 61 (2002)）。

75) Vgl. M. Ruffert, a.a.O. (Anm. 52), S. 44.

76) Klaus Stern, in: ders. (Hrsg.), Das Staatsrecht der Bundesrepublik Deutschland, Bd. 3/1, 1988, S. 1257.

77) 財産権の「原形」の探求に力が注がれてきた日本の議論状況にも同様の傾向のあることが指摘され得る。参照，本書序章第3節3.。

責任のある立法が必要とされ，まさに立法者が，基本権上保護された利益の包括的な保護のために，積極的な役割を果たすものとして召喚される場合に意義を有するものである，というのである[78]。

これに対して，基本権の客観法的側面は，制限する規範についても，また，委託する規範についても語り得るものとされることもある。その基礎にあるのは，「主観的（subjektiv）－客観的（objektiv）という対照と，立法者の介入に対する防御－（積極的な）保障義務という対照は一致しない」[79]という理解である。この理解によれば，基本権の客観法的側面は，〈防御権の客観法的側面〉をも意味するものとして捉えられることになる[80]。そして，価値秩序とは異なったこのような意味での基本権の客観法的側面もまた，個人の具体的な主観的権利の侵害が問題となるのではないが消極的な基本権作用が問題となる場面で，立法者の基本権による拘束を考える際には観念されることになる。例えば，立法者の制度形成により，非常に薄い内容の権利が形成され，その権利を取得する者の不利益につながるような場合である。そうした場面では，要請・委託という意味での基本権の客観法的側面は，同時に，基本権主体となる者の防御に資するものとなることもある[81]。

(3) 内容形成論

このように，基本権の客観法的側面についての議論が展開され，この側面が広く浸透していくにつれて，介入思考からの離反が進んでいった。この流れを推し進める大きな役割を果たしたのが，内容形成（Ausgestaltung）論とまとめられるものである。この，立法者と基本権との関係に焦点を当てた議論が，ドイ

---

78) M. Gellermann, a.a.O. (Anm. 40), S. 77.

79) Matthias Cornils, Die Ausgestaltung der Grundrechte, 2005, S. 21.

80) 本書序章で取り上げたように，石川健治「『基本的人権』の主観性と客観性」西原博史編『岩波講座 憲法2 人権論の新展開』（岩波書店，2007年）3頁以下における基本権の客観性の理解も，このようなものである。

81) Vgl. Hans D. Jarass, Grundrechte als Wertentscheidungen bzw. objektivrechtliche Prinzipien in der Rechtsprechung des Bundesverfassungsgerichts, AöR 110 (1985), S. 391. こうした議論について，土屋武「基本権におけるドグマーティクと理論──ハンス・D・ヤラスの基本権論」ハンス・D・ヤラス（松原光宏編）『ヤラス教授日本講演録 現代ドイツ・ヨーロッパ基本権論』（中央大学出版部，2011年）146頁参照。さらに，西村枝美「憲法の私人間効力の射程(1)」関西大学法学論集62巻2号（2012年）167頁も参照。

ツでは一定の広がりを見せている[82]。

　既に，1960年代の初めには，日本でもよく知られているP・ヘーベルレの「制度的基本権論」[83]によって，介入思考からの離反，基本権との関係における法律の「積極的な」解釈への方向付けがなされていた。さらに，P・レルヒェによって，「法律による基本権の形成（Grundrechtsprägung）」という概念を用いた体系化がなされ[84]，その後，同論者によって，法律の内容形成機能が初めて包括的に構想された[85]。そして，90年代末から2000年代にかけては，内容形成論に関する教授資格論文（Habilitation）[86]が続々と刊行された[87]。こうした内容形成論の発展状況は，基本権の客観法的側面の議論の盛衰と一致しているという興味深い指摘がなされている[88]。

　「基本権の内容形成」という語は，一般に，「基本権の制限という術語の反対概念として働き，立法府の行為が基本権の実質の制限ではないが，周縁的な制限をもたらす状況をよく特徴付けるものである」[89]。そして，この「基本権の内容形成」という語は，例えば，「基本権の保障領域に影響を及ぼし，基本権の保障内容を引き起こすか，それ自体，そのような基本権による保障の充足の手段である」ような基本権の前提条件の整備を意味するものと定義される[90]。内容形成論には，立法者の制度形成への着目につながる次のような含意がある。すなわち，「行政（と政府）と裁判という国家作用は，基本権の内容形成の際，協

82）基本権の内容形成という概念の展開について，参照，篠原永明「立法者による基本権の保護の対象の決定(1)」自治研究91巻3号（2015年）114頁以下。

83）Vgl. Peter Häberle, Wesensgehaltsgarantie des Art. 19 Abs. 2 Grundgesetz, 1962, S. 183.

84）Vgl. Peter Lerche, Übermaß und Verfassungsrecht, 1961, S. 98 ff.

85）Vgl. ders., Grundrechtlicher Schutzbereich, Grundrechtsprägung und Grundrechtseingriff, in: Josef Isensee/Paul Kirchhof (Hrsg.), HdbStR, Bd. 5, 2. Aufl. 2000, § 121 Rn. 38 ff.

86）M. Jestaedt, a.a.O.(Anm. 61); Gerd Morgenthaler, Freiheit durch Gesetz – Der parlamentarische Gesetzgeber als Erstadressat der Freiheitsgrundrechte, 1999; M. Gellermann, a.a.O. (Anm. 40); M. Ruffert, a.a.O. (Anm. 52); U. Mager, a.a.O. (Anm. 48).

87）ここまでの研究の流れにつき，Vgl. M. Cornils, a.a.O. (Anm. 79), S. 3 ff.

88）Vgl. ebenda, S. 8.

89）M. Gellermann, a.a.O. (Anm. 40), S. 5 f. これに対して，「全ての基本権領域における立法制限的な行為にとってまでもの上位概念の機能を認める」より広義の内容形成概念も示されている。このような理解の仕方をするものとして，Vgl. Robert Alexy, Theorie der Grundrechte, 1986, S. 300 ff.

90）M. Cornils, a.a.O. (Anm. 79), S. 13.

働する。ただし，基礎には，基本権の介入のときのみならず，まさに，内容形成や『基本権の具体化』のときにも，法律に（カギとなる）決定的に重要な機能が与えられるという，更に先を行く含意」である[91]。

内容形成論は，基本権の保障内容が法律によって形成されるという事態を正面から見据えることにより，基本権論を新たな展開へと導く。先述したように，憲法の優位が成り立つためには規準としての憲法が法律よりも一段上のレベルで観念されねばならない。法律によって基本権の内容が形成されるならば，この条件が崩れてしまうのではないか。内容形成論は，こうした根底的な問題を表に提起し，それに対する対処法をその場面に即した形で考えさせる。すなわち，内容形成論に基づけば，基本権の内容形成を行う立法者に広い形成余地を認めつつ，同時に，介入立法とは異なる統制の仕方が探究される。

ただし，その統制の仕方は，いまだ確立されていない状況にある。この状況は，基本権を制限する法律については，「保護領域・介入・正当化」という思考パターン（いわゆる三段階審査）によって，自在に使いこなせる状態で審査枠組みが明確に確立されているのとは対照的である[92]。このように定型的な審査枠組みが不在のままでは，基本権を制限するのではなく基本権の内容形成を行う立法者の統制に際しては，裁判所による個別事例ごとの場当たり的な審査を許すことになってしまう。また，基本権を制限する法律に妥当するものとして構築された三段階審査を，基本権の内容形成を行う法律に単純に転用することはできない。三段階審査は，立法者による介入を基本的に排除するという思考に基づいている。そのため，それをそのまま用いると，内容形成の際に認められる，民主的に正統化された立法者の政策的な決定の余地や形成の余地が，不当に狭められる危険がある。こうした理由から，内容形成論の必要性が説かれているのである[93]。以上のような内容形成論の特色から，この理論は，立法者の制度形成そのものに目を向けるということをその考察のメインに据えるものであることが分かる。

このように，内容形成論は，立法者と憲法上の財産権との関わり合いをより広い視角から検討するための理論的背景を成すものとして捉えられ得るのである。

---

91) Ebenda, S. 12.

92) Vgl. M. Gellermann, a.a.O. (Anm. 40), S. 6f.

93) Vgl. ebenda, S. 8f.

第2節　私法の独自性

　前節では，基本法制定後，憲法が私法へ（とりわけ私法立法者に対しても）影響を及ぼすことが広く受け入れられ，それを支える理論枠組みが構築されつつある様子をたどってきた。しかしながら，他方で，私法は憲法に先んじて発展してきたのであり，憲法から離れたところで展開し得る独自の領域を有しているということもまた，根強く説かれてきた。この私法の独自性を支える論拠となっているのが，私法の伝統性，そして私法領域での基本原則とされている私的自治の原則である。

1.　私法の伝統性

　古くから現在まで脈々と受け継がれてきた私法，その中心にある民法は，長い時間をかけて模範たり得るようなものを作り上げてきた。今なお，民法は，「現在地測定のための座標軸（Koordinatensystem）」として妥当し，プロトタイプとして個々の規範や規範体の作成計画を掲げており，その方針に従って概念やカテゴリーが形成されるのだと，多くの者が考えている[94]。私法が模範となるのは，古くからあることによってもたらされる単なる権威的な価値に基づいているのではない。その理由は，より実質的に説明され得る[95]。伝統性を有する民法の法概念や法制度は，立法者によってにわかに決定されたのではなく，時代を超えて受け継がれ，しかも具体的な紛争事例の解決の経験を積んでくる中で，「事態に適合的でない解決策が排除され，有利なコンセプトが維持される」という過程を経てきている。その過程を通じて，制度の合理性がもたらされるのである。

　このように伝統性を有し，しかも歴史の中で積み重ねられてきた合理性をも備えた私法に対して，後から出てきた憲法が上から影響力を及ぼすことに対しては，厳しい視線が向けられることになる。とりわけ憲法裁が基本権の客観法的側面を持ち出して，私人間の紛争をめぐっても判断を示すようになってきたことに対しては，強い反発が見られる[96]。

　規範的な効力の面においては，憲法の優位が確立している以上，憲法が私法

---

94) Vgl. M. Jestaedt, a.a.O. (Anm. 61), S. 23.
95) Vgl. M. Ruffert, a.a.O. (Anm. 52), S. 46f.

の上位にあるということを否定する余地は，一切ない。私法に対して憲法が影響を及ぼすことに対する反発も，私法に対する憲法の拘束力を否定するようなものであることはできない。しかしながら，私法が憲法に対してもその伝統にふさわしい独自の意義を保ち，逆に憲法に対して影響を及ぼす平面があると考えることもできる。それは，憲法が私法に対して規範的に優位している平面とは異なった平面である。こうした憲法と私法の関係は，次のように整理されている。基本権の優位が語られる場合，それは「規範的優位」（「憲法の効力の優位」）を表している。憲法より下位の全ての規範は，基本権の効力の下にある。つまり，下位規範が憲法と衝突した場合，基本権が優位することで決着が付けられるのである。これに対して，私法の優位が語られる場合，それは「歴史的優位（在職年数）」（「私法の認識の優位」）に着目してのことである。私法の在職年数は，「基本権を成立史の観点において相対化」する。すなわち，基本権の保障の中には，憲法上必然的に保護の対象となるべき内容だけが定められているのではなく，民法がたまたまそれ以前から定めてきたものを憲法上保護しているものもあるということが，明るみに出るのである[97]。このように，憲法にはるかに先行して私法が定めてきた概念や法制度を，憲法が後から取り入れた場合，「私法は憲法の内容をも形作ることになり，憲法は私法への内容上の立ち戻りなしにやっていくことはできない。そして，私法は単なる『憲法下位法』以上のもの」[98]となる。さらに，憲法の保障内容を考える際に，私法に立ち戻るということは，憲法上の要請とまでも言われている。すなわち，まさにそうすることが憲法の前提として基本法に先行し，その基本条件の一つを示していることから，

---

96) Vgl. Uwe Diederichsen, Die Selbstbehauptung des Privatrechts gegenüber dem Grundgesetz, Jura 1997, S. 57 ff.; ders., Das Bundesverfassungsgericht als oberstes Zivilgericht – ein Lehrstück der juristischen Methodenlehre, AcP 198, 1998, S. 171 ff; W. Müller-Freienfels, a.a.O. (Anm. 15), S. 457 ff.

97) Vgl. M. Jestaedt, a.a.O. (Anm. 61), S. 27; ders., Selbstand und Offenheit der Verfassung gegenüber nationalem, supranationalem und internationalem Recht, in: Josef Isensee/Paul Kirchhof (Hrsg.), HdbStR, Bd. 12. 3. Aufl. 2014, § 264 Rn. 10. 同様のことが「集合体としての憲法」という考え方から指摘されている（参照，中里実「憲法上の借用概念と通貨発行権」高橋和之先生古稀記念『現代立憲主義の諸相(上)』（有斐閣，2013年）646頁以下。Vgl. auch Peter Badura, Die Verfassung im Ganzen der Rechtsordnung und die Verfassungskonkretisierung durch Gesetz, in: Josef Isensee/Paul Kirchhof (Hrsg.), HdbStR, Bd. 7, 1992, § 163 Rn. 33)。

98) Vgl. M. Ruffert, a.a.O. (Anm. 52), S. 49 ff.

憲法ランクの要請となるというのである[99]。

　憲法の優位が確立している中で、それでもなお、憲法に先行して独自の、しかも合理性を有する概念や法制度を形作ってきた私法の意義を顧慮しなければならない場面（——まさに財産権の憲法的保障を考える際に生ずる場面）において、再びこうした考え方に立ち戻ることとなろう。

2. 私的自治の原則

　では次に、私法の独自性を支えるものとして挙げられるもう一つの論拠、私的自治の原則を取り上げる。19世紀の状況について見てきた中で何度か登場した、私的自治の原則を基礎に置くと[100]、私法秩序は、個人による自己の意思に従った法関係の形成の積み重なりにより、自生的に生成するものと考えることになる。そうした自生的な私法秩序の生成は、憲法とは無関係に行われ得るもの——むしろ私法独自に行われた方がよいもの[101]——であり、憲法の優位の意義は薄れていく。その代わりに、民法が私的自治の原則に沿ったものとして顧慮される[102]。この場合、民法は、国家による制御から逃れ、自己責任によって私人間の法的な関係を規律するためのものと捉えられることになる[103]。

　しかしながら、私法領域が私的自治の原則によってあまねく自律的に規律され、国家による制御とは全く無関係であり得るということは決してない。私法領域において私的自治の原則が妥当しているということを持ち出すことによって、私法立法者の憲法による拘束が妨げられることはないのである。先に見たとおり、憲法の優位は私法に対しても基本法上の規範的な要請として確立しているのであり、私的自治の原則に基づいて自律的に私法領域が形成されているということに依拠して、私法立法者が基本権の拘束を逃れることはできない。

---

99) Vgl. ebenda, S. 52. より以前には、K. Hesse, a.a.O. (Anm. 1), S. 42 も。これに対して、イェシュテットは私法の歴史的優位をその時間的な先行性という事実から導いている点に若干の違いがある。

100) すなわち、樋口陽一『国法学 人権原論〔補訂〕』（有斐閣、2007年）115頁注1のいう「伝統的に私法秩序と憲法とを切り離して考える思考」に基づいて私的自治を理解した場合である。

101) Vgl. Uwe Diederichsen, Die Rangverhältnisse zwischen den Grundrechten und dem Privatrecht, in: Christian Starck (Hrsg.), Rangordnung der Gesetze, 1995, S. 39 ff.

102) Vgl. Georg Hermes, Verfassungsrecht und einfaches Recht – Verfassungsgerichtsbarkeit und Fachgerichtsbarkeit, VVDStRL 61 (2002), S. 124.

103) Vgl. M. Ruffert, a.a.O. (Anm. 52), S. 53.

私的自治と憲法の優位は，比較の平面が違うのである[104]。

　仮に国家法によらない自生的秩序によってのみ私法領域が規律されるとすれば，確かに憲法の効力の下で法形成がなされるのではなくなる。しかし，私的自治が成り立つためには，そもそも国家法の関与が不可欠である。例えば，「私的自治を，実定法より先に存在する形成についての選択肢（Gestaltungsoption）とみなす場合でさえも，私的自治は国家の法秩序による承認や内容形成によって初めて実効的になる」という見解がある[105]。また，自生的に作り出された「Privates Recht（民間法[106]）の独自性と独立性は，この秩序が立憲国家の法秩序から取り出される場合にのみ，保持され得る。……というのは，立憲国家においては，Privates Rechtの承認と高い評価は，常に法秩序の一部に関係があるからである。国家によって作られた法秩序の前には，Privates Rechtのための場所はない。Privates Rechtは，これはこれで，規準となる憲法上の原則に照らして合憲性が判定されねばならない国家のPrivatrecht（私法）の基礎の上にある」という見解[107]もある[108]。

　さらに，そもそも私法秩序が私的自治を基礎に自生的に生成するということ自体，例外の多い想定である。まず，私法には自生的に生じたものでない規律も含まれる可能性があるということが挙げられる。例えば，刑法の規定をきっかけとして私法上の規律が変わらねばならない場合があるという。「第三者を侵害する行為が刑罰を受けるべきものとして性格付けられた場合には，普通，被侵害者は同時に，制定法により（*de lege lata*）私法上の請求権をも獲得する。このことは，第三者を侵害する行為を対象とする刑法規範の可決は私法を形成

---

104) Vgl. M. Jestaedt, a.a.O. (Anm. 97), Rn. 14.

105) J. Neuner, a.a.O. (Anm. 14), S. 165.

106)「民間法」との訳語は，篠原・前掲注82）130頁注89に拠った。

107) Christian Bumke, Ausgestaltung von Grundrechten, 2009, S. 33.

108)　この点に関して，近年関心が高まっているグローバル化まで視野に入れた場合，必ず国家法が基礎とならなければならないとは言えない場面も考えられるのかもしれない。例えば，国家の枠組みを超えたところで国境を越えた商取引のルールが形成される等，非国家的な規範が現実に通用するようになることもある（参照，浅野有紀・原田大樹・藤谷武史・横溝大「グローバル化と法学の課題」同編著『グローバル化と公法・私法関係の再編』（弘文堂，2015年）1頁以下）ということも考えられるからである。国際的な経済秩序の形成に対して憲法がどのように関わっていくかは重要で大きな検討課題である（参照，江島晶子「経済秩序と『憲法／国際法』」企業と法創造8巻3号（2012年）16頁以下）が，本書の考察はそこまでは及んでいない。

する効果をも持ち得るということを示している。刑法規範の可決の前には，そ
れらの行為が私法の訴えにおいては防御されなかったとしても……，刑罰を科
されるべき行為を私法上適法だと格付けることは，全体の法秩序の無矛盾性の
要請への違反により，憲法違反となる」[109]。また，社会形成的，環境政策的，経
済政策的目的規定の実現は，民主的な立憲国家における立法者の任務であるが，
それが私法という手段によっても規定されるということも述べられている[110]。
さらに，私法に分類される規定が全く私的自治の役に立っていないということ
も，少なくない[111]。

　以上のことをまとめると次のような知見が得られよう。まず，私的自治は私
法領域においてあらゆる場面で妥当し得るものではない。また，私法領域とい
えども，私的自治によって国家が関与することなく法が自生的に生じ，私法秩
序を形成しているわけでもないのである。こうした知見を基底に，本書はこれ
から財産権の憲法的保障の在り方について考察を進めていく。

《小括》

　〈1〉　本章では，ドイツにおける「憲法と私法」論を，歴史を遡って概観し，
後々のドイツ財産権論へとつながっていく考え方を探り出した。それにより，
今日の財産権論を支えている議論の基層を明らかにした。

　19世紀には，立法者に対して基本権の拘束が及ぶものとは考えられていなか
った。封建制を脱して，自由主義的な経済・社会秩序を確立することが当時，
最も目指されたことであり，立法者はその推進者としての役割を期待されてい
たのである。私法の領域は，憲法とは無関係に発展し，憲法がそこに影響を及
ぼすことはなかった。むしろ，私法が憲法に対して実質的に優位しているとも
言い得る状況であった。しかし，こうした憲法と私法の関係は，自由主義的な
経済・社会秩序に綻びが生ずるとともに，維持されなくなり，ワイマール期に
は，根本的な変質を遂げることとなった。憲法の優位の確立への助走が始まっ

---

109) Vgl. W. Cremer, a.a.O. (Anm. 56), S. 433.

110) Andreas Voßkuhle, Zur Einwirkung der Verfassung auf das Zivilrecht, in: Alexander Bruns et al. (Hrsg.), Festschrift für Rolf Stürner zum 70. Geburtstag, 2013, S. 83.

111) Vgl. M. Jestaedt, a.a.O. (Anm. 97), Rn. 14.

たのである。財産権保障の規定を立法者に対して拘束力あるものと解する見解も登場した。その背景には，議会が変容し，もはや市民の味方とは言えなくなったという事情があった。また，ライヒ裁判所において，財産権保障に関して法律の憲法適合性審査が行われるという出来事も加わって，更なる財産権論の発展への基礎が築かれたのである。

　〈2〉　基本法下では，基本法1条3項，20条3項を規範的な支柱として，憲法の私法に対する優位が確立された。そして，現在のドイツ基本権論の大きな特色となっている基本権の客観法的側面についての議論の展開を通じて，私法立法者に対しても基本権による拘束を及ぼす理論的基盤が整えられていった。とりわけ，基本権に介入するのではなく，制度を形成しているだけともとれる法律に対する基本権による拘束の在り方が考察されるようになった（内容形成論）ことの意義は大きい。こうした議論の興隆の中で，立法者の制度形成そのものに目が向けられ，介入立法とは異なる統制の仕方が探究されるようになってきている。

　〈3〉　私法に対する憲法の優位が確立した以上，私法が規範的に基本権の効力の下にあるということは否定しようがない。しかし他方で，私法の伝統性に基づいて，憲法に対する私法の優位が語られることもある。歴史的に見ると，憲法にはるかに先行して私法が定めてきた概念や法制度を憲法が後から取り入れた場合（例えば所有権制度といったものはその典型である），私法は憲法の内容をも形作ることとなる。その場合，憲法上の保障内容を知るためには，私法に立ち戻らざるを得ない。こうした事態が，ドイツでは「私法の歴史的優位」や「私法の認識の優位」という言い方で表されており，それは規範的優位とは明確に異なるものであることが説かれている。また，私法においては私的自治の原則が妥当しているということもまた，憲法の優位を退けるかのようであるが，そういうわけでは決してない。私法秩序が私的自治を基礎に自生的に生成するということはそれほど確固たる事象ではない上，私的自治が成り立つためには，国家法の関与が不可欠である。それゆえ，その国家法が憲法の効力の下にあることには何の疑いもないのである。

　次章以下では，本章でドイツにおける憲法と私法論を概観してまとめた要点の意義を適宜明らかにしながら，ドイツにおける財産権保障論に詳しく立ち入っていくこととする。

第2章　基本法下における財産権保障の概要

第1節　拘束のパラドックス

1. 財産権の法律依存性

憲法上の財産権は，「規範によって形成される（normgeprägt）基本権」と称されており，法律依存性（Gesetzesabhängigkeit）を有する権利であるという命題がドイツでは広く受け入れられている。財産権は，「特定の法秩序の規準に従ってのみ存在する法的な形成物」であり，法秩序は「その形成物の成立のための条件」及び「形成物の成立と同時に生ずる権利義務について確定しなければならない」[1]。例えば，ある者が何らかの物を手に持って，「これは自分のものだ！」と宣言したり，またある者がどこかの地面を柵で囲んで「この土地は自分のものだ！」と宣言したりすることは勝手である。しかし，他の者によってその物が奪われないことや，土地に無断で立ち入られないことを，法的に主張することはできない。こうした主張が容れられるためには，法規範による承認が必要である[2]。法規範によって「誰が，どのような対象を，どのような形態で，どのような条件の下で，どのような限界内で，『自分のもの』とし得るのかということ」[3] が具体的に定められていなければならない。連邦憲法裁判所の判例も，「権利主体への法益の帰属としての財産権は，法生活において実際に使えるものであるために（praktikabel），必然的に法的に形を整えられることを必要とする」[4] と判示している。ここでは，(イ)憲法上の財産権を法的に主張できるものとして根拠付けるために法律が必要であるという意味での法律依存性が説か

---

1) Vgl. Christian Bumke, Ausgestaltung von Grundrechten, 2009, S. 17.

2) Vgl. Otto Depenheuer, in: Hermann von Mangoldt/Friedrich Klein/Christian Starck (Hrsg.), Kommentar zum Grundgesetz, Bd. 1, 6. Aufl. 2010, Art. 14 Rn. 29 f.

3) Brun-Otto Bryde, in: Ingo von Münch/Philip Kunig (Hrsg.), Grundgesetz Kommentar, Bd. 1, 6. Aufl. 2012, Art. 14 Rn. 47.

れている。もっとも，そのことにより，㈠憲法上の財産権の内容を明らかにする，すなわち保護領域を定めるために法律が必要であるという意味での法律依存性までをも肯定したままに，憲法上の財産権の保障構造を構築するかには，学説上，立場の相違がある（第3章第2節2.を参照）。

　基本法の条文も，こうした権利の特性に合致した規定振りとなっている。14条1項は，「財産権及び相続権は，これを保障する。その内容及び限界は，法律でこれを定める」と規定する。この条文は，憲法上保護される財産権は，「法律によって形成された財産権のみ」であることを定めているものと解されている[5]。

　ただし，基本法14条1項にいう「法律」は，議会によって制定される法律のみを意味するのではない。最も広義に解する見解は，「法律」には，法規命令，条例，慣習法，裁判官法といった全ての法規が含まれるとする[6]。これらのうち，慣習法や裁判官法で財産権の内容及び限界が定められると解することができるかどうかについては，意見が分かれている。それを否定的に解する見解は，財産権の内容が法律という形式で定められていることにこそ意義を見出す。14条1項2文が，「財産権保護の範囲を，直接正統化された国民の代表者としての立法者に委ねる」ことを目的としていることを重視するのである[7]。法規命令は法律に根拠を有していなければならないという点，条例はそれが制定された自治体における民主的正統性が認められるという点で，この目的にかなうものであると言えよう。

---

4) BVerfGE 58, 300 (330). この決定について参照，西埜章「憲法上の所有権概念と地下水利用権——砂利採取事件」ドイツ憲法判例研究会編『ドイツの憲法判例〔第2版〕』（信山社，2003年）313頁以下，川崎和代「西ドイツにおける財産権制限の法理——連邦憲法裁判所判決を中心に」大阪女子学園短期大学紀要28号（1984年）49頁以下，高橋寿一「所有権制限法理の展開——西ドイツにおける近年の所有権概念の変遷をふまえて」一橋研究9巻2号（1984年）62頁以下。

5) Vgl. Hans-Jürgen Papier, in: Theodor Maunz/Günter Dürig (Hrsg.), Grundgesetz Kommentar, Lfg. 59, 2010, Art. 14 Rn. 307. 他に，「規範の文面は，軽視されてはならない」として，この条項を財産権の法律依存性の根拠とするものとして，Vgl. Ansgar Grochtmann, Die Normgeprägtheit des Art. 14 GG: Konsequenzen für die Eigentumsdogmatik, 2010, S. 25, insb. Fn. 11.

6) Vgl. H.-J. Papier, a.a.O. (Anm. 5), Rn. 339; Jörg Berkemann, in: Dieter C. Umbach/Thomas Clemens (Hrsg.), Grundgesetz – Mitarbeiterkommentar und Handbuch, Bd. 1, 2002, Art. 14 Rn. 287.

7) Vgl. Joachim Wieland, in: Horst Dreier (Hrsg.), Grundgesetz Kommentar, 3. Aufl. 2013, Art. 14 Rn. 103. Vgl. auch Johannes Dietlein, Die Eigentumsfreiheit und das Erbrecht, in: Klaus Stern (Hrsg.), Das Staatsrecht der Bundesrepublik Deutschland, Bd. 4/1, 2006, § 113 S. 2242; Alexander Peukert, Güterzuordnung als Rechtsprinzip, 2008, S. 711 ff.

これと全く正反対の立場には，法律が財産権の内容を全て規定し尽くすことを問題視し，法律という形式に拘泥しない，というよりもむしろ積極的にそれを取り払おうとする見解もある[8]。この立場の根底には，社会の自生的秩序において形成される財産権というものを重視する思想がある。確かに，当事者間の取り決めにより法律で定められているのとは異なる内容の財産権が形成される余地や，長年の慣行の中で自然に内容が固まってきた財産権が存在する余地はあろう。しかし，私法の独自性の根拠の一つを成す私的自治の原則に関して，現在，展開されている議論（本書第1章第2節2.）に照らせば，社会の自生的秩序において形成される財産権もまた国家によって形成された法秩序の中で初めて成り立っているものにすぎないとも言える。そうすると，財産権の法律依存性に否定的なこれらの見解も，財産権の法律依存性を完全に消失させることはできていない。

2．憲法による立法者の拘束

　このように財産権には法律依存性があり，財産権が保障されるためには法律が制定されなければならないということは，財産権論の出発点としてひとまず広く受け入れられている。この場合，そうした法律は，先に概観したような（本書第1章第1節3.）憲法からの二方面の要請——制限／委託——のうち，委託という側面を有している。憲法からの委託によって，立法者には，財産権を保障するための基本的な法制度を整備することが義務付けられているのである。

　その際，立法者は，その委託を全く自由に遂行してよいというわけではない。先に見たように，基本法下の今日においては，立法者（民事立法者を含む）が基本権によって拘束されるということが確固たるものとして受け入れられている（第1章第1節）。それゆえ，ここに「拘束のパラドックス」が生ずる。確かに，財産権に関係する法律は，基本法14条1項1文の保障に合致していなければならない。しかし，財産権保障の保障内容は，基本法14条1項2文によれば，まさ

---

8) Vgl. Jürgen Eschenbach, Der verfassungsrechtliche Schutz des Eigentums, 1996, S. 548; Friedhelm Hufen, Staatsrecht II – Grundrechte, 5. Aufl. 2016, § 38 Rn. 8. 別の箇所では，「財産権の負担やその利用についての多くの措置は，疑いなく，『本質的に』基本権の行使に関するものでもあるので，一般的な基本原則に従って法律によって定められねばならない」として，法律の留保の観点から法律による規律が求められると主張されている（Ebenda, Rn. 41）。これは，財産権の内容を形成するために法律が必要であるという主張とは異なる観点からのものである。

にその法律によって規定される。基本権は立法者に対して財産権への介入の限界を定めるものであるにもかかわらず，何が基本法 14 条の意味における財産権であるのかを決めるのは，立法者自身なのである。どのようにしてこの循環から抜け出ることができるのかは一見して明らかではないと言われており，この難題は多くの論者を悩ませ続けてきた[9]。

　こうしたパラドックスの存在は，連邦憲法裁判所の次のような矛盾して見える判示にも現れている。すなわち，砂利採取決定（1981 年 7 月 15 日）において，一方では，「憲法によって保障されている財産権の概念は，憲法自体から導かれなければならない。憲法の下位に位置する通常の法規範から，憲法上の意味における財産権概念が導かれることはないし，私法的な法的地位から具体的財産権の保障の外延が規定されることはない」[10]と述べられている。しかし，他方では，「財産権の内容を確定する憲法に適合した法律の全体から，基本法 14 条 1 項の保障する現存保障の対象及び範囲が明らかになり，それと同時に，どのような場合に，補償を要する権利剥奪が生ずるのかが明らかとなる」[11]と述べられているのである。

　そして，今日でもなお，この循環から抜け出る方途の探究が続けられている。〈財産権の内容及び限界が立法者によって第一に定められねばならない場合，どのようにして財産権は立法者を拘束することができるのか〉という問いへの回答に，いまだ共通了解は形成されていないのである。

第 2 節　財産権保障の全体像

　この難題に取り組む前に，財産権保障の全体像を把握しておくのがよいであろう。本節ではまずどのような局面で財産権保障が要請されるのかを整理し，それらの各局面で拘束のパラドックスが深刻な問題としてどのように現れるのかを確認する。そして，憲法による立法者の拘束がどのような形でなされると

---

9) Vgl. Roman Herzog, Grundrechte aus der Hand des Gesetzgebers, in: Walther Fürst/Roman Herzog/Dieter C. Umbach (Hrsg.), Festschrift für Wolfgang Zeidler, Bd. 2, 1987, S. 1420; Wilfried Berg, Entwicklung und Grundstrukturen der Eigentumsgarantie, JuS 2005, S. 962.

10) BVerfGE 58, 300 (335).

11) BVerfGE 58, 300 (336).

考えるべきか，本書で展開するこれからの議論の大まかな方向性を提示する。

1．問題となる局面

憲法による財産権保障がなされる局面として，以下のような三つの場面が想定され得る〔参照，図1〕。

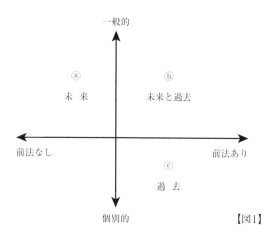

【図1】

(a) 第一に，「財産権者の権利・義務を一般的・抽象的に確定する」[12]法律（基本法14条1項2文）が初めて制定される局面である。すなわち，何もないところに新たに法律を作る（新たな法律の制定・法律改正によりこれまでになかった規定を追加する）際の立法者に対する拘束が問題となる局面である。これ以前の財産権秩序にはまだ存在しておらず，しかし，それでいて憲法上の財産権概念には含まれ（ある権利が憲法上の財産権概念に含まれるか否かを判断するメルクマールについては，本書第3章第1節参照），それゆえ基本法14条1項1文の意味における財産権ではあるような新たな法的地位の形成の際にのみ，こうした純粋な内容規定が考えられる[13]。そこでは，法律の未来に向かっての作用のみが検討対象となる。

もっとも，財産権秩序の網の目はもはや至る所に張りめぐらされていると言っても過言ではない。そのため，「既に存在している財産権への影響や遡及効がない，財産権的地位の初回の内容形成」が，今日実際に問題になることは余

---

12) BVerfGE 58, 300 (330).
13) Jochen Rozek, Die Unterscheidung von Eigentumsbindung und Enteignung, 1998, S. 58.

りなく，「理論上」のものにとどまるとも言われている[14]。

　(b)　第二に，現存している法律により財産権の保障がなされている状態で，「財産権者の権利・義務を一般的・抽象的に確定する」新たな法律（基本法14条1項2文）の制定又は改正がなされる局面である。ここでは，ⓐの局面とは異なり，これに先立つ法律によって保障されていた財産権の保護に関わる作用，つまり，法律の過去に向かっての作用が問題となる。しかしそれと同時に，現在既に存在している財産権への影響や遡及効が憲法上許される範囲にとどまっているかということではなく，憲法上要請される内容を充足した制度形成が行われているかということも問われる（これについて詳しくは後述本節3.）。

　(c)　もう一つ，財産権の保障の局面には，法律による委託の履行が行われた後に問題となる局面がある。それは，「特定の，あるいは特定可能な人的範囲から基本法14条1項2文にいう一般的法律に基づき適法に取得した具体的財産的権利を剥奪する」局面（いわゆる収用の局面）である。収用には，法律により直接なされる立法収用と法律に基づいて行政の措置によりなされる行政収用とがある[15]。この局面では，基本法14条3項に基づく保障がなされる。すなわち，①法律によりあるいは法律に基づいて行われること，②補償の規律があること（附帯条項），③公共の福祉のためになされること，さらに，④公共の利益と関係者の利益を正当に衡量した補償がなされること（価値保障）が問題となる。

　ドイツの財産権論においては，このように，ⓑの局面とⓒの局面とが，形式的基準（財産権者の権利・義務を一般的・抽象的に確定するものか／特定の，あるいは特定可能な人的範囲から具体的財産権を剥奪するものか）によって区別され，全く別の制度として捉えられている点に大きな特徴がある。形式的基準によって内容・限界規定（ⓐ・ⓑの局面）に振り分けられた後は，たとえ，既得の権利者に対する侵害がいかに強度のものであろうとも，収用と評価され，補償請求が認められることはない（転化理論の否定）[16]。内容・限界規定と収用との区別に関しては，近年，判

---

14) Vgl. ebenda, S. 61.

15) Vgl. BVerfGE 58, 300 (330 f.). ⓐ・ⓑとⓒとの間の区別は，この砂利採取決定によって確立された内容規定と収用との区別の基準に基づくものである。

16) Vgl. BVerfGE 83, 201 (211 f.). この決定について参照，戸波江二「新法施行後の旧鉱業法上の先買権の行使と所有権の保障」ドイツ憲法判例研究会編『ドイツの憲法判例Ⅱ〔第2版〕』（信山社，2006年）289頁以下。

例による収用概念の狭小化の動きがあり，それに伴って内容・限界規定の局面で審査が行われることが増えている（これについて詳しくは，本書第6章第1節1.）。

2．拘束のパラドックスの消失？——時間の観点から

⑴　時間の観点による介入の創出①——既得の権利の保護

　ドイツにおいて，明確に区別されたこうした三つの局面の中には，一見，拘束のパラドックスにさほど真剣に向き合わなくてもよいように見える局面がある。それは，ⓑとⓒの局面である。というのは，これらの場合，法律依存性があるにもかかわらず財産権に憲法上の保護を及ぼせる契機として，これまでその存在が決定的に重要なものと考えられてきた，「保護領域への介入」を見出す可能性が出てくるからである。法律（又は行政行為）が保護領域への介入を行っていると認めることは，当該法律（又は行政行為）が憲法上許されるかどうかを審査することが可能となるための条件と考えられてきた。それは，憲法上の権利の審査枠組みとして比較的堅固なものとなっている三段階審査（保護領域への帰属の有無・保護領域への介入の有無・介入の正当化可能性の有無の審査）においては，保護領域への介入の存在が，正当化審査発動の前提条件と考えられているためである。

　ⓑとⓒの局面で，この「保護領域への介入」を観念する契機を与えているのは，時間の観点である。そこでは，憲法適合性が問われる法律（又は行政行為）に先んじて，他の法律規定により，具体的個人に財産権が帰属させられていたという状態があったことに着目し得る。

　まず，ⓒの局面では，特定の，あるいは特定可能な者が既に具体的財産的権利を有している場合に（その権利の獲得はⓐ又はⓑの局面での出来事である），その権利の剥奪のみが問題となっている。憲法の拘束の対象となる法律は，特定の個人の具体的財産的権利を剥奪するという効果を有するのみであり，新たに，一般的な法制度を形成するものではない。そのため，法制度としての憲法上の財産権を形成する立法者を憲法によってどのように拘束するかという拘束のパラドックスを含む問題について考える必要はない。

　これに対して，ⓑの局面は，既に法律による財産権の保障が個々人になされている状態で，「財産権者の権利・義務を一般的・抽象的に確定する」局面である。ここでは，拘束のパラドックスが生ずるものの，先行する他の法律規定によって保障されていた財産権を保有していた個人の保護に関わる作用の側から

のみ見れば，つまり，法律の過去に向かっての作用を捉えれば，ここに既得の財産権への介入を観念する余地が生ずるのである[17]。

　確かに，時間の先後で区切り，既得の権利の保護に着目することによって，介入の対象となる財産権を観念することは可能となる。しかし，このことが，財産権の憲法的保障論の構築に向けて資するところはほとんどない。というのは，この考え方によれば，財産権が保護される基礎となっているのは，具体的個人に財産権が帰属していたという事実的状態であり，法律によってある権利が財産権とされていたという規範的状態ではない。それゆえ，法律によって形成された財産権に，なぜ憲法上の保護が及ぶことになるのかという拘束のパラドックスの問題は回避されている。時間の先後で区切り，既得の権利の保護に着目するこの見解は，かかる問題を考える場面となるはずの，ⓐの局面については何も意味のあることを述べていない。また，ⓑの局面でも，法律の過去に向けての作用と同時に，新たに財産権の内容を形成することになる未来に向けての作用も存在するが，それは視野の外に置かれたままである。財産権保障には，国民の具体的な法的地位の保障——ⓑ・ⓒの局面と，立法者の内容規定の拘束——ⓐ・ⓑの局面との二つがある[18]が，この説は，前者にしか関心を向けていないのである。

　また，次のような実際上の不都合も生ずる。既得の財産権保護の確立により保護されるのは，当該法律によって規制がかけられることになる対象物をあらかじめ有している者のみである。そうすると，この「旧法上の権利者との関係

---

17) Vgl. Thorsten Kingreen/Ralf Poscher, Grundrechte, Staatsrecht II, 32. Aufl. 2016, Rn. 1015. 基本法14条1項2文（「〔財産権の〕内容及び限界は，法律でこれを定める」）の読み方の問題と絡めて，内容規定と限界規定の時間による区別という形で説かれることもある。すなわち，「内容規定は，未来に向かって財産権者の地位を定義し，限界規定は，これまでの法に基づいて存在している地位に介入する」と解することになる（Dirk Ehlers, Eigentumsschutz, Sozialbindung und Enteignung bei der Nutzung von Boden und Umwelt, VVDStRL 51 (1992), S. 225. 訳書90頁）。もっとも，基本法14条1項2文にいう，「内容及び限界」というフレーズを区別して読むか一体として読むかということで争うことには実益はない。要は，介入という契機を時間の先後を基準として創り出すということがこの見解のポイントになる。（参照，「内容規定と限界規定は，……少なくとも時間によって区別され得る」とする J. Rozek, a.a.O. (Anm. 13), S. 59〔圏点は引用者による〕; Michael Sachs, Verfassungsrecht II Grundrechte, 3. Aufl. 2017, S. 584 ff. ザックスも，時間の観点でのみ介入の有無を判断するという立場に完全に与しているわけではない。）

18) Vgl. B.-O. Bryde, a.a.O. (Anm. 3), Rn. 29 ff.; H.-J. Papier, a.a.O. (Anm. 5), Rn. 11, 309; A. Grochtmann, a.a.O. (Anm. 5), S. 23.

で十分な経過規定さえ設けておけば，法律による財産権の縮減が違憲となることもなくなる」[19]。つまり，旧法上の権利者の有している対象物については規制がかからないというように法律で定めておけば，介入を観念することができず，新法上の権利者の財産権の縮減については，憲法上問題とすることができなくなるのである。既得の権利の保護のみを考えることによる不都合は，義務献本決定（1981年7月14日）[20]の事例を素材に，次のようにも説明されている。この決定では，「少ない発行部数で販売される『愛書家向きの豪華本』の出版業者にも，保存用見本を特定の州図書館に無償で譲渡することを義務付ける規定」の憲法適合性が問題となった。この憲法適合性審査が，既に印刷されて出来上がっている本に対する出版業者の財産権（基本法14条1項によって保護される既得の権利）の制限のみを対象として行われるのであれば，立法者はその時点から新たに印刷される本については，憲法上の財産権保障違反とされることをおそれることなく，献本を義務付けることができることになってしまう。既存の本については違憲とされた義務献本法と同じ文面の法律を，これから印刷される本を対象に，新たに公布することができるという「馬鹿げた結論」に至るというのである[21]。つまり，法律制定前に有していた本については違憲とされた規制が，法律制定後に印刷される本については憲法上の財産権保障の観点からは何の問題もなく及ばせられ得るということになる。

(2) 時間の観点による介入の創出②——規範存続保障論

　これに対して，規範存続保障論（Normbestandslehre）と称される考え方によれば，上記のような不都合は生じない。この考え方は，ワイマール期において支配的であったような，「いかなることがあっても不可侵の本質的核心」の保障に限定されるような制度的保障論[22]に対抗するものとして提唱されたものである。規範存続保障論の提唱者としてG・リュッベ＝ヴォルフが知られており，その著作がドイツではよく俎上に載せられてきた。規範存続保障論によれば，「全ての財産権を形成している法律上の規範は，制限的な改変に対する，基本権

---

19) 小山剛『基本権の内容形成』（尚学社，2004年）79頁。

20) BVerfGE 58, 137.

21) Vgl. A. Grochtmann, a.a.O. (Anm. 5), S. 173 ff.

22) Vgl. Gertrude Lübbe-Wolff, Die Grundrechte als Eingriffsabwehrrechte, 1988, S. 131 ff.

による存続保護を享受する」[23]。「基本権は，規範存続保護を，制度を形成している規範の本質的な（核心）内容について及ぼすだけではない。規範存続保護は，事実に根拠付けられておらず，それどころか均衡のとれていない立法者の介入に対する保護として，制度の本質には関わりのない広い周辺領域を形成している規範をも保護する」[24]。ここで言われている「介入」とは，リュッベ＝ヴォルフによって，「介入の枠組み（*Eingriffs-Schema*）のドグマーティク上の処理規則になじむような，ある基本権の保護領域への積極的（作為的）介入」と独自に定義されたものである[25]。すなわち，財産権を形成している法律上の規範が財産権という基本権の保護領域を形成している状態にあれば，それを制限するような後続の立法は，自然権的自由の保護領域への介入を成す立法と同様に，保護領域・介入・正当化の枠組みで審査されることになる。

　規範存続保障論は，既に法律が存在している⑥の局面を対象とするという点で，時間の先後による既得の権利の保護に着目して介入を創出するという先の見解と同じである。しかし，財産権が保護される基礎となっているのは，法律によってある権利が財産権とされていたという規範的状態であるという点で，先の見解と異なる。それゆえ，上記のような実際上の不都合は生じない。

　しかしながら，この見解は多くの難点を有することが指摘されている[26]。それに加え，この見解は，本書が主たる検討対象としている拘束のパラドックスから抜け出る方策に関して，何ら寄与するところがないという点で全く不十分である。すなわち，なぜ，法律によって先に定められていたというだけで，それが憲法上の財産権として保護を受けることになるのか，言い換えると，なぜ，規準を設定する立法者が，基本権上自ら形成した規準に拘束されることになるのかという点について答えるところがないのである[27]。

---

23) Ebenda, S. 134〔傍点原文斜体字〕。規範存続保障論については，既に，小山・前掲注19) 179頁以下で詳細な紹介がなされている。さらに，篠原永明「立法者による基本権の保護の対象の決定(2・完)」自治研究91巻4号（2015年）107頁以下参照。

24) Ebenda, S. 135.

25) Ebenda, S. 73〔傍点原文斜体字〕。

26) Vgl. Martin Gellermann, Grundrechte in einfachgesetzlichem Gewande, 2000, S. 406 ff. 例えば，①法律上の規範の固化を招く，②関係する基本権の「側面」の客観法から防御権への唐突な変更になる，③立法者の政策的形成の余地を不当に狭めるという点が批判されている。規範存続保障論に対する批判についても，詳しくは，小山・前掲注19) 182頁以下，篠原・前掲注23) 109頁以下を参照。

3. 拘束のパラドックス克服の方向性

⑴ 立法者への委託の意義

　このように，既得の権利の保護に着目する見解に依拠しても，規範存続保障論に依拠しても，拘束のパラドックスを克服した上での財産権論の構築は望めない。そのためには，過去に形成された法律上の財産権の保障を考えるだけではなく，財産権を形成する立法者に対する憲法上の財産権の保障の在り方そのものを解明することが不可欠なのである。

　財産権を形成せよと立法者に命じているのは，財産権の「内容及び限界は，法律でこれを定める」とする基本法14条1項2文である。ここでは，この委託が何を意味しているのかを見ていく。まず，財産権の法律依存性という性質に起因して，そもそも財産権というものが成り立つための基本的な法制度を整備することが要請されている。さらに，立法者は，そうした基本的な法制度の整備後も，より財産権保障に資するために法制度を改正する義務をも課されている。比喩的に，憲法上の財産権には，私法に改正の衝撃を与え，新しい法形成に至らしめるような「ペースメーカー機能」[28] があると言われている（もっとも，改正義務の対象となるのが，私法に限られるものでないのはもちろんである）。ワイマール期においては，この機能は，法的拘束力のないプログラム規定としてしか扱われていなかった。しかし，第1章で詳しく見たとおり，基本法下では，「基本法1条3項と20条3項が，立法者を憲法で拘束することにより，単なるプログラム規定としての憲法規定の解釈を禁止している」[29] ため，そのように扱うことは許されない。

　財産権保障を支えるこうした制度形成の委託は，基本権保護義務の問題として語られることもある。例えば，民法の不法行為の規定や占有の保護の規定，刑法の財産犯の規定等が，保護義務の履行の例として挙げられている。さらに，私法秩序の整備や権利貫徹の手続の整備（例えば，強制執行法の制定），そして，環

---

27) Vgl. Matthias Cornils, Die Ausgestaltung der Grundrechte, 2005, S. 257. この批判は，日本において提唱されている制度準拠審査にも向けられている（参照，山本龍彦「三段階審査・制度準拠審査の可能性」法律時報82巻10号（2010年）104頁）。

28) Matthias Ruffert, Vorrang der Verfassung und Eigenständigkeit des Privatrechts, 2001, S. 49; Konrad Hesse, Verfassungsrecht und Privatrecht, 1988, S. 7.

29) Ute Mager, Einrichtungsgarantien, 2003, S. 399.

境保護[30]等，保護義務は非常に広きにわたる領域をカバーするものと解する見解が一方にはある（広義説）[31]。他方で，既存の法律上の権利の保護が問題となる場合のみが，財産権領域において基本権保護義務が生じる範疇であるとする見解もある（狭義説）[32]。

　近年まで，ドイツの判例・学説においては，財産権領域における保護義務は，ほとんど反響を呼んでこなかったという[33]。その背景には，財産権の法律依存性という特質があると考えられよう。前述のように財産権の存在が法律に依存しているとすると，保護の対象となるものは，立法者の制度形成以前には存在し得ないはずである[34]。立法者による財産権の内容形成委託の履行と保護義務の履行とは同時に行われ，両者は一体のものとして捉えられ得る。そうすると，制度の内容形成をするという委託とは別に基本権保護義務を持ち出す必要性がさしてなく，しかも，広義に解した場合には特に，そもそも両者は区別しづらいものとなるであろう。

　内容形成と保護義務のこうした入り組んだ関係を見るのに適した素材が，2005年7月26日に連邦憲法裁判所が出した二つの判決[35]である。これらの判決で，憲法裁判所は，財産権に関して初めて立法者の保護義務の問題であると構成した。ここでは一例として，これらのうちの一つの判決において判断が示された憲法異議[36]を詳しく取り上げる。この憲法異議は，保険会社（元保険者）が，コンツェルンの再編の際，全ての生命保険契約を新しく創設された会社（現保険者）に譲渡したことに関連して起こされたものである。異議申立人（被保険

---

30) 国家の環境保全義務を基礎付けるものとしての憲法上の財産権について，参照，桑原勇進『環境法の基礎理論——国家の環境保全義務』（有斐閣，2013年）82頁以下。

31) Vgl. O. Depenheuer, a.a.O. (Anm. 2), Rn. 96.

32) Vgl. Johannes Dietlein, Die Lehre von den grundrechtlichen Schutzpflichten, 2. Aufl. 2005, S. 78 f.; Josef Isensee, Das Grundrecht als Abwehrrecht und als staatliche Schutzpflicht, in: Josef Isensee/Paul Kirchhof (Hrsg.), HdbStR, Bd. 9, 3. Aufl. 2011, Rn. 223.

33) Vgl. J. Wieland, a.a.O. (Anm. 7), Rn. 195.

34) 日本でもこの点は指摘されている。参照，宮澤俊昭『国家による権利実現の基礎理論』（勁草書房，2008年）48頁，山本敬三「憲法による私法制度の保障とその意義」ジュリスト1244号（2003年）138頁。

35) BVerfGE 114, 1; 114, 73. これらの判決の紹介を含む文献として，参照，金岡京子「ドイツにおける生命保険契約の透明化の動向について」保険学雑誌595号（2006年）107頁以下，清水耕一「ドイツ法における剰余金配当問題の動向」生命保険論集157号（2006年）233頁以下。

36) BVerfGE 114, 1.

者）は，元の保険会社との間で，剰余金配当付きの生命保険契約を保有してい
た。この保有契約の譲渡の際，元の保険会社は，財産の一部（1.12%）——帳簿
価格では約9,000万ドイツマルクであるが，申立人は約3億5,000万ドイツマル
クの秘密準備金が含まれると主張する——を手元に残していた。異議申立人は，
このように，元の保険会社に財産価値が残されていることによって，彼の剰余
金配当請求権が縮減されていると主張したのである。連邦憲法裁判所は，基本
法2条1項（私的自治の保障）及び14条1項（財産権の保障）から立法者の保護義
務を導出し，その履行が不十分であるとして，違憲と判示した。この判決にお
いては，その剰余金配当請求権は主観的権利として確立していないにもかかわ
らず，それを保護する義務が認められた[37]という点が注目されている。すな
わち，憲法裁判所は，要約すると，「立法者は，確かに，まだ財産権性のある請
求権には高められていないが，しかし，単なる見通し以上のもの（例えば，資本
形成的な生命保険の場合の保険会社の剰余金の配当）をその後の具体化や実現に関
して保護することも義務付けられる」[38]と述べたのである。そして，「基本法2
条1項と14条1項から生じる立法者の保護委託は，被保険者に剰余金が分配さ
れることだけでなく，被保険者の保険料支払により保険者の下で生み出された
財源が基本的に剰余金の確保のために使われることを要請する。そして，契約
移転の場合に，この保険関係にとって決定的に重要な剰余金の財源が保有され
続け，被保険者に債務者変更のなかった場合と同じ範囲で帰属することが法的
に保障されねばならない」[39]と判示した。

　保護義務という概念のこうした用い方に対して批判的な論者もいる。それに
よれば，この判決では，何か獲得されたものが剥奪されることに対する保護の
保障が重要な問題であったのではない。そうではなく，憲法による介入なしで
は決して獲得できなかった法的地位を，被保険者が法律行為によって獲得する
のを可能にすることが重要であったのだという[40]。敷衍すると，そもそも保護

---

37) Vgl. Ulrich Knappmann, BVerfG stärkt Stellung der Versicherten in der Lebensversicherung, NJW 2005, S. 2893.

38) BVerfGE 114, 1 (38). O. Depenheuer, a.a.O. (Anm. 2), Rn. 96 による要約。

39) BVerfGE 114, 1 (42 f.).

40) Vgl. Peter O. Mülbert/Lars Leuschner, Die verfassungsrechtlichen Vorgaben der Art. 14 GG und Art. 2 Abs. 1 GG für die Gesellschafterstellung — wo bleibt die Privatautonomie?, ZHR 170 (2006), S. 632.

の対象となるものが憲法を参照して形成されねばならないという形成の問題であり，保護の問題ではないということである[41]。これに対して，別の読み方をする論者もある。この判決で言われている保護義務は，「根拠に基づいて存続している段階的に具体化する私生命保険の支払請求権」に関わっており，それは，「法律上プログラム化されるであろう財産権」[42]に関するものであるという。それゆえ，立法者の義務は，存続している財産権に基づいており，古典的な基本権保護義務が問題になったにすぎないという[43]。

　いずれの見解も，保護義務の問題となるのは，既存の権利の保護が問題となる場合のみであるという狭義説に立っている。この事案の場合に，そうした権利の存在が認められると解することができるか否かで立場が分かれているのである。そのいずれの解釈が正しいかを，ここで確定する必要はないであろう。ただ，本書で指摘しておきたいのは，仮に，既存の権利が存在していたと解することができるとしても，財産権の場合，その保護は内容形成と切り離しては考えられないのではないか，ということである。というのは，「個々の基本権は，第三者による制限に対する保護のために，法的にはまだ含まれていない個々の利益を取り入れよ，という委託を内在し得る」[44]からである。

　ところで，保護義務の問題とするか，内容形成の問題とするかの境目はどこにあるのであろうか。言い換えると，法律をどう財産権保護的に形成するかという内容形成の側面から構成することでも足りるのに，保護義務の問題と構成した方がなじむ場合があるのであろうかという疑問である。一つの判断基準としては，ある私人がその権利を実現するためには他の私人に頼らざるを得ないという状況（Angewiesenheit）があるかどうかということが挙げられている[45]。こうした非対等性が存在する場合に国家の助力が必要とされるというのである。先に取り上げた憲法異議でも，憲法裁判所は，契約を締結する保険者と被保険

---

41) さらに，こうした具体的な請求権でないものは，そもそも憲法上の財産権の保障を受けないという観点からの批判もある（Vgl. Wolf-Rüdiger Schenke, Versicherungsrecht im Fokus des Verfassungsrechts — die Urteile des BverfG vom 26. Juli 2005, VersR 2006, S. 872 f.）。

42) BVerfGE 114, 1 (41).

43) A. Peukert, a.a.O. (Anm. 7), S. 696.

44) M. Ruffert, a.a.O. (Anm. 28), S. 192.

45) Claus-Wilhelm Canaris, Grundrechte und Privatrecht, 1999, S. 78. 小山剛「憲法は私法をどこまで縛るのか——憲法の優位と私法の独自性」新世代法政策学研究 11 号（2011 年）40 頁も参照。

者の間のかなりの非対等性に言及した[46]。この部分は，基本法2条1項の私的自治について述べられたものであるが，私的自治によって利益が貫徹できないことの代償として諸規定が必要とされるという事情は，財産権から保護義務を導出するに当たっても基礎に置かれている[47]。

これに対して，仮に保護義務という構成が考え得るとしても，この判断基準は財産権の場合には妥当しないとする見解がある[48]。それによれば，財産権の保護は個々の財産権者のためになされるのではない。それゆえ，財産権者が他の私人とどのような関係にあるかということは問題ではない。財産権を保護するということは，すなわち財産権の保障内容を高めることとイコールである。したがって，財産権の保障内容を示す私的効用性[49]という財産権固有の判断基準が妥当するというのである。確かに，第三者に対する財産権の保護を内容形成に吸収させる方向で考えるならば，そのような考え方もあり得るところである。しかし，憲法裁判所がそうしているように保護義務というカテゴリーを財産権の領域でも残すのであれば，当事者間の非対等性の存在といった判断基準が，私的効用性とは別に考えられねばならないであろう。

⑵　立法委託の不履行の審査

このように，財産権という基本権は，立法者に内容形成の委託（保護義務として捉えられることもある）をしている。それでは，立法者がこの委託を適切に履行しない場合，裁判所での審査はどのように行われるであろうか。

第一に，提訴の問題がある。既に法律によって保障されていた財産権（既得の権利）を有していた個人がいる場合，新たな法律の制定によりこれまで有していた法的地位が縮減されるのであるから，その個人による訴訟提起が認められるのは当然である。また，未来に向かっての法律の作用を争いの対象として，既得の権利を有していない者による裁判所への訴訟提起が認められる場合もあ

---

46) Vgl. BVerfGE 114, 1 (34).

47) Vgl. BVerfGE 114, 1 (37).

48) Vgl. P. O. Mülbert/L. Leuschner, a. a. O. (Anm. 40), S. 633.

49) 私的効用性という概念については，後に詳述する（特に本書第4章参照）。なお，P. O. Mülbert/L. Leuschnerは，後の記述で私的効用性の有用性を否定するが，それはどのような内容の保護が必要であるかという問題に関わる。ここで議論しているのは，保護が必要であるかどうかを判断するレベルでの問題である。

第2章　基本法下における財産権保障の概要　93

る。客観法的な基本権内容は，個人権に基づく提訴によって保護され得る。すなわちそこでは，防御権の客観法的側面として現れる，「法制度保障[50]から生じる要請の国家による遵守を求める主観的な保護権」に基づいて提訴がなされる[51]。このようなことが認められないならば，対象物を取得する前にかけられていた規制については争えないということになる。何らかのトラブルが起きて不利益が生じてから規制の憲法適合性に関わる問題点が顕在化することがあることからすると，不都合な事態が生じることになろう。ただし，自らの取得する対象物に規制がかけられていることも，それに起因するトラブルが生じる可能性があることも承知の上で取得した者であるため，その者個人に対する救済は基本的には重視されない。

　第二に，審査枠組みの問題がある。これまでに連邦憲法裁判所で審査されたほとんどの事例は，何らかの目的を持って財産権の保障の程度を弱くする方向で立法が行われた結果生じた財産権保障違反が問われたものである。つまり，作為義務に応じて立法がなされたところ，今度は不作為義務違反が問題となったものである。この場合，審査枠組みの選択肢が二通り考えられる。そのいずれが適切であるかというのが，本書の検討課題の一つとなっている[52]。第一の道は，介入思考への強固なこだわりを持ち続け，財産権を形成する法律にも介入という契機を見出そうとするものである。ドイツ基本権論において，これまで比較的堅固な枠組みを構築してきたのは，介入に対して基本権を防御するという観点からの違憲審査を行う三段階審査（保護領域への帰属の有無・保護領域への介入の有無・介入の正当化可能性の審査）であった。保護領域への介入の存在は，正当化可能性の審査発動のための特に重要な前提条件であると従来考えられてきたのである（参照，本書第5章第2節1.）。この思考に沿って介入という契機を

---

50) この保障内容について，参照，本書第4章第1節及び第5章第1節。

51) Vgl. J. Dietlein, a.a.O. (Anm. 7), S. 2176 f.; M. Cornils, a.a.O. (Anm. 27), S. 272 も，同様に「立法者による客観法的な拘束の遵守を求める主観法的な請求権」に基づく提訴可能性を主張する。

52) これを超えて更に応用的な考察が必要となる，立法者が委託の履行をしていないこと（立法不作為）による財産権保障違反が審査されるケースについては，本書の検討の対象外である。例えば，先に取り上げた生命保険契約の規律に関する保護義務の存在を認めた連邦憲法裁判所の判決（BVerfGE 114, 1; 114, 73）のような場合である。そこでは，何らかの目的のために財産権の保障の程度を弱くしようとして立法が行われた結果，財産権保障違反が生じているわけではない。財産権保障から生ずる保護義務を果たすような法律上の措置がそもそも存在しないことが問題とされている。

見出そうとするならば，介入の対象となる実体的な財産権概念を観念しなければならない。この実体的な財産権概念がどこに依拠して，どのように存在しているのかというのが大問題であり，これをめぐって，次章で取り上げるように議論が展開されてきている。本書では，それを三つのモデルに整理して分析，検討している（第3章第2節モデル1～3）。

第二の道は，介入思考からの離脱という近年有力になってきた流れと方向性を同じくするものである。すなわち，この見解は，財産権を形成する法律に対して，介入という契機を認めることとは別のやり方で，統制を加えようとする（第3章第2節モデル4）。この場合，その対象となる実体的な「憲法上の権利」が存在している必要はなく，統制のための憲法上の「規準」となるものがあれば足りることになる。そして，保護領域に対する介入を違憲審査の契機としないため，従来の審査枠組みをそのまま使用することはできなくなる。そのため，財産権の場合にも，三段階審査が開始できる状況（保護領域への介入）を作り出すのか，又は，それに代わる審査枠組みが考えられねばならないのか，その場合それはどのような審査枠組みかが検討されねばならないのである。

なお，第一・第二いずれの道をとったとしても，各モデルの説明の中で詳しく見るように，時間の先後という観点を財産権論の出発点とする必然性はなくなるはずである。というのは，時間の観点から財産権の保障を説く見解の狙いは，先行する法律によって形成されていた個人の事実的状態あるいは規範的状態が，後から法律によって悪化させられることに「介入」という契機を見出して，従来の三段階審査の枠組みを用いる条件を整えるということにあったからである。他の観点から介入が観念され得るか，又は，介入という端緒なしに従来の審査枠組みに匹敵する枠組みが提示され得るとすれば，その狙いは達成される。

もっとも，より手厚い保護を既得の権利者に与えるために，更に次の段階で時間の観点を顧慮することは考え得る。こうした試みについては，財産権という基本権によって，法制度を形成する立法者の統制をいかに行うかという問題を時間の観点から一旦離れて考察（第3章～第5章）した後に，再び取り上げる（第6章）。

《小括》

本章では，ドイツ基本法における財産権保障について議論の全体像をまず把

握するため，財産権保障の一般的な議論状況を概観し，保障の基本構造を示した。

〈1〉　財産権は法律依存性を有する権利であるということがドイツでは広く認められていた。財産権の法律依存性を否定する見解も一部あるものの，連邦憲法裁判所もこの性質に言及している。財産権の法律依存性からは，立法者への委託が生ずる。裏から言えば，立法者は，財産権保障のために必要な法律を制定することを義務付けられることになる。

しかし，他方で，立法者は憲法によって拘束されねばならない。そこに，「拘束のパラドックス」と呼ばれる論理状況が生ずる。いまだにここから抜け出る方策についての共通了解は形成されていない。現在提案されている様々な方策について分析を加えることが，次章以下での本書の主要な作業となる。

〈2〉　ところで，財産権保障が問題となる局面は三つに分けられている。それは，財産権規制立法が一般的・抽象的か個別的・具体的か，及び前法が存在する状態で定められるかそうでないかという座標軸による区分である。①何もないところに一般的・抽象的に新たに財産権を形成する局面〔内容規定ⓐ〕，②前法によって形成された既得の権利があるところに一般的・抽象的に財産権を形成する局面〔内容規定ⓑ〕，③前法によって形成された既得の権利を個別的・具体的に剥奪する局面〔収用ⓒ〕である。それぞれの局面は互いに独立しており，内容規定と評価されたものが，補償を求めるために収用と評価し直されることはできない。

〈3〉　②〔内容規定ⓑ〕の局面が問題となる場合，既得の権利への介入という契機を捉え，通常の自由権と同様の審査枠組みに持ち込もうとするのが通説となっており，この点は，日本と同様である。しかし，既得の権利の保護を超えたところ，すなわち，既得の権利の侵害と同時に現れる一般的・抽象的な制度形成の側面の検討に取り組もうという理論的試みが，ドイツには存在していることが注目される。この検討は，制度形成のレベルで生じている，上記の拘束のパラドックスから抜け出る方策を考えることと関心を同じくするものである。

続いて第3章では，こうしたドイツの議論について取り上げる。

第3章　憲法上の財産権概念

　本章では，前章で確認したように法律依存性という特質を顧慮する必要がある財産権に憲法上保障が及ぶとはどういうことか，どういう理論付けで及ぶのか，という本書が取り組む枢要な問題に深く立ち入っていく。この考察において，鍵となるのが，法律から独立して憲法上自立的に観念される「憲法上の財産権概念」なるものを，どのように考えるかということである。

第1節　連邦憲法裁判所による判示

　まず，第1節では，連邦憲法裁判所の判例が，憲法上の財産権概念についてどのように判示してきたのかを見ていく。ドイツにおける憲法上の財産権保障に関する議論は，基本的に，憲法裁の判例が主導する形で（時に学説が影響を与えた部分もあるものの）展開されてきた。以下で詳しく取り上げるような，判例の言い回しや用語法をベースにして，学説の議論がそれぞれに組み立てられている。本節では，ドイツにおける憲法上の財産権論を理解するのに必要となる基礎的な議論の枠組みや概念の意味を，憲法裁の判例から読み取り得る限りで明瞭にしておきたい。

1.　概要

⑴　財産権保障の目的と機能

　憲法裁は，砂利採取決定（1981年7月15日）で，「憲法によって保障される財産権の概念は憲法自身から獲得されねばならない」[1]とはっきりと述べた。他方で，憲法裁は，同時に，「財産権の内容を確定する憲法に適合した法律の全体か

---

1) BVerfGE 58, 300 (335). この決定について参照，西埜章「憲法上の所有権概念と地下水利用権——砂利採取事件」ドイツ憲法判例研究会編『ドイツの憲法判例〔第2版〕』（信山社，2003年）313頁以下，川崎和代「西ドイツにおける財産権制限の法理——連邦憲法裁判所判決を中心に」大阪女子学園短期大学紀要28号（1984年）49頁以下，高橋寿一「所有権制限法理の展開——西ドイツにおける近年の所有権概念の変遷をふまえて」一橋研究9巻2号（1984年）62頁以下。

ら，基本法 14 条 1 項の保障する現存保障の対象及び範囲が明らかになる」[2] と
いうことを述べてもいる。確かに，財産権を保障する基本法 14 条には，どのよ
うな財産権が保障されるのかということについては，何も書かれておらず，憲
法上の財産権は，憲法限りで終局的に定義されるのではない[3]。具体的に何が
憲法上の財産権に当たるのかということは，憲法上開かれたものとなっている
のである。それゆえ，「どのような財産的価値のある利益が 14 条の意味におけ
る財産権とみなされねばならないかという問いへ答えるには，憲法の全体構造
におけるその意義の顧慮の下で，財産権保障の目的と機能に立ち戻られねばな
らない」[4]。ここに，憲法上の財産権概念の機能的な理解が示されている。そ
してさらに，この目的と機能は，次のような言明の中に表される。すなわち，
財産権には，「基本権の構造の中で，基本権の享有主体に財産法の領域における
自由な領域を保ち，それにより，個々人に自己責任に基づく生活の形成を可能
にする」[5] という任務が与えられている[6]。それゆえ，財産権は防御権的な意
義を有する[7]。また，財産権と人格的自由との密接な関係も説かれる。「基幹的
な基本権として，財産権は，人格的自由と切っても切り離せない関係」[8] にある。
憲法，とりわけ基本権保障において目指されている「自己責任に基づく生活の

---

2) BVerfGE 58, 300 (336).

3) Otto Depenheuer, in: Hermann von Mangoldt/Friedrich Klein/Christian Starck (Hrsg.), Kommentar zum Grundgesetz, Bd. 1, 5. Aufl. 2005, Art. 14 Rn. 34; Hans-Jürgen Papier, in: Theodor Maunz/Günter Dürig (Hrsg.), Grundgesetz – Kommentar, Lfg. 59, 2010, Art. 14 Rn. 38.

4) Vgl. BVerfGE 36, 281 (290); 42, 263 (292 f.); 51, 193 (218); 83, 201 (208) (この決定について参照, 戸波江二「新法施行後の旧鉱業法上の先買権の行使と所有権の保障」ドイツ憲法判例研究会編『ドイツの憲法判例 II 〔第 2 版〕』(信山社，2006 年) 289 頁以下); 97, 350 (371); 115, 97 (110). 判例の展開について参照 Jörg Berkemann, in: Dieter C. Umbach/Thomas Clemens (Hrsg.), Grundgesetz, Mitarbeiterkommentar und Handbuch, Bd. 1, 2002, Art. 14 Rn. 121; Johannes Dietlein, Die Eigentumsfreiheit und Erbrecht, in: Klaus Stern (Hrsg.), Das Staatsrecht der Bundesrepublik Deutschland, Bd. 4/1, 2006, § 113 S. 2168 f.; Brun-Otto Bryde, in: Ingo von Münch/Philip Kunig (Hrsg.), Grundgesetz – Kommentar, Bd. 1, 6. Aufl. 2012, Art. 14 Rn. 12.

5) BVerfGE 24, 367 (389) (この判決について参照, 柏﨑敏義「法律による公用収用と正当な補償——ハンブルク堤防整備法判決」ドイツ憲法判例研究会編『ドイツの憲法判例〔第 2 版〕』(信山社，2003 年) 308 頁以下); 78, 58 (73); 79, 292 (303 f.); 83, 201 (208); 102, 1 (17 f.) (この決定について参照, 工藤達朗「有害廃棄物汚染地 (Altlasten) の浄化に対する所有者の状態責任の限界」ドイツ憲法判例研究会編『ドイツの憲法判例 III』(信山社，2008 年) 345 頁以下); 104, 1 (11); 115, 97 (114).

6) こうした論の展開について，Vgl. Rudolf Wendt, in: Michael Sachs (Hrsg.), Grundgesetz Kommentar, 7. Aufl. 2014, Art. 14 Rn. 21.

形成」や「人格の発展」ということが，個別の基本権の一つとしての財産権保障より一段上の水準から，財産権論を指揮しているのである。

⑵　憲法上の財産権概念を特徴付けるメルクマール

このように判例は，憲法の全体構造における財産権保障の目的と機能へと一旦視線を上昇させ，「自己責任に基づく生活の形成」や「人格の発展」を掲げる。けれども，判例は，それをそのまま憲法上の財産権保障に関わる問題——すなわち，どのような権利が憲法上の財産権として保障されるのか，そして，ある法律が憲法上の財産権保障に違反していないか——を検討する際に，持ち出してくるわけではない。判例によって提示されているのは，個別の基本権としての財産権保障を特徴付ける三つのメルクマール（下線部）から成る財産権概念である。これらのメルクマールは，「自己責任に基づく生活の形成」や「人格の発展」が，財産権領域において実現されるために，権利者に割り当てられるべきものを示している。

> 「権利者に，客観的法秩序によって，物に対する所有権のように，排他的に，私的な効用（private Nutzung）と自らによる処分（eigene Verfügung）について割り当てられる，主観的財産的価値のある権利」[9]。

⑶　民法に対する自立性

この憲法上の財産権概念は，民法に対する自立性を有するものとして発展してきたということ，そして，それはどのような意義を有しているかということ

---

7) Vgl. Joachim Wieland, in: Horst Dreier (Hrsg.), Grundgesetz Kommentar, Bd. 1, 3. Aufl. 2013, Art. 14, Rn. 87.

これに対して，「財産権は自由ではない」，とより先鋭的に主張するものもある（参照，アレクサンダー・ポイケルト（水津太郎訳）「所有権と自由」慶應法学19号（2011年）425頁以下）。もっとも，所有権が国家によって創設されると同時に国家に対して保護されるということも認められており（同434頁），所有権の形成に対する憲法による拘束は及ぶ（Vgl. Alexander Peukert, Güterzuordnung als Rechtsprinzip, 2008, S. 726 ff.）。

8) Vgl. BVerfGE 24, 367 (389); 30, 292 (334); 31, 229 (239); 50, 290 (339); 97, 350 (370 f.); 100, 226 (241).

9) Vgl. BVerfGE 45, 142 (179); 70, 191 (199); 78, 58 (71); 83, 201 (208); 89, 1 (6); 91, 294 (306); 95, 267 (300); 112, 93 (107); 115, 97 (111); 126, 331 (358). 〔下線は筆者による〕

第3章　憲法上の財産権概念　99

が，財産権の憲法的保障を考える本書の立場からは，決定的に重要なことである。憲法上の財産権の民法上の所有権に対する自立性は，ワイマール憲法下におけるM・ヴォルフの議論に端を発する（参照，第1章第1節1.）。ヴォルフは，ワイマール憲法153条による財産権保障の対象を，民法の意味における所有権を超えて，「全ての私的な財産権（債権，株，物権的権利，著作権）」へ拡大した[10]。ヴォルフによって主張された，「少なくとも私法の全ての財産的価値のある権利への拡大」は，本質的に，もはや争われていない[11]。基本法の下でも基本権としての財産権の概念は，民法上の所有権概念にとらわれることなく，確定されねばならないと考えられている。その土台となっているのが，先の(1)で見た憲法上の財産権概念の機能的な理解である。すなわち，憲法裁は，憲法上の財産権概念とはどのようなものかを考えるに際して，「基本権の構造の中で，基本権の享有主体に財産法の領域における自由な領域を保ち，それにより，個々人に自己責任に基づく生活の形成を可能にする」という任務が果たされ得るかを重要な考慮事項にしてきた。この任務を果たし得る財産的価値を有する権利が広く，憲法上の財産権として保護されるというのである[12]。憲法上の財産権概念は，明らかに伝統的な民法上の所有権概念を超えるものであり，そのために，ヴォルフの定式化に依拠して，度々「拡大された財産権概念」という言い方がなされる[13]のである。

　初期の憲法裁の判例では，例えば煙突掃除夫判決（1952年4月30日）に見られるように，「基本法は，ここでは財産権という法制度（Rechtsinstitut）を民法と社会的なものの見方が形作ったように保護しようとしている」と判示されることもあった[14]。

　この定式に対しては，第一に，私的な財産権の性質と範囲は，決して，民事立法の排他的な規律権限の下に置かれているのではなく，基本的に，公法上の拘

---

10) Vgl. Martin Wolff, Reichsverfassung und Eigentum, in: Festgabe der Berliner Juristischen Fakultät für Wilhelm Kahl zum Doktorjubiläum am 19. April 1923, 1923, Teil IV, S. 3.

11) Vgl. B.-O. Bryde, a.a.O. (Anm. 4), Rn. 12.

12) Thorsten Kingreen, Die Eigentumsgarantie (Art. 14 GG), Jura 2016, S. 392, 394; Thorsten Kingreen/Ralf Poscher, Grundrechte Staatsrecht II, 32. Aufl. 2016, Rn. 1001 f.; Hans-Jürgen Papier, Der öffentliche Eigentumsbegriff in historischer Perspektive, in: Moritz Brinkmann/Foroud Shirvani (Hrsg.), Privatrecht und Eigentumsgrundrecht, 2016, S. 15 ff.

13) J. Dietlein, a.a.O. (Anm. 4), S. 2184 f.

束によっても共に規定されるということを見過ごしているという批判，第二に，民法と社会的なものの見方から形作られる，というかかる財産権概念の定式は憲法上の財産権概念の独自性と基本法14条の自立的な保障内容を疑わしいものにするものであるという批判が向けられている[15]。ただし，この定式において，財産権を形作るものとして民法のみならず「社会的なものの見方」も挙げられていることに着目すると，そこに，憲法はまさに単純に物権的な民法上の所有権にくみ尽されるのではなく，既にワイマール時代から財産権概念は決定的に民法を超えて拡大されてきたことが表されているという指摘もなされている[16]。また，この判決が出された当時のコンテクストに鑑みると，財産権概念を民法によって定義するという積極的な意義は，この定式にはなかったとも考えることができる。この事案は，煙突掃除人業務の秩序に関する法律によって定年制が導入されたことに対して憲法異議が提起されたというものであった。この憲法異議に際して，「『営業遂行権の保護された存続』が，一般に，あるいは，ここで判断されねばならない事案において，基本法14条1項の意味における『財産権』とみなされることができる」[17]かどうかがまず問題とされたのである。当時，公法上の地位に財産権保障が及ぶか否かについては争いが繰り広げられていた。そうした状況の中で，この判決は，公法上の地位を財産権の保障対象から排除するという意義を有していたものという評価がなされている[18]。

---

14) BVerfGE 1, 264 (278 f.). 他にこれと同様の判示をするものとして，BVerfGE 2, 380 (402); 4, 219 (240); 11, 64 (70); 19, 354 (370); 28, 119 (142); 65, 196 (209)がある。もっとも，既に，BVerfGE 20, 351 (355 f.) では，法制度が民法によって形作られるという理解は採られていない。この判決では，財産権の内容と限界を定める「立法者は，その時代の社会的なものの見方に方向付けられ，さらに，基本法に拘束された立法者は，憲法の基本的な価値と法原理を顧慮しなければならない。ここから生じた内容のみを伴って，財産権は憲法上保障される」と判示されている。

こうした憲法裁のいくつかの判例の不整合は，第一法廷と第二法廷の間での差異に基づくものであることが指摘されている。第一法廷が下したBVerfGE 20, 351や，21, 73では，「ワイマール憲法153条の一面的な私法的な解釈から脱却され，第一法廷による定式〔BVerfGE 1, 264による定式〕はもはや用いられなかった。これに対して，第二法廷は，連邦憲法裁判所判例集28巻，65巻の判決が示しているようにこの定式に固執している」という（Vgl. Jan-Reinard Sieckmann, Modelle des Eigentumsschutzes, 1998, S. 221, Fn. 521）。

15) Vgl. J. Dietlein, a.a.O. (Anm.4), S. 2177 f.

16) Vgl. Walter Leisner, Eigentum, in: Josef Isensee/Paul Kirchhof (Hrsg.), HdbStR Bd. 6, 1. Aufl. 1989, § 149 Rn. 73.

17) BVerfGE 1, 264 (277).

しかし，その後，財産権保障の目的と機能に鑑みて，財産権概念は更なる変遷を遂げる。社会の変容の中で，私的な物に対する所有権を保障することのみでは，もはや個人の生存保障の基礎としては不十分となり，労働所得や社会国家の給付への配分参加が保障されねばならないこととなった。これに合わせるようにして，基本法14条は，かつての物に対する所有権と同じ機能を果たす限りで，財産的価値を有する主観的公権をもその保障対象に含めることとなったのである[19]。

　憲法裁は，「排他権の性質を持って，法主体に私的効用のあるものとして割り当てられている財産的価値のある法的地位は，それが，少なからぬ固有の寄与（eigene Leistung）に基づいており，その生存保障に資する場合には，財産権保障の保護を享受する」と判示している[20]。この定式中の「少なからぬ固有の寄与に基づくこと」や，「生存保障に資すること」が，憲法裁が求めるように財産的価値のある公法上の地位が保護されるための要件とされるべきかどうかについては，議論が続いている[21]。民法に対する自立性という観点から見ると，否定説の論拠として，私法上の地位についてはそれが憲法上の財産権として保護されるためにそうした要件を満たすことは求められていないのに対して，なぜ公法上の地位についてのみ，それが求められるのか，として扱いの不統一への疑問が述べられている[22]ことが注目される。判例とそれに反対する学説の対立の深いところであるが，判例ではさらに，衡量審査における審査密度の段階付けにおいても，公法上の地位が固有の寄与に基づいているということが，審査密度を引き上げる重要なファクターとなっている（第4章第2節2.）。

2. 各メルクマールの分析・検討

　憲法裁の示す憲法上の財産権概念について，ここまで概観してきた。以下で

---

18) Vgl. Werner Böhmer, Grundfragen der verfassungsrechtlichen Gewährleistung des Eigentums in der Rechtsprechung des Bundesverfassungsgerichts, NJW 1988, S. 2567 ; Annelene Henning, Der verfassungsrechtliche Eigentumsbegriff, 2014, S. 267.

19) Vgl. J. Wieland, a. a. O. (Anm. 7), Rn. 33 f.

20) Vgl. BVerfGE 69, 272 (300); 72, 9 (18 f.); 97, 271 (284).

21) H.-J. Papier, a. a. O. (Anm. 3), Rn. 129 ff. ドイツでの議論状況の概要について邦語文献での紹介として，参照，田中秀一郎「ドイツ年金保険における財産権論」社会保障法24号（2009年）84頁以下。

22) Vgl. J. Wieland, a. a. O. (Anm. 7), Rn. 73 ff. ; Oliver Lepsius, Besitz und Sachherrschaft im öffentlichen Recht, 2002, S. 49 ff.

は，憲法上の財産権概念を構成する三つのメルクマールについて，より詳細に見ていく。この際，叙述のポイントは次の二点にある。すなわち，第一に，それぞれのメルクマールはどのような内容を有しているのか，そして第二に，それぞれのメルクマールは，上述の財産権保障の目的と機能（「基本権の構造の中で，基本権の享有主体に財産法の領域における自由な領域を保ち，それにより，個々人に自己責任に基づく生活の形成を可能にする」ということ）とどのように結び付いているのか，ということである。

(1) 財産的価値のある権利／法的地位

先に見たとおり，憲法裁によって示された財産権概念には，はっきりと「財産的価値のある権利」がメルクマールとして挙げられていた。ほかにも，次のような判示の中にこのメルクマールが見られる。

> 「財産権保障の上述の機能からは，私法の領域におけるその保護の下には，基本的に，全ての財産的価値のある権利が入る。それらの権利は，権利者に，法秩序によって，権利者はそれと結び付けられる権限を自己責任による決定に従ってその私的な効用のために行使してもよい，というやり方で割り当てられる」[23]。

> 「排他権のように権利者に私的効用のあるように割り当てられた財産的価値のある法的地位」[24]。

財産的価値のある権利というメルクマールは，財産権保障を他の自由権と区別することに資する[25]。つまり，このメルクマールは，「財産法の」領域での自由の保障やそれと結び付けられる自己責任による生活形成の可能性という財産権保障にとっての本質を表面に押し上げる。憲法上の財産権保障を受け得るか否かという境界線付近に位置し，このメルクマールの存在によって排除されることになるのが，見込みや獲得のチャンスである。「財産的価値という概念要素は，財産権によって保護されない見込みや獲得のチャンスを，既に完全な権利に強化されている地位と区別するという機能を有している」[26]のである。

では，「財産的価値」があるかどうかは，どのようにして判断されるのか。純

---

23) BVerfGE 83, 201 (209); 131, 66 (79).
24) BVerfGE 69, 272 (300); 97, 271 (284).
25) A. Henning, a.a.O. (Anm. 18), S. 424.

第3章 憲法上の財産権概念　103

粋に客観的な経済的価値によって決まるのか，それとも，財産権者の主観によっても決められるのか二通りの考え方があり得るが，この点について，憲法裁の判示は揺れ動いている。一方では，憲法裁は，財産的価値のある地位を「かなりの経済的意義」に基づいて肯定した[27]。このことは，このメルクマールが，客観的に考えた場合に通常法律上の権限に経済的内実を付与するか否か，つまり，「金銭で埋め合わせ」られ得るか否かということに依存しているということを，容易に思い起こさせる[28]。しかし他方で，憲法裁は，財産的価値の有無を主観的基準で決めようともした。すなわち，先買権者は，「このことを売買契約の規定に従って，自己責任による判断に基づいて，有益なものと考える場合，土地を獲得する利益を押し通すことができる」，と述べたのである[29]。このように財産権者の主観に基づいて財産的価値の有無を決めるということが一般化できるか，ということに対しては否定的な見方がされている。かかる決め方は，財産権保障の個人的意義を，専ら客観的な価値決定よりも顧慮することになるであろうが，主観化と並行して現れる不明確さが共にもたらされるであろう，つまり，財産的価値の有無の境界付けがかなり困難なものになるというのである[30]。このように，憲法裁による財産的価値の有無の判断方法は確立していない面がある。とはいえ，ここで重要なのは，このメルクマールの存在が，憲法上の財産権概念の立法者からの自立を表しているということである。何に財産権保障が及ぶかということは，立法者の恣意によって決められるのではなく，財産的価値の描写の中で決められ，その財産的価値は，市場経済において広く経済的に法の外で発生する。内容を規定する立法者の任務は，単に，価値があるということを，それが財産権として保護可能であることを保障する法的な形式で捉えられるようにすることだけである[31]。

---

26) Fritz Ossenbühl, Der Eigentumsschutz sozialrechtlicher Positionen in der Rechtsprechung des Bundesverfassungsgerichts – Eine Zwischenbilanz, in: Walter Fürst/Roman Herzog/Dieter C. Umbach (Hrsg.), Festschrift für Wolfgang Zeidler, Bd. 1, 1987, S. 628.

27) BVerfGE 78, 58 (73). （商標に関して）

28) Vgl. Markus Appel, Entstehungsschwäche und Bestandsstärke des verfassungsrechtlichen Eigentums, 2004, S. 63.

29) BVerfGE 83, 201 (210). （先買権に関して）

30) Vgl. M. Appel, a.a.O. (Anm. 28), S. 63.

(2) 私的効用性

次に、„private Nutzung" について取り上げる。この語と同義で、私的効用性 (Privatnützigkeit) という概念が用いられている。これらの概念は、憲法裁の判例にも度々登場し、ドイツ憲法における財産権保障を語る上で欠かせないものとなっている。それは、ある「権利を手中にすれば、これを私的イニシアティブの基盤として、かつ自己責任を伴う私的利害関係においてこれを有益に使用するような権利主体への帰属」があることと定義される[32]。

私的効用性があるということは、単に財産的価値のある法的地位が権利主体へ帰属しているということを意味するにとどまらない。むしろ、財産権は私的イニシアティブの基礎であり、自己責任に基づく生活の形成を可能にする、すなわち財産権者にとって「有益」であるべきである、ということを表すことに重点がある[33]。「私的イニシアティブの基盤として、かつ自己責任を伴う私的利害関係において」という部分からは、私的効用性と人格的自由との密接な関係性がうかがわれる。

他の定義の仕方では、「財産権の私的効用性とは、法秩序や法取引において憲法によって前提とされ、保護に値すると認められた財産権の目的決定 (Zweckbestimmung) のことである」とされており、それは、すなわち、財産権をどのように用いるかが「個々人の私的自治による、私経済的な決定」[34] に委ねられることが財産権保障の目的となっていなければならないことを意味する。言い換えると、財産権者以外の他者のため (Fremdnützigkeit) でもなく、一般公衆のため (Allgemeinnützigkeit) でもなく、あるいは国家のため (Staatsnützigkeit) でもなく (これらはまとめて、目的からの離反と呼ばれる)、まさに、個人 (私人) の効用のために、財産権は形成されねばならないのである[35]。

以下では、この「私的効用性」という日本では余り見慣れない概念について、

---

31) Vgl. Walter Leisner, Eigentum, in: Josef Isensee/Paul Kirchhof (Hrsg.), HdbStR, Bd. 8, 2010, § 173 Rn. 32.

32) Vgl. z. B. BVerfGE 50, 290 (341).

33) Vgl. O. Depenheuer, a.a.O. (Anm. 3), Rn. 68; ders., Eigentum, in: Detlef Merten/Hans-Jürgen Papier (Hrsg.), HdbGR, Bd. 5, 2013, § 111 Rn. 53.

34) Peter Badura, Privatnützigkeit und Sozialbindung des geistigen Eigentums, in: Ansgar Ohly/Diethelm Klippel (Hrsg.), Geistiges Eigentum und Gemeinfreiheit, 2007, S. 55.

35) Vgl. H.-J. Papier, a.a.O. (Anm. 3), Rn. 255.

理解を深めることを目的とした叙述を行う。まず，私的効用性の提唱，その裁判所による受容の経緯を振り返る（①）。次に，私法に由来する概念である私的効用性が憲法上の財産権の重要なメルクマールであり得るということが，憲法の優位という観念の下でどのように説明され得るかを考える（②）。また，上記のような広く流布した定義が存在しているものの，それだけではつかみづらい私的効用性の意味について，より具体的な説明を試みる（③）。そして，私的効用性が果たしている，立法者の指導原則としての機能について考察し（④），さらに，私的効用性は，立法者に対してどの程度まで具体的な要請をし得るものなのかを五公五民原則をめぐる判例や学説の議論を通じて考える（⑤）。

① 私的効用性の提唱と裁判所による受容

私的効用性という概念は，1954年にR・ラインハルトの論文の中で初めて用いられた。それは，内容・限界規定（基本法14条1項2文）と収用（14条3項）との区別について（この問題について参照，第2章・第6章）論ずる中で登場し，両者の区別の指標として機能させられていた。

ラインハルトによれば，制憲者は，「市場経済プロセスの開始と形成」のためのある要素に重要な意義を付与した。その要素とは，「私的イニシアティブと私的利益」であり，短く言うと，「私的効用性の原則」であるという[36]。内容・限界規定と収用との区別は，「財産権秩序の構造とその核心，すなわち私的効用性の原則についての考慮のみ」によって行われる。すなわち，財産権への介入によって私的効用性の原則が排除されておらず，少なくとも結果として保持されている場合には，補償は決して支払われなくてよい。というのは，財産権者が諸拘束の限界内で引き受けねばならず，諸々の財産の機能に適合した使用が確保されているような介入は，なお，財産権の内容と限界を定めるものであるからである。しかし，介入がこの限界を超える場合，すなわち，私的効用性の原則が本質的に制限され，あるいは完全に排除される場合には，収用と分類され，補償が支払われねばならない[37]。

---

36) Vgl. Rudolf Reinhardt, Wo liegen für den Gesetzgeber die Grenzen, gemäß Art. 14 des Bonner Grundgesetzes über Inhalt und Schranken des Eigentums zu bestimmen?, in: ders./Ulrich Scheuner, Verfassungsschutz des Eigentums, 1954, S. 14. ラインハルトは，戦前から戦後にかけて活躍した法学者である。主にマールブルク大学で，民法，商法，経済法，労働法を講じていた。

こうしたラインハルトの主張は，内容形成と収用との区別について論ずる場面で，連邦最高裁の判例[38]の中に織り込まれていくこととなる。しかしその後，憲法裁で私的効用性という概念が登場するのは，この場面とは異なる文脈でのことである。憲法裁は，内容・限界規定と収用との区別を一般的に行うに当たっては，私的効用性の原則を用いた区別の基準のように，介入・制限の程度を問題にする実質的基準ではなく，砂利採取決定で確立された形式的基準[39]を用いているということは既に説明したとおりであり（参照，第2章第2節1.），この場面自体が姿を消している[40]。

　憲法裁の判例においては，私的効用性という用語が採り入れられる以前から示されていた財産権の目的と機能に関する叙述（「基本権の構造の中で，基本権の享有主体に財産法の領域における自由な領域を保ち，それにより，個々人に自己責任に基づく生活の形成を可能にする」[41]ということ）の中に，既にラインハルトの主張と共通した思想を認めることができる。その後，私的効用性という概念は，財産権の内容・限界を規定する立法者の指導原則として働くようになり，ある法律が財産権保障に反していないかどうかを憲法裁が審査する際に，重要な役割を担っている（参照，後述④）。

　また，ラインハルトが私的効用性の提唱時に，それを「市場経済プロセスの開始と形成のため」の要素としていた[42]その意義も今日に引き継がれている。すなわち，「基本法14条の法制度保障を用いて，憲法は，自由に処分可能な財産権の存在，すなわち，主観的な私権を，個人の法的に承認された意思形成

---

37) Vgl. ebenda, S. 33. ラインハルトのこの主張に賛同するものとして，例えば，Heinz-Rolf Haacke, Zur Grenze zwischen Enteignung und entschädigungsloser Eigentumsbeschränkung nach dem Bonner Grundgesetz, 1957, S. 59 ff.; Hans Diester, Neue Wege zur Lösung der Probleme des Enteignungsrechts, NJW 1954, S. 1140 ff. 等がある。

38) 連邦最高裁判所では，私的効用性という概念を説いたラインハルトの著作の刊行後すぐにこの概念に触れるものが現れた（BGHZ 15, 268 (276)（1954年））。また，内容・限界規定として行われる建築予定地整備（Umlegung）と，補償の必要な収用とを区別する具体的な場面で用いられたこともある（例えば，BGHZ 27, 15 (24 f.)（1958年）; BGH, Urteil vom 26. Juni 1997, NVwZ-RR 1998, 8 (8)（1997年））。

39) Vgl. BVerfGE 58, 300 (330 f.).

40) Vgl. Fritz Ossenbühl/Matthias Cornils, Staatshaftungsrecht, 6. Aufl. 2013, S. 202.

41) BVerfGE 24, 367 (389).

42) Vgl. R. Reinhardt, a.a.O. (Anm. 36), S. 14.

(Willensmachen) として，及び，社会秩序を自己責任に基づいて（「自律的に」），
私的効用のあるように共に形成するための道具として，保障している」[43]とい
う理解である。判例においても，財産権保障は，自己責任に基づく生活の形成
を個々人に保障するためだけのものではなく，より広く一般的に，そうした生
活の形成を可能にするための経済的な基礎としての秩序を形成することをも要
請すると考えられている[44]。

② 私法との関係

私的効用性という概念の元々の出自は私法にある。当初，私的効用性の具体
的現れの典型例は，憲法典に先立って存在していた，「民法上の物に対する所有
権」，「民法903条という基本規範」であった[45]。つまり，通常法（法律）の一つ
である民法が，憲法上の財産権概念を構成するメルクマールの起源となってい
るのであり，憲法と民法の関係をどのように考えるかという問題（この問題につ
いては第1章第2節を参照）が，絡んでくる。

まず，確認しておかねばならないことは，憲法の優位の確立の下では，規範
的な効力の面において，憲法が民法の上位にあるということが否定されては絶
対にならないということである。憲法上の財産権概念を構成するメルクマール
の出自が私法にあるからといって，憲法上の財産権保障が私法に従ってなされ
ねばならないというのではない。

私的効用性という概念を憲法上の財産権について用いることに対しては，
「私法に対する余りに多くの借入れ」をすることになるという点から批判的な

---

43) H.-J. Papier, a.a.O. (Anm. 3), Rn. 12.〔下線原文斜体字〕
44) Vgl. z. B. BVerfGE 97, 350 (371).〔ユーロ決定〕この決定について参照，岡田俊幸「欧州単一通貨
　　（ユーロ）導入の合憲性」ドイツ憲法判例研究会編『ドイツの憲法判例III』（信山社，2008年）395頁。
　　　この決定は，「貨幣は自由が刻印されたものである」として，基本権としての財産権保障は，貨
　　幣価値は保障しないものの，「貨幣の制度的基礎と個人への帰属」を保障することを認めた。他方
　　で，こうした理解に対しては，自由の方向付けは，今や，個人の生活形成を超える，より高次の目
　　的，すなわち，脱個人化された経済的な行為の選択に資する」ものになっているとして，「自由の
　　理解にとって重大な意味を有することである」として批判的に評する見解もある（Vgl. O. Lepsius,
　　a.a.O. (Anm. 22), S. 318）。
45) Vgl. J. Dietlein, a.a.O. (Anm. 4), S. 2178 f.; W. Leisner, a.a.O. (Anm. 16), Rn. 74; ders., a.a.O.
　　(Anm. 31), Rn. 30; O. Depenheuer, a.a.O. (Anm. 33), Rn. 43.

立場をとる見解もある[46]。しかし，私的効用性という概念を用いることがすなわち，「憲法上の財産権の私法従属性 (Privatrechtsakzessorietät)」[47] を意味することにはならないであろう。

私的効用性が憲法上の財産権概念のメルクマールとなることは，私法の「歴史的優位（在職年数）」(「私法の認識の優位」) という考え方から，説明することができる。憲法上の財産権保障は，憲法上必然的に保護の対象となるべき内容だけが定められているのではなく，民法がたまたまそれ以前から定めてきたものを憲法上保護しているという側面もある。歴史的な事実として憲法にはるかに先行して所有権について定めてきた私法に立ち戻ることなしには，憲法上の財産権の保障内容を考えることは難しい。私的効用性という概念が憲法上の財産権概念のメルクマールとなっていることで，こうした私法への立ち戻りが行われているのである。

こうした思考に沿った憲法上の財産権保障の在り方は，次のようにまとめることができる。すなわち，「基本法14条1項1文に従った保障命題は，憲法上の財産権概念を確立する。保障命題は，民法903条に従って伝来の民法上の物に対する所有権を規定する思想 (Regelungsideal) に沿いながら，その物に対する所有権を刻印するメルクマールを，物権のコンテクストを度外視して，憲法ランクに引き上げることによって，この憲法上の財産権概念の確立を行う——それは，財産的価値，私的効用性（処分権限を含む），全ての者に対する排他権限を伴った帰属である。このことにより，制憲者は，憲法上の財産権概念を民法上の所有権概念から引き離し，独立させる。憲法上の財産権概念は，それが後から発生したものであるということを無視して，憲法上の保障として，完全に独自の法的な運命を有している」[48] という。憲法上の財産権概念の独自性がかなり強く打ち出されているものの，その起源には，民法上の物に対する所有権が

---

46) Vgl. O. Lepsius, a. a. O. (Anm. 22), S. 70. 物的支配モデルを構想するレプシウスは，私的効用性の代わりに，使用・収益の可能性 (Nutzbarkeit) という概念を用いるべきだと主張する。この概念を用いることで，私法上の使用・収益に限定されず，事実上の占有による使用・収益にも保護が及ぶという (Vgl. ebenda, S. 71 ff.)。

47) Vgl. ebenda, S. 43.

48) Vgl. Matthias Jestaedt, Selbstand und Offenheit der Verfassung gegenüber nationalem, supra-nationalem und internationalem Recht, in: Josef Isensee/Paul Kirchhof (Hrsg.), HdbStR, Bd. 12, 3. Aufl. 2014, § 264 Rn. 61.

あったということがベースに置かれている。「制憲者が，民法上の所有権をいわば，憲法のレベルでの抽象的な法制度にとっての具体的な規定の提示とみなし，——たとえ，法制度上の建設計画に濃縮するとしても——，その特徴を基本権保障へ引き継いだということが見過ごされてはならない」49) のである。憲法上の財産権概念の起源が民法上の物に対する所有権概念にあり，それが，現在でも憲法上の財産権概念を特徴付けるものであることが認められつつ，同時に，憲法上の財産権概念の自立性が確立されねばならない。

③　私的効用性の具体的内容

　私的効用性があるということの具体的内容は，例えば，土地（建物）所有権の場合，所有する堤防敷地を自らのために使用すること 50)・所有権に含まれる地下水使用権限を自由に行使すること 51)・自己の所有する土地・建物を（たとえそれが文化財であっても）自らのために使用すること 52) 等である。これに対して，所有権者に最大限の経済的な利益が約束されることや，所有権を採算がとれるように利用することは，私的効用性の内容には含まれない53)。

　ここまで述べてきたように，私的効用性という概念は，憲法典に先行して存在していた私法上の物に対する所有権の理解から，憲法上の財産権の理解へと考え方の原型が受け継がれたものである。しかし，憲法上の財産権として扱われるものが，私法上の物的権利を出発点として，漸次拡大されてきたのと軌を一にして，それらの権利の構成要素たる私的効用性の内容も，単に，有体物を有益に使用するということを超えるようになる。

　例えば，有体物の存在しない債権についても，債権者が自らの債権を有益に使用・収益・処分することができることに見出される私的効用性が，違憲審査の規準点とされている。例えば，居住賃貸借解約保護法決定（1974年4月23日）54)

---

49) Matthias Jestaedt, Grundrechtsentfaltung im Gesetz, 1999, S. 32.

50) Vgl. BVerfGE 24, 367.

51) Vgl. BVerfGE 58, 300.

52) Vgl. BVerfGE 100, 226.

53) Vgl. BVerfGE 58, 300 (345); 100, 226 (242 f.).

54) Vgl. BVerfGE 37, 132.

で問題となったような，住居の賃貸借契約に基づく賃料支払請求権の場合には，国家から規制を受けることなく賃貸料を自由に設定することが私的効用性の具体的内容を成す。あるいは例えば，クラインガルテン決定（1979年6月12日）[55] で問題となったようなクラインガルテン（小菜園）の賃貸借契約の賃貸人による解約可能性の完全な排除，価格固定，事実上の譲渡権限の排除が，賃貸人の有する権利の私的効用性を阻害するもの[56] と考えられている。憲法上の財産権概念に含まれるものが多種多様な権利に拡大された今日において，私的効用性は，民法上の物に対する所有権からかなり離れた広い射程を有するものとなっている。

④　立法者の指導原則

　私的効用性は，憲法裁判例において，違憲審査の場面で立法者の指導原則として働いている[57] という点で最も注目されるべき概念である。違憲審査の中で私的効用性がどのように用いられているのか，その詳細は次章（第4章）で見ることとするが，立法者への要請として現在確立されていることは，「立法者は，財産権の内容及び限界を定める場合には，財産権者の保護されるべき利益と公共の福祉の利益とを適切に調整し，均衡のとれた関係をもたらさなければならない」[58] という一文に集約される。この要請の中の，財産権者の保護されるべき利益を表しているのが私的効用性である。ここでは，このような衡量の一方を表すものとされる私的効用性の意義が，既にこの概念が創出された時に含意されていたということを指摘しておきたい。

　現在の違憲審査に通ずる私的効用性の意義は，この概念を初めて提唱し，内容・限界規定と収用との区別の指標として用いることを直接の意図としていたラインハルトの論文の中に見ることができる。いわく，「社会秩序における私的効用性の原則の承認は，エゴイズムを全ての物事の規準に高めるということ

---

55) Vgl. BVerfGE 52, 1.

56) それが許容される境界線について，クラインガルテン法規制に関連する立法例，連邦憲法裁判例，通常裁判所判例を詳細に分析するものとして，Vgl. Jürgen Schwabe, Grundrechtspraxis im Kleingartenrecht, NJW 2008, S. 477.

57) Vgl. Christoph Degenhart, Grundrechtsausgestaltung und Grundrechtsbeschränkung, in: Detlef Merten/Hans-Jürgen Papier (Hrsg.), HdbGR, Bd. 3, 2009, § 61 Rn. 52.

58) BVerfGE 100, 226 (240).

を意味すると考える者もあろう。しかし、それは完全な誤りである！　法秩序
における要素としての私的効用性は、決して無秩序な個人主義と等置されては
ならない。私的な利益の実現における自由は、法的思考から、適切な利益調整
の達成という優れた手段として、初めてそのより深い意味を獲得するのであ
る！」[59]。つまり、「立法者は、こうしたやり方〔適切な利益調整——筆者注〕によ
って、より弱い方の負担で、一方に利益や不利益を移されるということを阻止
する。このことをラインハルトは、特に、例えば、その生存の基礎として全て
の国民の生活のために機能適合的に使用されねばならない土地のような限られ
た利益の社会的拘束に関連付けた」[60]のだと指摘されている。

　私的効用性という概念が創出された当初から組み込まれていたこうした観点
は、現在まで、憲法裁の判例の中で生き残っている。立法者は適切な利益調整
をしながら、財産権の私的効用性を確保しなければならない。さらに、私的効
用性は、より積極的な機能を有している。私的効用性の増大に資するような立
法であれば、たとえ、それがある一部の財産権者の意に添わないものであった
としても、立法者の権限の行使として正当化される。例えば、建築予定地整備
の憲法適合性がこうした観点から審査されている[61]。この場合、私的効用性は、
それを高めるように財産権秩序を形成する積極的な立法を促す機能をも有して
いると言うことができよう[62]。このように、立法者が財産権の内容及び限界を
定める際に、考慮に入れなければならない事項を私的効用性が示しているとい
う理解は、判例において確固たるものとなっている。

⑤　五公五民原則
　さらにこれを超えて、立法者に対するより明確な指示を憲法上の財産権保障

---

59) R. Reinhard, a.a.O. (Anm. 36), S. 15.〔下線原文斜体字〕

60) Torben Stefani, Zur Konkretisierung der Privatnützigkeit von Bodenordnungsverfahren, 2010, S. 72 f. (http://www.qucosa.de/fileadmin/data/qucosa/documents/7039/Dissertation_Stefani.pdf)

61) Vgl. BVerfGE 104, 1 (8 ff.). Vgl. Evelyn Haas, Die Baulandumlegung–Inhalts- und Schrankenbestimmung des Eigentums, NVwZ 2002, S. 276.

62) Eberhard Schmidt-Aßmann, Gestalt und Wandelbarkeit der städtebaulichen Umlegung im Lichte des Art. 14 GG, in: Rudolf Wendt/Wolfram Höflinng/Ulrich Karpen/Martin Oldiges (Hrsg.), Staat, Wirtschaft, Steuern: Festschrift für Karl Heinrich Friauf zum 65. Geburtstag, 1996, S. 419.

から読み取ることができるのかということが問題となったことがある。この問題は，課税に関して，五公五民原則 (Halbteilungsgrundsatz) という絶対的な上限が，憲法から読み取られ得るかという論点として，現れた[63]。本書では，憲法上の財産権保障からの立法者に対する指導原則の導出をめぐる議論の中にこの原則を位置付け，立法者に対してどの程度の要請を憲法上の財産権保障がしているのかを考える一助となるものとして取り上げたい。

　五公五民原則とは，財産税決定において憲法裁が採用した原則であり，その内容は，次のように示された。「基本法14条2項によれば，財産権の行使は私的な効用と公共の福祉とに同時に役立つものとされている。それゆえ，一方では，財産収益は租税という公共的負担になじみやすいが，他方では，権利者には収益の効用が残されていなければならないのである。このことからして，財産収益に対する他の諸税に加えて財産税を課税することが許されるのは，収入，控除可能な支出及びその他の負担軽減項目について典型的なものを考慮に入れた上で〔算定される〕期待可能収益に対する総租税負担が，〔それらの他の収益税も含めて〕私人と国家との間で〔当該私人の財産収益が〕半分ずつ分配された状態に近いところにとどまり，かつ，平等原則によって要請される担税力に応じた負担配分に反する負担結果をも全体として回避する範囲においてのみである」[64]。まとめると，五公五民原則は，「個人の所得，財産及び消費に対する総租税負担が当該個人の総収入 (財産の期待可能収益を含む) の半分程度にとどまることを要求する」ものと理解される[65]。

　こうした五公五民原則を判例が採用したことは，当初から注目を集め，その根拠や従来の判例との整合性，基本法14条2項2文の読み方をめぐって，税法の領域では詳しい議論が展開されたが，批判的な論調も強かった[66]。その後，憲法裁は，この原則の射程が財産税についてのみに限定されることを明確にする

---

63) そもそも課税については，その憲法上の財産権保障違反を問うことができるかという論点もある。これについては，後述第2節2. を参照。

64) BVerfGE 93, 121 (138). 邦訳は，〔　〕内の補充部分を含めて，谷口勢津夫「財産評価の不平等に関するドイツ連邦憲法裁判所の2つの違憲決定」税法学535号 (1996年) 167頁を参照した。

65) 谷口・前掲注64) 169頁。

66) Vgl. Joachim Lang, Vom Verbot der Erdrosselungssteuer zum Halbteilungsgrundsatz, in: Paul Kirchhof/Moris Lehner/Arndt Raupach/Michael Rodi (Hrsg.), Staaten und Steuern: Festschrift für Klaus Vogel zum 70. Geburtstag, 2000, S. 173 ff.

こととなった[67]。立法者に対してどの程度の要請を憲法上の財産権保障がしているのかという先に掲げた問いに対して，憲法裁は，基本法14条2項2文を，「単に財産権の私的効用性と公共の福祉による拘束との間の衡量の枠だけを含むものであり，一般的に拘束力のある具体的な最大限の負担の限界を含んでいるのではない」と解し，そして，「私的効用性と公共の福祉による拘束とは，問題や状況に関連付けられてその時々で，利益に適合的な調整がなされねばならない」ことを示したものと言えよう[68]。

　また，先の財産税決定は，税法の領域を超えて，より一般的に，財産権の他者のための効用性（Fremdnüzigkeit）に対する私的効用性の優位から，財産権者には少なくとも財産権から生ずる効用の半分が割り当てられていなければならないということを示したのだとする理解も示されていた[69]ところ，その後の判例の動きはこうした理解とは真逆に展開したことになる。学説では，以前より，金銭的に考えることのできる税以外について「半分」という基準は顧慮され得ないことが指摘されていた[70]。近年でも，五公五民原則が，動産や不動産の基本権保護に適用され，「土地所有権者はその土地の使用を一般公衆に半分だけ委ねなければならない，あるいは，乗用車の所有権者は，可能な使用期間の半分の期間だけ一般公衆にその車を使用させねばならないであろう」ということが仮にも主張されるとしたならば，それは，憲法保障の明らかに誤った理解であるとして，同原則の一般化は厳しく戒められている[71]。

　また，内容形成の際の立法者の指導原則については，抽象的かつ少数のものにとどめることがむしろ適切であるという指摘[72]も，五公五民原則への批判的な見方に通ずるであろう。その根底には，「個別の状況ごとの具体的な指導

---

67) BVerfGE 115, 97 (114). この判決について参照，奥谷健「課税の負担と上限——ドイツ連邦憲法裁判所2006年1月18日決定を手がかりとして」税法学558号（2007年）23頁以下，畑尻剛「所得税・営業税と『五公五民原則』（Halbteilungsgrundsatz）」自治研究91巻11号（2015年）148頁以下。

68) Vgl. Hans-Jürgen Papier, Grundrechtsschutz durch die Fachgerichtsbarkeit, in: Detlef Merten/ders. (Hrsg.), HdbGR, Bd. 3, 2009, § 79 Rn. 36.

69) Vgl. O. Depenheuer, a. a. O. (Anm. 33), Rn. 54.

70) Vgl. z. B. Ra Joachim Englisch, Eigentumsschonende Ertragsbesteuerung, StuW 2003, S. 246.

71) Joachim Wieland, Steuerrecht als Innovationsressource des Verfassungsrechts?, JöR 2016, S. 507 f.

72) Vgl. Christian Bumke, Ausgestaltung von Grundrechten, 2009, S. 56.

原理，あるいは複数の指導原理を導出し，その総合考慮や調整を要請すること
は，そもそも抽象的な憲法規定からは無理であ」り，「それにも拘わらず，その
ような指導原理の導出を行うとすれば，指導原理とされたものの位置付け・指
導原理間の優劣についての根拠が不明確なまま，裁判所の価値判断を立法者の
判断に優先させる危険を高めることになろう」[73] という危惧がある。

(3) 基本的な処分権限

次に，基本的な処分権限というメルクマールを取り上げる。憲法上の財産権
概念のメルクマールを構成するこの「処分」という概念の意味を，憲法裁は，非
常に広く解しており，私的効用性と処分権限とは，常に明確に互いに区別され
るのではないとしている[74]。憲法裁が処分権限という概念にどのような意義
を認めているかを読み取ることができるいくつかの判例の叙述を見ていこう。

まず，クラインガルテン決定によると，「基本権によって保障される処分権限
は，その財産権を譲渡し（veräußern）てよいという財産権者の自由をも含んで
いる」[75]。（この文で，「も」と述べられていることから，譲渡の自由は単に，様々な処分
行為の中の一つであるということを示すものだと解されている[76]。）この決定では，こ
の譲渡の自由が取り上げられたのであるが，この決定で審査されていたのは，
賃貸人の解約告知の可能性を強く制限する規定についてである。このような規
定が，実際の帰結において譲渡可能性の廃止に至るものとして処分権限の制限
の問題とされたのである（例えば，クラインガルテンの利用者に貸し出された土地は
通常，購入希望者を見付けることもできなければ，それを担保に入れることもできない
ということを，経験が示してきたとされている（1969年改正法律の理由書））[77]。「憲法
上の判断にとっては，明示的規範によって譲渡禁止が定められているか，それ
とも，譲渡禁止が実際の帰結において他の規定から不可避に生ずるかというこ

---

73) 篠原永明「立法者による基本権の保護の対象の決定(2・完)」自治研究91巻4号（2015年）113頁。

74) BVerfGE 50, 290 (339); 53, 257 (290).

75) BVerfGE 52, 1 (31).

76) Vgl. J. Dietlein, a.a.O. (Anm. 4), S. 2181. 対象を譲渡する自由（例えば，物を譲渡する自由，債権
を譲渡する譲渡）のほかに，例えば，地役権や担保権のような制限物権によって負担を課する自由
や，所有権を放棄する自由が含まれ得る（Jürgen F. Baur, in: Horst Konzen (Hrsg.), Bürgerliches
Gesetzbuch Sachenrecht 1, Bd. 14, 13. Aufl. 2002, § 903 Rn. 33）。

77) BVerfGE 52, 1 (31 f.).

とは，決定的な意味を持ち得ない」[78]。つまり，処分権限という概念は，狭義に
おける民法上の処分[79] の禁止によって制限され得るのみならず，処分の禁止
に匹敵するほどの非常に強い使用制限によっても制限され得るものだという理
解がとられているのである[80]。

　ところが，さらに，借家の自己必要 (Eigenbedarf) による解約についての決定
(1985 年 1 月 8 日) において，事実上，処分の禁止に匹敵するほど重大でない使用
制限までもが，処分権限という概念の下に入ることが示された[81]。この決定で
は，家主による解約告知権の有効な行使を正当な利益のある場合に制限する規
定 (民法564b条) が，賃貸人の所有権と両立し得るのかが，問題となった。裁判
所は，そうした規定は「一般的・抽象的に財産権者の処分権限」を規定してい
るものだと述べた[82]。この憲法裁の見地からは，処分権限には，民法上の処分
権限の意味における譲渡のような事態のみならず，全ての考え得る使用可能性
が包含されることになる[83]。

　また，問題となる権利に憲法上の財産権としての保護が及ぶか否かについて
示す場面を見てみると，処分権限に憲法上の財産権概念のメルクマールの一つ
として枢要な役割は与えられていない。例えば，処分可能性が制限された先買
権のような権利を形成することも立法者には禁止されておらず，そのような権
利にも憲法上の財産権保障が及ぶとされた[84]。ほかにも，処分権限の制限され
ている賃借人の占有権にも憲法上の財産権保障が及ぶとされた例が挙げられる。
この判決では，「賃借人の処分権限の制限は，その占有権の基本法 14 条 1 項 1
文の意味における財産権としての承認を妨げるものではない」ということが述
べられた[85]。このように，この場面では，憲法裁は，処分権限の存在にさほど

---

78) BVerfGE 52, 1 (31).

79) 民法上の処分概念は，直接，存続している権利に影響を与え，それを変更し，譲渡し，あるいは
　　破棄する法律行為に関わる (BGHZ 75, 221 (226))。

80) Vgl. M. Appel, a.a.O. (Anm. 28), S. 44.

81) Vgl. ebenda, S. 44.

82) BVerfGE 68, 361 (367). さらに，こうした非常に広い処分権限の理解を示すものとして，Vgl.
　　BVerfGE 79, 292 (304); 101, 54 (75).

83) Vgl. A. Henning, a.a.O. (Anm. 18), S. 308; J. Dietlein, a.a.O. (Anm. 4), S. 2180; BVerfGE 97, 350
　　(371); 105, 17 (30 f.); 115, 97 (110 f.).

84) Vgl. BVerfGE 83, 201 (209).

85) Vgl. BVerfGE 89, 1 (7).

の意義を認めてこなかったのである[86]。

　こうした憲法裁の判例に対しては，処分権限の中心的な意義を周縁化するものだという批判が向けられている。この批判は，「自由な処分権限なくして財産権なし」というフレーズを唱え，処分権限を，憲法上の財産権概念の不可欠の構成要素とする立場からのものである[87]。この立場では，憲法上の財産権概念のメルクマールとして「支配・処分力」が中心に考えられており，「排他性・私的効用性」というメルクマールは，支配・処分力から導出されこれを強化するものであると位置付けられている[88]。憲法上の財産権概念は，「私的効用性及び基本的な処分権限によって特徴付けられる」とし，あるいは，憲法上の財産権の構成要素として私的効用性にのみ着目し，処分権限を取り上げないこともある[89] 憲法裁の判例と異なる位置付けとなっている。

　もっとも，ある法律が憲法に合致しているかどうかを審査する場面では，憲法裁は，処分権限の制限がなされているということを理由に，審査密度を引き上げることもある（第4章第2節2.を参照）[90]。

　以上のような三つのメルクマールから成る憲法上の財産権概念を憲法裁判例は提示し，それはドイツにおける憲法上の財産権論を引っ張る鍵概念となってきた。しかしながら，判例が提示したこの憲法上の財産権概念の存在をもって，財産権の憲法的保障をめぐる問題が解決するわけではないということに，ここで改めて注意を喚起しておきたい。

　本節の冒頭で確認したように，憲法裁が自らに課し続けてきたのは，砂利採

---

86) ただし，原子力発電施設の設置及び運転のための原子力法上の許可（Genehmigung）や出力運転をするための許可それ自体が，憲法上保護された財産権であるか否かを検討する箇所で，憲法裁は，「少なくとも制限された処分権限」と「少なくない範囲で自己の寄与に基づく獲得」が欠けていることを理由に，それに否定的な判断を示した（Vgl. BVerfGE 143, 246 (328 f.). この判決について参照，平良小百合「脱原発を促進する第13次原子力法改正法と憲法上の財産権保障」山口経済学雑誌66巻3号（2017年）53頁以下）。この判断に基づくと，完全に処分権限がない場合には，憲法上の財産権概念のメルクマールが満たされず，保護が否定されるということになろう。

87) Vgl. O. Depenheuer, a.a.O. (Anm. 3), Rn. 64 ff.; ders., a.a.O. (Anm. 33), Rn. 53 ff.

88) Vgl. ders., a.a.O. (Anm. 33), Rn. 54.

89) Vgl. z. B. BVerfGE 79, 283 (289); 95, 267 (300).

90) このように場面に応じて，憲法裁の判例における「処分権限」というメルクマールの意義の説明をするものとして，Vgl. M. Appel, a.a.O. (Anm. 28), S. 41 ff., S. 73 ff.

取決定に現れていた難儀な問題への対処である。すなわち，〈基本法が憲法の意味における財産権概念の定義を含んでいないにもかかわらず，憲法によって保障される財産権の概念は憲法自身から獲得されねばならない〉という問題である。つまり，憲法上の財産権概念が措定されているけれども，それは法律への依存を余儀なくされるものであるという前提は共に存在し続ける[91]。

それゆえ，議論は，ここから更に広がっていかねばならない。延びている道は二つある。一つは，この前提を覆して，法律から独立した憲法上の財産権概念が存在するとし，それは，法律によって外側から介入される憲法上の保護領域であると考える道である。もう一つは，この前提を維持したまま，つまり，法律によって憲法上の財産権概念が形成されることを認めつつ，その法律の自由にはならない何かが，憲法上存在していると考える道である。そして，これから追い追い見ていくように憲法裁がいずれの道を歩んでいるかが明確でないところに，ドイツにおける財産権の憲法的保障論の展開を見る上での難しさがあるのである。

第 2 節　学説による財産権保障のモデル

学説は，上記のいずれの道を歩むかということについて，憲法裁よりも自覚的に論じてきた。また，法律による介入の対象となるような憲法上の財産権概念が存在すると考える場合，その基礎付けをどのように理論構成するかということも検討されている。憲法上の財産権概念は，どのような理屈で憲法上保障が及ぶものであると言えるのかについての検討である。この財産権保障の憲法上の立脚点をどのように考えているかという観点から，三つのモデルを提示することができる。(1)自然権的財産権モデル，(2)ローマ法的所有権の追認モデル，(3)行為自由的財産権モデルである。本節ではまずこの三つのモデルを取り上げ，その理論構成を分析する。その際，①基本思考，②財産権の法律依存性についての考え方，③憲法による保障の及び方，という三点から整理する。

---

91) Vgl. Ansgar Grochtmann, Die Normgeprägtheit des Art. 14 GG – Konsequenzen für die Eigentumsdogmatik, 2010, S. 242 f.

1. 各モデルの基本構造

(1) 自然権的財産権モデル

自然権的財産権モデルは，憲法上正当化が必要となる介入の対象としての憲法上の財産権概念を観念し，それを自然権から根拠付けるところに特徴がある。このモデルをとるものとして，W・ライスナーの見解を代表として取り上げ，その詳細を見ていく[92]。

① 基本思考

ライスナーは，財産権論の中心問題は憲法と法律の関係であるとして，立法者は——大部分の他の基本権と同様に——保護領域を制限するもの，すなわち，主に，（許容される）介入をするものとしてのみ捉えられるのか，それとも，財産権内容を立法者の決定によって一般に初めて形成する権限を有しているものと捉えられるのかを問う。これは，憲法によって保護される財産権は立法者の創造物なのかという問いと重なるものであり，ライスナーは，拘束のパラドックスをどのように考えるかという問題に正面から向き合っている。そして，次のような二者択一を迫る。「立法者は，『憲法上の財産権概念をあらかじめ存在するものとして見出し』，その保護領域を制限するのか，それとも，その保護領域を定義し，それを生み出し，（それから）制限するのか」[93]。

ライスナーの選択は前者である。ライスナーは，基本権上保護される地位が立法者によって形成される必要があるのは財産権に限られないとして，他の自由権との差異を相対化する。そして，財産権を含む自由権全般について，立法者による何らかの内容形成が必要であるとしても，人権である以上，基本法がそれに先立って包含している規準があるはずだということを強調する[94]。

② 財産権の法律依存性——段階的に一部認める

ライスナーは，財産権として保護されるべき法益の「財産権性（Eigentumsfä-

92）同様のモデルに分類し得るものとしてほかに，Jürgen Eschenbach, Der verfassungsrechtliche Schutz des Eigentums, 1996がある。

93）Vgl. W. Leisner, a.a.O. (Anm. 16), Rn. 54.

94）Vgl. ebenda, Rn. 59.

higkeit）」のタイプごとに法律依存性の度合を分ける[95]。この「『財産権性』は，財ごとに不均一に，立法者に『所与として与えられている』」。各法益の財産権性は，少なくとも，⓵「自然に境界付けられた財」に関する財産権，とりわけ動産に関する所有権，⓶「質的に境界付けを必要とする財」に関する財産権，とりわけ土地所有権，⓷「法律によってまず特定されなければならない財」に関する財産権，例えば債権や無体財産権，という三つのカテゴリーに区別される。このうち，⓵のカテゴリーに属する財産権について法律は不要である。⓶のカテゴリーに属する財産権について立法者が定めなければならないのは，財産権性の詳細（例えば，土地の境界の画定や土地登記簿への登記などの物権的諸前提の創設）についてである。これに対して，⓷のカテゴリーに属する財産権は，その内容が立法者によって決定されて初めて基本法14条1項により保護されることになるため，このカテゴリーについて，立法者に「内容規定権限」が認められねばならない。

③ 憲法による保障の及び方

こうしたカテゴリー区分によると，基本法14条1項2文の意味は次のようになる。ライスナーは，この規定が内容規定とは別に，限界規定にわざわざ言及している（「内容及び限界」）ことを重視しており，内容規定と限界規定とを区別して読むという解釈を採っている[96]。立法者は，⓵「自然に」境界付けられた財産権については，これを承認しなければならない。⓶境界付けを要する財産権については，その境界付けを行わなければならない。⓷「自然には与えられていない財」については，内容規定によってこれに財産権性を与えなければならない。これら全てが「内容規定」なのであって，このようにして内容的に定義された財産権に対して，立法者は「外側から」，「限界」を定めることになる[97]。そして，この「限界」を定める行為が，保護領域への介入を行うものとして，憲法上正当化されねばならないものとなるのである。

もっとも，立法者の行う内容規定も無制約に行われてよいわけではない。このことは，⓷のカテゴリーにおいて，立法者が財産権の内容を決定する際に問

95）Vgl. ebenda, Rn. 66 ff.

96）Vgl. ebenda, Rn. 63. Vgl. auch Rn. 135.

97）Vgl. ebenda, Rn. 71.

題となる。「仮に立法者が、『財産法領域における基本権により保障された活動の基本的構成要素に属する』何かあるものを私法秩序に認めず、あるいは与えない場合には、そのような立法、すなわち、『財産権の非形成』は憲法違反である。立法者は、極めて狭い限界においてのみ、ある物について、(私的)財産権性を否認してよい」[98]。

　では、何が憲法上の財産権保障の規準となるのか。ライスナーは、独自の規範的な憲法上の内容を有した財産権概念の存在を明確に肯定する[99]。それが何かということは端的に一言で説明されているものではないが、基本的に、憲法裁の判例で示された要素を引き継ぎながら、財産権の憲法的保障の様子が記述されている。すなわち、基本法14条は、「全ての財産的価値を有する権利」を保護するものであり[100]、その権利は使用・収益(Nutzung)や処分(Verfügung)のできる形態で権利者に帰属する[101]。そしてさらに、このようにして観念される財産権の実体的な保護領域の内部に、「基本権を『無制約の制限』に対して防御し、それによって初めて基本法の独自の財産権概念を構成する『内部の保護領域』のようなもの」として、「核心(Kern)」や「実質(Substanz)」があるという構造が示される[102]。ライスナーは、何が憲法上、保障されねばならないのかということを、どのようにして憲法上の財産権保護が正統化されるのかということから考える。憲法上の財産権保護を正統化するものは、「憲法上の核心、すなわち、財産権の憲法上の実質の詳細な規定に資する。また、この概念の本質に対応して、その際、同時に、財産権の内容及び限界規定(基本法14条1項2文)にとっての憲法上の規準が問題になる。それは、一方で、立法者が、財産権の内容としてその時々で定めなければならないものであり、それにより、財産権が私的効用性のあるものとして働き得るものである。また、他方で、立法者が、財産権者の処分や使用・収益を定めることによって、取り上げてはならないものである。この点で、財産権論を一般的に内容規定する正統性は、制約の制約(Schranken-Schranken)として働く」[103]。そのような正統性として、ライス

---

98) Ebenda, Rn. 70; ders., a.a.O. (Anm. 31), Rn. 18.

99) Vgl. ders., a.a.O. (Anm. 31), Rn. 11 ff.

100) Vgl. ebenda, Rn. 24.

101) Vgl. ebenda, Rn. 40 ff. さらに、私的効用性について、Rn. 43 ff.

102) Vgl. ebenda, Rn. 69 ff.

103) Vgl. ebenda, Rn. 94.〔圏点原文斜体字〕

ナーは，歴史的に財産権が不可侵の自由とされてきたという継続性を説く[104]。そして，とりわけ，人格に関連付けられた保護の中に，まさに，何か基本法14条の保護領域の核心や実質のようなものが見られるとする[105]。さらに，公法上の権利に関して，寄与[106]や生存保障[107]から保護を正統化し，権利主体に帰属している財産権について，信頼[108]から保護を正統化する。

(2) ローマ法的所有権の追認モデル

ローマ法的所有権の追認モデルもまた，保護領域としての憲法上の財産権概念を観念する。ローマ法に起源を有し民法典に受け継がれた財産権の特定のタイプを制憲者が採用したと考えることにより，憲法上保障される財産権を根拠付けるのである。このモデルを構築し，論理的に一貫した説明を示しているのは，O・デペンホイヤーである。

① 基本思考

このモデルの基底にはリベラリズムがある。そして，財産権を基本法における自由権の中心に位置付ける。このことはスローガン的に，「自由は財産権なしには考えられず実現され得ない」，そして逆に「自由保障なき財産権は価値がない」と表されている[109]。こうした財産権と自由との密接な関係を基礎にして，自由権としての財産権への介入・正当化という防御権の審査枠組みへとそのままストレートに至るのである。「14条は，その伝統の方針において，第一に，<u>国家の介入に対する市民の主観的防御権</u>として財産権を保護している」と明確に述べられている[110]。

② 財産権の法律依存性——認める

デペンホイヤーは，「財産権は，法治国家においては，人の物に対する直接の

---

104) Vgl. ebenda, Rn. 95 ff.

105) Vgl. ebenda, Rn. 113 ff.

106) Vgl. ebenda, Rn. 115 ff.

107) Vgl. ebenda, Rn. 119 ff.

108) Vgl. ebenda, Rn. 122 ff.

109) Vgl. O. Depenheuer, a.a.O. (Anm. 3), Rn. 28.

110) Vgl. ebenda, Rn. 28.〔下線原文斜体字〕

支配権としては基礎付けられ得ず，人相互間の法的に秩序付けられた関係としてのみ根拠付けられ得る」のであり，「立法者にあらかじめ与えられた『自然の』財産権は存在しない」として，財産権の法律依存性を明確に認める[111]。デペンホイヤーは，ライスナーの提唱した財産権性に関する三つのカテゴリー区分を受け継いでいるが[112]，財産権保障における立法の意義については，下記のように独自の説明を加えている。

　デペンホイヤーによって財産権の性質を特徴付ける重要なことと認識されているのは，あらゆる財産権が所有者にとっての利用権のみならず，全ての他者に対しての排他権をも含んでいるということである。ある者が物を加工したり先占したりしたといった一方的になされる事実的な行為があったというだけでは，その者に排他権を法的に根拠付けることはできない。排他権を法的に根拠付けるためには，「法共同体」の承認が必要なのであり，その承認というのがすなわち，規範による財産権の形成なのである[113]。この説明は，「自然に境界付けられた財」についても妥当するものとされている[114]。

③　憲法による保障の及び方

　しかし，このように財産権の法律依存性を認めるにもかかわらず，上記①の基本思考とは矛盾せず，国家の介入に対する市民の主観的防御権としての財産権による拘束が，財産権の法律依存性に基づき内容を形成する立法者にも及ぶことになるという。それは，以下のような論理構成によって可能とされているのであり，ここに，このモデルの財産権保障の憲法上の立脚点を見ることができる。

　いわく，「憲法は，立法者に対して自立性を獲得できずに，全ての法律上の財産権規定を突然憲法のレベルに高める単なる変換規範になるのではない。基本法上の財産権秩序は，憲法を法律の下に置くのではない。14条1項は，むしろ，憲法のレベルで，まずは基本的で規範的に義務付ける財産権の内容構築や，更に具体化されることが可能であるか，それを可能にするよう義務付ける財産権

---

111) Vgl. ebenda, Rn. 29 f.〔下線原文斜体字〕
112) Vgl. ebenda, Rn. 57 ff.; ders., a.a.O. (Anm. 33), Rn. 46 ff.
113) Vgl. ders., a.a.O. (Anm. 3), Rn. 29 f.
114) Vgl. ebenda, Rn. 58.

の内容構築を含んでいる。理論上，考え得る財産権の具体化の多くのものから，制憲者は，財産権の特定のタイプを憲法の効力を有するものとして，法律による具体化の模範となるものに高めた。憲法は，財産権を新たに発見しなければならなかったのではなく，形作られた法制度として1949年の民法における特徴的な構造に財産権を見出し，それを受け継ぐことができた」[115]。ここにいう「特定のタイプ」あるいは「特徴的な構造」は，「財産権者の私的効用があるように (privatnützig) 割り当てられた包括的な支配権限と処分権限」を描写する「民法903条——財産権という基本権のマグナカルタ」にある。そしてさらに，「物の所有権者は，法律又は第三者の権利の妨げとならない限りで，任意にその物を取り扱い，あらゆる影響から他人を排除することができる」と定める民法903条によれば，「法にとっての市民の財産権は，単にしてはならないことを定めているのであり，その定義に当たっては，どのようにその時々の財産権者がその支配権を行使するかということが問われてはならない。それにより，14条1項は，統一的，抽象的なローマ法によって形作られた財産権の伝統の方針の中にあり，それに代わる財産権の構造を原則的に拒絶するものとなっている」[116]。

　こうした考え方によれば，「財産権者の私的効用があるように割り当てられた包括的な支配権限と処分権限」を内容とするローマ法的所有権概念を基礎に，財産権と法律との関係が捉えられることになる。そうすると，財産権の内容を定める法律は，次の二種類に限られる。すなわち，包括的な支配権限と処分権限が認められるような権利を形成するもの，又は全くそれらの権限が認められない権利を財産権でないものとして形成するものである。これに対して，包括的支配権限・処分権限が完全には認められないような権利を形成する法律は全て，財産権を制限する法律であり，憲法上正当化されることが必要となる[117]。

---

115) Ebenda, Rn. 32.〔下線原文斜体字〕

116) Ebenda, Rn. 33.

117) Vgl. ebenda, Rn. 46. デペンホイヤーは介入という語は用いていないが，ドイツ基本権論では，一般的に制限と同義で用いられている。Vgl. T. Kingreen/R. Poscher, a.a.O. (Anm. 12), Rn. 23. 邦訳として参照（ただし，第15版の対応する箇所〔注：同書は第29版以降，Bodo Pieroth/Bernhard Schlink から現著者へ引き継がれている〕），永田秀樹・松本和彦・倉田卓志訳『現代ドイツ基本権』（法律文化社，2001年）75頁〔松本訳〕。本書での用語法に合わせて訳語を変えている箇所もある。

また，このモデルの論理的必然として，時間の先後という観点は意味を有しないことになる。ある財産権が初めて定められる場合であっても，「包括的支配権限・処分権限」の制限は観念され得る。また，財産権者の権能に関する法律上の「現状 (*status quo*)」は，憲法上の保障と，同一の範囲を有するものではない。前者は後者に対する制限を含んでいる。「財産権者は，包括的な支配・処分権を求める原理的請求権を持つ。それゆえ，財産権の制限を正当化する事情がなくなった場合には，制約のない財産権の回復を求める基本権上の自由請求権を持つ」[118] ことになる。

⑶ 行為自由的財産権モデル

行為自由的財産権モデルも，憲法上の財産権概念を観念する。それは，財産的価値を有する対象の排他的・包括的な支配権限や使用権限を内容とする。財産権の保持や使用は行為自由の一内容であると考えられており，財産権者の自己決定が重視されている。

この考え方は，裁判官P・キルヒホフが大きな影響を与えた連邦憲法裁の租税法分野の判例において特に見られるものであり，また，M・コルニルスが基本権の内容形成論について（批判的に）論ずる一環として，財産権保障の領域でこのモデルを提示している。ここでは，コルニルスの叙述を基に記述する（キルヒホフ説については，後述 3. にて，取り上げる）。

① 基本思考

このモデルを貫いているのは，「一般的な行為自由の特別に保護された部分としての財産権の保持と財産権の使用という理解」[119] である。財産権の保障は，通常の自由権の場合と全く同様に考えられている[120]。こうした原理としての基本権という考え方に基づく財産権論は，次のようにまとめることができるものである。すなわち，財産権と法律との関係を考えるに当たっては，法律による財産権秩序の内容形成から独立した自立的な憲法上の財産権規範を観念する

---

118) Vgl. O. Depenheuer, a.a.O. (Anm. 3), Rn. 48.

119) Vgl. Matthias Cornils, Die Ausgestaltung der Grundrechte, 2005, S. 251 ; F. Ossenbühl / M. Cornils, a.a.O. (Anm. 40), S. 158 ff.

120) Vgl. M. Cornils, a.a.O. (Anm. 119), S. 297.

ことが不可欠であるという。そして，こうした憲法上の財産権規範は，原理としての性格を有するものと解されている。この原理としての性格は，基本法14条1項2文，2項が文面上表しているように，憲法上の財産権規範が，「あり得る財産権の確定的な程度を定めているだけでなく，第三者の法益や一般公衆の法益を保護する対立原理との衡量において効果を有する（財産権の社会的拘束）」ものであるということから基礎付けられている[121]。

② 財産権の法律依存性——認めない

このモデルは，財産権を他の自由権と比較した場合の特殊性を認めない。そのため，財産権の法律依存性もまた，「立法者が実質的に憲法によって拘束されていることと両立し得ない」[122] として，明確に否定されている。

さらに，財産権と他の自由権との共通点を自己決定に見出し，法律依存性という特質を顧慮する必要がないということについて実質的な説明がなされている。それによれば，「全ての自由権的基本権は，それが行為自由を保障している限りで，自己決定を引き合いに出し，それを保障することによって，法律によって構成されるのではない対象を有している」[123]。つまり，自己決定を観念することによって，「制度的な自由」と呼ばれる基本権にも，法律の制定を待たずに，憲法上保障されるものが備わっていると考えることが可能になるのである。そして，財産権の場合にも，財産権を自由に処理したり利用したりすることを自己決定する権利を重要なものとして観念することができる。それにより，財産権を「原理的な（一応の）基本権上の直接の権利」と解することが可能になるのである[124]。他の自由権と財産権との間に保障構造上の差異は全くない。

ただし，財産権について定める法律の意義もまた，憲法上の財産権の内容が余りに不明確で抽象的にしか定められていないことに起因して認められている。財産権が法的な場面で実際に使えるようになるためには，法律による規律が必要とされるのであり，それが法律による内容形成ということの意味であるという。そして，こうした理解に合致するものとして，憲法裁が，「財産権保障によ

---

121) Vgl. ebenda, S. 290.

122) Ebenda, S. 291, auch vgl. S. 251, 266.

123) Ebenda, S. 514.

124) Vgl. ebenda, S. 514.

る保護の具体的な射程」は法律による財産権の内容・限界規定から初めて生ずると述べている[125]ということが引き合いに出されている。この判示は，法律による内容規定に対する憲法の始原的な保護が存在しないということを意味しているのではなく，どのような保護がなされるのかを決定する憲法上の要素の抽象度が高いために，法律による具体化がなされなければ，保護される個々の財産権的地位を確定することができないということを意味しているものと解されている[126]。

③　憲法による保障の及び方
しかし，具体化する法律の前に原理という形で存在する憲法上の財産権概念は，「十分に『絶対的な』メルクマール，……すなわち，財産的価値のある対象についての支配権限や使用権限の，ある者への基本的に排他的で包括的な割当てというメルクマールを含んでいる」[127]。また，コルニルスは，憲法裁が，ある権利が憲法上保障された財産権かどうかを示す「目印」として恒常的に用いてきた私的効用性及び基本的な処分権限というメルクマールを受け継ぎ，憲法上要請される財産権の内容についての規範的な規準であるとして，財産権者の行為自由と結び付けて理解している[128]。

法律は，こうした憲法上の財産権への介入を行うものとして，他の基本権の場合と同様に観念され得る。このことは，財産権を他の自由権と同列に捉え，法律依存性も明確に否定するということから当然に導かれる。コルニルスは，法律に対する財産権保障の拘束力について，次のように説明する。すなわち，憲法は，財産権が第三者に対する排他権を発揮し得るような財産権秩序を構築することを立法者に義務付けている。そのような「秩序形成立法」は，ある個人に具体的な財産権を割り当てることになるが，それがその者の行為自由を制限することになっている場合には，基本権への介入となる。それゆえ，立法者にはそれを防御権的に正当化する義務が課されるのである[129]。

---

125) Vgl. BVerfGE 95, 48 (58); 101, 54 (75).

126) Vgl. M. Cornils, a.a.O. (Anm. 119), S. 297 f.

127) Ebenda, S. 298.

128) Vgl. ebenda, S. 328.

129) Vgl. ebenda, S. 337.

このモデルは，財産権への介入が正当化され得るかどうかを考えるに当たって，R・アレクシーの「原理としての基本権」という思考に依拠する。アレクシーによれば，「私的財産権という基本権原理は，他の原理と同様に，それが可能な限り実現されることを要請する。それは，私的効用性と処分権限が可能な限り実現されることを含意している」[130]。このように，財産権という基本権が立法者に「最適化義務」を課していると考えると，立法者が財産権の内容を形成する際に，私的効用性と処分権限を可能な限り実現しておらず，一部に抑えている場合には，原理の制限がなされているということになる。比喩的に言うと，「内容形成と介入は，同様に潜在的に同じメダルの二つの面であるということである」[131]。このモデルは，この二つの面のうち，介入の面からメダルを見ているのである。

　このような理解に立つならば，未来に向けて作用する法律にも全て介入という面が認められる。そのため，時間の先後という観点から，後続する法律にのみ介入という性質を見出そうとする必要性はなくなる。具体的な主観的法的地位（既得の権利）に関わりなく最初に財産権を形成する規定（前記ⓐの局面，参照第2章第2節1.）も，一度保障された既得の権利を制限しながら新たに財産権を定める規定（前記ⓑの局面）も，同じ枠組みで捉えられている[132]。

2. 憲法上の財産権概念の役割

　上記の三つのモデルは，いずれも法律に先立って観念される憲法上の財産権概念の存在を説き，それを制限する法律は基本権への介入であるとして，正当化の負担を課す。つまり，憲法上の財産権概念が法律による介入の対象となる「保護領域」を示すものとされている。以下では，こうした「保護領域」を示すものとしての憲法上の財産権概念を観念する試みについて，どのような議論がなされているのかを取り上げ，分析する。(1)では，各モデルでは，財産権の法律依存性という特性が，どのように考えられることになるかを示す。モデル1～3のように，憲法上自立的に財産権の保護領域を観念するならば，保護領域

---

130) Robert Alexy, Theorie der Grundrechte, 1986, S. 304.

131) Vgl. J. Dietlein, a.a.O. (Anm. 4), S. 2174 f.; Jan-Reinard Sieckmann, Modelle des Eigentums-schutzes, 1998, S. 281 f.

132) Vgl. J. Dietlein, a.a.O. (Anm. 4), S. 2176.

を定めるために法律が必要であるという意味での法律依存性は否定されること
になる。それが，基本法の文言と合致したものであるかどうかが論点となる。
次に，(2)ではモデル1が観念している「自然に与えられる財産権内容」やモデル
2が観念している「ローマ法的所有権」の内容が，憲法上の財産権として確定可
能であるかという問題を取り上げる。続いて，(3)では，モデル3と「財産それ自
体」の憲法上の財産権としての保護を認める立場との理論的な結び付きを指摘
し，ドイツの財産権論においてそうした立場がどのように位置付けられるかを
示す。さらに，(4)で，モデル1〜3とは異なり，憲法上自立的に保護領域を観念
することはできないとするモデル4を新たに取り上げ，その理論構成を分析す
る。

(1) 法律依存性と憲法上の財産権概念

まず，財産権の法律依存性と憲法上の財産権概念についてどのような議論が
なされているのか見ていく。上記で取り上げた三つのモデルが，保護領域を示
す憲法上の財産権概念を観念しているということは，法律依存性を否定してい
るということである。この点について，各モデルがどのように理解していたの
か，ここでまとめて整理しておこう。

財産権の法律依存性には，(イ)憲法上の財産権を法的に主張できるものとして
根拠付けるために法律が必要であるという意味と，(ロ)憲法上の財産権の内容を
明らかにする，すなわち保護領域を定めるために法律が必要であるという意味
がある（参照，第2章第1節1.）。三つのモデルは，(ロ)の意味での法律依存性を否
定しているという点で共通している。

自然権的財産権モデル（モデル1）においては，(ロ)の意味における法律依存性
について，①「自然に境界付けられた財」に関する財産権及び②「本質的に境界
付けを必要とする財」に関する財産権というカテゴリーで，(ロ)の意味における
法律依存性が否定されている。自然権的財産権は法律の定めなくして観念され，
それが憲法上の財産権概念となり得るからである。これに対して，三つのカテ
ゴリーのうち，現実的には最も多くを占める③「法律によってまず特定されな
ければならない財」に関する財産権というカテゴリーでは，(ロ)の意味における
法律依存性を一旦は肯定することになる。もっとも，その後，「制約の制約」と
して働く憲法上の財産権保護を正統化するものがあるという議論を続ける。つ

第3章 憲法上の財産権概念　129

まり，最終的に，それに反するような法律は憲法上の財産権への介入となるような憲法上の財産権概念の存在が，全てのカテゴリーにおいて肯定され，逆に，(ロ)の意味における法律依存性は否定される。

ローマ法的所有権の追認モデル（モデル2）においても，モデル1と同様に，(ⅲ)のカテゴリーでは，(ロ)の意味における法律依存性を一旦は肯定する。けれども，このカテゴリーの場合でもローマ法的所有権概念が憲法上の財産権概念となり得るので，結局のところ，法律依存性は否定されることになる。また，(イ)の意味における法律依存性については，立法者による排他権の承認という意義を説いて肯定する。しかし，ここでの法律は，保護領域を形成するためのものではない。つまり，憲法上の財産権概念を形作るためのものとは考えられていないのである。

行為自由的財産権モデル（モデル3）においては，(ロ)の意味における法律依存性については，初めから全て否定され，行為自由の一部としての憲法上の財産権概念が主張されるのである。また，(イ)の意味における法律依存性については，法律を具体化する意義は認められている。ただし，ここでの法律は，保護領域を形成するためのものではない。つまり，憲法上の財産権概念を形作るためのものではないことが強調されている。

このように上記三つのモデルは，(ロ)憲法上の財産権の内容を明らかにする，すなわち保護領域を定めるために法律が必要であるという意味での法律依存性を，部分的に，一旦受け入れるにせよ，初めから否定するにせよ，また，(イ)憲法上の財産権を法的に根拠付けるために法律が必要であるという意味での法律依存性を肯定するにせよ，結局は，共通の見地に立っている。それは，憲法上の財産権の内容すなわち保護領域は，（その淵源を自然法やローマ法といった憲法に先立つものに求める場合も最終的には）あくまでも憲法から自立的に獲得され得るものであるという理論構成を堅持する見地である。そして，法律は，この保護領域に対する制限を行うものであると位置付けて，他の自由権と同様に正当化の負担を立法者に課そうとするのである。

こうした理論構成は，基本法の文言から外れたものとなっているというそしりを受けることになる。「なぜ，既に基本法14条1項2文によって，立法者に与えられた財産権の内容を形成するという役割の単なる承認が，憲法自身によって保障された保護内実を縮減するものとなるのか」という問いが投げかけられ

る[133]。また，財産権を他の自由権と同様に扱うという点については，基本法
14条2項（「財産権には義務が伴う。その行使は，同時に公共の福祉に役立つべきであ
る」）の定める財産権の社会的拘束と両立しないという見方がなされている[134]。
「私的効用性（基本法14条1項1文）と社会的義務性（14条2項）という指導原則は
同じランクを備えている」[135]のであり，「出発点として財産権者に可能な限り
広く及ぶ排他権限や使用権限が許されるべきという原則を承認することは，財
産権の特別な構造にふさわしくない」ということである[136]。この点については，
憲法裁の判例も，「一方的な優遇や冷遇は」，「社会的に拘束された私的所有権と
いう憲法上の観念とは一致しない」と述べたものがある[137]。

(2) 財産権概念の確定可能性

次に，財産権概念の確定可能性について，どのような議論がなされているの
かを見ていく。自然権的財産権モデル（モデル1），ローマ法的所有権の追認モ
デル（モデル2）は，憲法に先立つ段階で存在し得る財産権概念を立脚点として，
憲法上の財産権概念を観念しようとする。しかし，なぜ，その立脚点に立つこ
とができるのか，十分に説明が尽くされているとは言えないという評価がなさ
れている。

自然権的財産権モデルに対しては，自然に与えられる財産権内容が確定可能
なものであるのかについての根拠付けが不足している[138]と指摘される。「自
然に境界付けられた財」の内容がどのようなものであるかは，必ずしも自明で
はない。仮に，何らかの動産に対する所有権が自然権として成立するとして，
その内容は，その動産をあらゆる他者との関係で何の限界もなく使用できるこ
とであるとは限らないであろう。自然権として成立するのは，他者との関係で，
何らかの限界があらかじめ包含された内容の権利であるかもしれない。

---

133) Vgl. A. Grochtmann, a.a.O. (Anm. 91), S. 32.

134) Vgl. J. Wieland, a.a.O. (Anm. 7), Rn. 74 ff.; B.-O. Bryde, a.a.O. (Anm. 4), Rn. 11.

135) Christian Bumke, Eigentum – Paradigma für ein dem Gemeinwohl verpflichtetes Rechtsinstitut, in: Herfried Münkler/Karsten Fischer (Hrsg.), Gemeinwohl und Gemeinsinn im Recht – Konkretisierung und Realisierung öffentlicher Interessen, 2002, S. 215.

136) Ebenda, S. 222.

137) Vgl. BVerfGE 101, 239 (259).

138) Vgl. A. Grochtmann, a.a.O. (Anm. 91), S. 33.

このように、「自然に境界付けられた財」と言える財が法律による内容形成な
くして一義的な内容を備えて存在し得るということは、現実にはなかなか想定
し難いものである。ライスナー自身、大抵の個々の財産的価値のある財は、「自然
に境界付けられた」ものではないと述べており、法律依存性を認めている[139]。
確かに、ライスナーの見解は、「自然に境界付けられた財」の存在を説いている
点に特徴がありそこに注目が集まる。しかし、「自然に境界付けられない財」の
存在も同時に認められているのである[140]。また、財産権保障違反を問う違憲
審査を行う場面では、自然権によって確定された内容が、審査の規準となると
しているわけではない。自然権的財産権モデルの特徴となっている、「自然に
境界付けられた財」は、「人権」としての財産権という位置付けを保持しようと
するために、相当に観念的なレベルで説かれているものである[141]。では、「自
然に境界付けられた財」よりも実際には圧倒的に多い、「法律によってまず特定
されなければならない財」に関する財産権の場合の、憲法上の財産権概念が何
であるか。これについては、憲法裁の判例に断片的に見られる要素が援用され
ながら記述されており、それ以上のものがライスナーによっても明瞭に示され
ているわけではない。

　他方、デペンホイヤーは、ライスナーと同様、自然に境界付けられた財に関
する財産権の存在も認めるものの、独自に、ローマ法的所有権を憲法上の財産
権の模範とするというモデルを構築していた。このモデルに対しても、なぜ、
制憲者が憲法上の財産権の淵源をローマ法的所有権と固定したのかについての
説明がないという指摘[142]や、「基本法が14条で〔ローマ法的所有権の観念を受け
継ぐ──筆者注〕民法典を『受容し』たのかどうか、そして、それにより『リベラ
リズムの伝統』にあるのかどうかということはほとんど検証不可能なアプリオ
リな想定である」[143]という指摘がなされている。さらに、憲法上の財産権は、
民法に対する自立性を有するものであるという観点からも、強い批判が向けら

---

139) W. Leisner, a.a.O. (Anm. 31), Rn. 14.

140) この二分法 (Dichotomie) における区分けの困難さについての批判もなされている (Vgl. M.
　　Cornils, a.a.O. (Anm. 119), S. 306)。

141) Vgl. W. Leisner, a.a.O. (Anm. 16), Rn. 59.

142) Vgl. A. Grochtmann, a.a.O. (Anm. 91), S. 95.

143) Vgl. M. Cornils, a.a.O. (Anm. 119), S. 269 Fn. 92.

れている。この観点からは，基本法14条は，民法903条との連続性の中にはなく，ローマ法的所有権の追認モデルは，誤って民法903条を財産権の模範と理解したものであると評価されている[144]。

このように，憲法に先立つ段階で観念されるという憲法上の財産権概念の提案に対しては，なぜ，その提案されたものが憲法上の財産権の保護領域を示し，法律による制限の対象となるのか，その根拠付けが問題とされ続けているのである。

(3)　「財産それ自体」の憲法上の財産権としての保護

他方で，一般的な行為自由の特別に保護された部分として財産権保障を考えるモデル3のような理論に対しては，憲法上の財産権が私的自治の保護と変わらないものとなってしまい，保護の対象となる範囲が際限なく広がって基本法14条が特別の性格を失ってしまうということが指摘されている[145]。この指摘と密接に関連する[146]論点として取り上げたいのが，財産権（Eigentum）とは区別される，財産それ自体（Vermögen als solches）に，基本法14条の保護が及ぶのかという問題である。さらに，この問題は，課税に対して憲法上の財産権の保護が及ぶのかという論点につながっている。財産それ自体に対して基本法14条の保護が及ぶと解するのであれば，課税に対する憲法上の財産権の保護についても直ちに肯定的に解することができる。

行為自由的財産権モデルに立つと，財産それ自体は，自由に活動する（一般的な行為自由）ための経済的な基盤として，基本法14条の保護の対象となるというのが理論的に一貫した帰結である。

この考え方はP・キルヒホフの，次のような言明に明確に表されている。すなわち，「私的効用のある財産権者の行為の保護は，その基準を，財産権にではなく財産権者の自由に見出す。『財産権』は，税による干渉に対して防御されねばならないような経済的利益を定義しているのではなく，財産権者の行為の余地を定めているのである。財産権者の自由の基礎は，総財産である」[147]。

---

144) Vgl. O. Lepsius, a.a.O. (Anm. 22), S. 23, 42; M. Cornils, a.a.O. (Anm. 119), S. 269, 311.

145) Vgl. O. Lepsius, a.a.O. (Anm. 22), S. 47.

146) Vgl. M. Cornils, a.a.O. (Anm. 119), S. 251.

147) Vgl. Paul Kirchhof, Besteuerung und Eigentum, VVDStRL 39 (1981), S. 213, 282.

こうした考え方には，次のような社会国家における立法者の形成権限を重視する立場が対峙する。「課税の限界は，基本法の憲法秩序に基づくと，原則として，立法者によって規定されねばならない，すなわち，立法者は，社会国家原理に基づいて，公正な社会秩序の達成に努力しなければならないのである。基本法によって構成された議会制民主主義においては，税負担の程度は，選挙によって直接正統性を与えられた国民の代表の政治的な決定によって決まる」[148]。この立場からは，財産それ自体に憲法上の財産権による保護が及ぶとすると，憲法裁が課税立法者に成り代わってしまうとして，「基本法14条は，課税立法者が諸法益の私的効用性を財産権という制度がもはや保障されていないというほどに排除するというような理論的な事例においてのみ，課税に対する保護として顧慮され得るであろう」[149]というように，税の領域における憲法上の財産権保護について非常に抑制的な見解が示される。

また，立法者は具体的な財産権の内容のみを決めることができるとする基本法14条1項2文との関係で，対象に関連付けられる解釈のみがこの文言に合致するという指摘もある[150]。このように考えると，財産権保障は，保障される行為自由を保持するための財産的権利の（vermögensrechtlich）基礎を与えるけれども，行為自由の中に埋没して消滅することはない[151]。

この論点について憲法裁は，第一法廷と第二法廷とで統一されていない見解を示してきた[152]。第一法廷は，基本法14条は財産それ自体を金銭供与義務の賦課による介入に対して保護しているのではないという解釈をとってきた[153]。財産権保障は，確かに法秩序によって承認された個々の財産的価値の存続を保護しているけれども，公権力の措置に対して財産それ自体を保護しているのではないというのである[154]。これに対して，第二法廷は，違った態度をとってきた。それによると，「税法は，一般的な行為自由へ，まさに財産法及び職業的領域での（基本法14条1項，12条1項）人格的発展の現れにおいて，介入する」[155]。

---

148) J. Wieland, a.a.O. (Anm. 7), Rn. 68.〔下線原文太字〕

149) Vgl. ebenda, Rn. 68.

150) Hans-Jürgen Papier, Besteuerung und Eigentum, DVBl. 1980, S. 790.

151) J. Englisch, a.a.O. (Anm. 70), S. 241.

152) Vgl. J. Wieland, a.a.O. (Anm. 7), Rn. 65 ff.

153) Vgl. BVerfGE 4, 7 (17); 95, 267 (300).

154) Vgl. BVerfGE 75, 108 (154).

さらに，「基本権上の財産権保障は，一般的行為自由の要素を含んでいる」と明確に述べるものもある[156]。そして，財産は基本法14条によって保護されたものという立場を採ることを明確にした[157]。しかし，第一法廷は従前の立場を堅持しており[158]，また，この問題に向き合わずに済ませた第二法廷の判例もある[159]。このように，判例の展開は，全体として見ると，一貫性を欠いたものとなっていたのである。

(4) 憲法上の考慮要素モデル

以上のような指摘も向けられている。モデル1～3のような保護領域としての憲法上の財産権概念が自立的に観念されることを憲法による財産権保障論の中核に据える見方とは，全く異なる構成をとる見方もある。もちろんこの場合も，財産権の内容を形成する立法者がフリーハンドであるわけではなく，立法者の統制が試みられている。そのような試みは，以下のような四つ目のモデルとしてまとめることができる。このモデルは，保護領域としての憲法上の財産権概念を観念することを明確に否定し，憲法から導出されるのは，立法者による財産権の内容形成に際して考慮されるべき要素のみであると考える（憲法上の考慮要素モデル）。先に取り上げた三つのモデルと同様に，①～③の観点から整理して示す。

① 基本思考

このモデルは，いわゆる内容形成論と呼ばれる基本権論に基づいている（参照，第1章第1節3.）。その眼目は，基本権の内容形成を行う法律に，広い形成

---

155) Vgl. BVerfGE 87, 153 (169).

156) Vgl. BVerfGE 88, 366 (377).

157) Vgl. BVerfGE 93, 121 (137 ff.).〔財産税決定〕こうした第二法廷の判例の傾向が強まる時期は，同様に行為自由の基礎としての財産それ自体の保護を主張していたP・キルヒホフが長官を務めていた時期（1987～1999年）とちょうど重なっており，キルヒホフの影響が推察される（同様の指摘をするものとして，谷口・前掲注64）156頁）。なお，この判決において，ベッケンフェルデが，立法者の形成権限と社会国家原理の意義を強調する少数意見を書いている（Ernst-Wolfgang Böckenförde, BVerfGE 93, 121 (163 ff.)）。

158) Vgl. BVerfGE 95, 267 (300 f.).

159) Vgl. BVerfGE 115, 97. Michael Droege, Der Beitrag des Steuerrechts und der Fortschritt der Verfassung, JöR Bd. 64, (2016), S. 544.

余地を認めつつ，同時に，介入立法に対するものとは異なる統制の仕方を探究しようとする点にある。財産権には，下記のように法律依存性が認められるため，内容形成論に基づいてその保障が考えられるべき典型的な基本権として扱われる。

さらに，代表制民主主義における議会立法者の尊重及び，それに対比される裁判国家への警戒心がこのモデルの根底にある。こうした思想は，基本法14条1項2文についての次のような叙述に見ることができる。「基本法14条1項2文は，まさに憲法に従った財産権概念をあらかじめ立法者に与えているのではなく，立法者への拘束を，財産権という法制度保障の顧慮及び基本法14条2項に従った社会的拘束を顧慮することに制限している。それにより，基本法は，基本法秩序の中心的な位置で，将来の社会の発展のために必要な開放性を示し，裁判国家の形成を阻止している」[160]。つまり，その中身を充塡する手掛かりが憲法の中には少ないにもかかわらず，介入してはならない財産権概念というものが憲法上存在するとするならば，結局は違憲審査を行う裁判所が，民主的正統性のないままに財産権概念を定めることになってしまうという危惧が，憲法上の財産権概念を認めるべきでないとする積極的な理由になっているのである。憲法上の財産権概念の確定可能性が，上記(2)で見たように明確でない場合には，より一層この危惧は強まろう。「自己の単なる政治的な見解が，立法者に憲法解釈として与えられるのではないか」[161] という懸念にもつながるものである。

② 財産権の法律依存性――認める

財産権は，生命・身体・意見表明などの，国家とは無関係に考えることのできる，人間に本来備わった自然的自由を保障するものではない。このことを，M・ゲラーマンは明確に述べている。財産権は，法秩序の被造物であり，基本法14条1項は，「法的に承認され，その内容及び射程について法律上の規範によって詳細が定められた財産的価値のある法益」のみを保障する。「何が財産権であるのか，また，いかなる権能がこれに結び付くのかは，したがって，基本法14条1項から直ちに明らかになるものではなく，財産権を構成する法律上の

---

160) J. Wieland, a.a.O. (Anm. 7), Rn. 31.〔圏点原文太字〕

161) Vgl. A. Grochtmann, a.a.O. (Anm. 91), S. 36.

規定の総体から初めて明らかとなる。憲法より下位の法秩序・財産秩序が初め
て保護客体を生み出すのであり，14条1項の保障は，この保護客体と結び付き，
これを消極的に保護する」[162]。

③　憲法による保障の及び方

　ゲラーマンの言うように，財産権は，立法者が基本法14条1項2文の規律の
委託に基づき承認したものにほかならないとすれば，「財産権を創り出す法律
が同時に財産権を侵害することはあり得ない」[163]。同様のことをJ・ヴィーラ
ントも明確に述べている。すなわち，「14条1項2文による内容・限界規定は，
本来の意味では制限を表しているのではない。むしろ，憲法の意味において，
財産権と理解され得る法益に関して，立法者によって，将来に向けてなされる
権利・義務の一般的・抽象的な確定に関する問題である。憲法の意味における
財産権を初めて構成する法律上の規定は，同時に財産権の制限ではあり得ない。
このことは，少なくとも，憲法の規準を満たす，内容・限界規定について当て
はまる」[164]。この場合，財産権の内容を形成するということはその限界を定め
るということと完全に同じ行為であることになる〈限界を含み込んだ形での内
容形成〉[165] が，それを制限ないし介入とは捉えないということである。

　このように，このモデルは，上記のモデル1〜3のように，法律による実体
的な憲法上の財産権への介入に対する防御がなされると考えることはしない。
あくまでも，内容形成を行う法律の統制を憲法により行おうとするところが，
このモデルが説く憲法上の財産権保障のポイントである。内容形成を行う立法
者は，憲法上の規準に拘束される[166]。財産権という基本権からは，内容形成を
どのように行わねばならないかについての指示が読み取られる。立法者は，財
産権の内容形成を行うという任務を遂行する際，その指示に方向付けられる。

---

162) Vgl. Martin Gellermann, Grundrechte in einfachgesetzlichem Gewande, 2000, S. 94 f., 105.
163) Ebenda, S. 96.
164) J. Wieland, a.a.O. (Anm. 7), Rn. 90.〔圏点原文太字〕
165) Vgl. ebenda, Rn. 92.
166) 以下の説明は，M. Gellermann, a.a.O. (Anm. 162), S. 97 ff. を参考にしている。ゲラーマンは，
　　憲法上の財産権による立法者への指示を制度的保障の内容としている。しかし，後に詳述するよ
　　うに，ドイツでは，制度的保障という観念を用いない見解が有力になってきている（参照，第5章
　　第1節2.）。

第3章　憲法上の財産権概念　137

その指示には，満たされねばならない要素が含まれている。考慮要素モデルは，この指示として憲法裁の判例において，立法者の指導原則として役割を果たしてきた私的効用性というメルクマールを挙げている。他方で，対立利益として基本法14条2項の要請する社会的拘束も挙げ，両者の調整を図ることとなるのである。

《小括》

本章では，憲法上の財産権の立脚点として，法律によって形成される財産権に対して，どのような論理構成で憲法上保障が及ぶとなされているのかについて分析した。とりわけ，「憲法上の財産権概念」について，憲法裁の判例及び学説がどのように考えているのかを示すことに力点を置いた。

〈1〉　まず，判例においては，憲法の全体構造の中での財産権保障の目的と機能に立ち戻って憲法上の財産権概念を考える（財産権概念の機能的な理解）ということが，定石となっている。それによれば，憲法の全体構造における財産権保障の目的と機能は，基本権の享有主体に財産法の領域における自由な領域を保ち，それにより，個々人に自己責任に基づく生活の形成を可能にすることである。さらに，財産権概念を特徴付けるメルクマールとして，財産的価値のある権利／法的地位，私的効用性と基本的な処分権限が挙げられている。こうした憲法上の財産権概念は，現在の立法者及び伝統的な民法に対する自立性を発揮している。ある法律上の権利が憲法上の財産権としての保護を受けるかは，立法者が決めることではなく，憲法上の財産権概念に含まれるか否かによって決まる。また，憲法上の財産権は，かつては民法上の所有権によって特徴付けられていたが，今日では，その対象が拡大され，社会の変容の中で，憲法の全体構造における目的と機能の観点から，憲法独自の変遷を遂げている。

〈2〉　ドイツの学説における，理論構成は，四つのモデルに整理することができる。自然権的財産権モデル，ローマ法的所有権の追認モデル，行為自由的財産権モデル，憲法上の考慮要素モデルである。モデル1～3は，保護領域としての憲法上の財産権概念が憲法上自立的に観念されると考える点で共通している。保護領域としての憲法上の財産権概念が自立的に観念されるならば，財産権は法律依存性を有しない自由権と同様の保障のなされ方をすることになる。

つまり，法律は憲法上の財産権に対して制限を加えるものであり，それを正当化する負担が立法者に課される。こうした考え方に対しては，基本法14条1項2文や2項の文言との整合性や，憲法上の財産権概念の確定可能性，「財産それ自体」への保護の拡大という観点から議論が提起されている。

〈3〉　モデル4は，保護領域としての財産権概念が憲法上自立的に観念され得ないにもかかわらず，憲法上保障が及ぶとする。憲法上は，立法の際の考慮要素が存在し，立法者が財産権を形成する際にはそれに従って形成しなければならないという要請に応えているかが問題とされるのである。この背景には，明示的に規定されていない憲法上自立的な財産権概念の内容を立法者ではなく裁判所が決定し，それに基づいて審査することを是とするのか，それとも，代表民主主義における議会立法者の尊重という観点から財産権の内容決定はあくまで立法者に委ねられ，裁判所は，憲法上要請される最低限の指示が守られているかのみを審査することを是とするのかの立場の違いがある。

第4章　連邦憲法裁判所による
財産権保障の展開

　ここまで，憲法上の財産権の立脚点について，何がそのメルクマールとなる
か，それから何が違憲審査の際の規準点となるかを見てきた。続いて，違憲審
査がどのように行われるのかその審査枠組みを，連邦憲法裁判所の判例を素材
に分析する。憲法裁は，財産権に関してどのような審査枠組みを採るかについ
ては，大枠では比較的はっきりと示してきており，興味深い推移を経て，ほぼ
確立した枠組みを形成している。

　第1節では，判例による審査枠組みの出発点であった法制度保障審査（1. 第
一期）が，衡量審査の枠組みもまた用いられるようになってくる中で，次第にそ
の意味合いを変化させ（2. 第二期），最終的に用いられなくなり，衡量審査の中
に取り込まれる（3. 第三期）という，法制度保障審査から衡量審査への推移に
着目して，それぞれの段階で画期となった判例を取り上げる。同節は，判例ご
とに少しずつ変化していく審査の様子を捉えることに重きを置いている。その
ため，判決文の語句と，それが述べられている文脈，論理構造を正確に捉える
のに必要な限りで，訳文を載せている。

　次に，第2節では，衡量審査の現れとして展開されてきた比例原則審査の中
身について，より詳細に分析する。

第1節　衡量審査の確立まで

1. 第一期──法制度保障審査の始まり

〔1〕ハンブルク堤防整備法判決：BVerfGE 24, 367（1968年12月18日）──法制
度保障審査の原型の形成

　これは，洪水防止のための設備を整備する目的で堤防敷地に関わる所有権を
含む全ての権利を剥奪し，自由ハンザ都市ハンブルクの公有財産とすることを
規定した（2条, 4条）ハンブルク堤防整備法に従ってなされた公用収用が所有権

を侵害したとして，堤防敷地の所有権者が憲法異議を申し立てた事案である[1]。

　この判決は，ハンブルク堤防整備法を立法収用（Legalenteignung）を行うものと解し，その許容性について判示したため，当初はその観点から注目を集めた[2]。これに対して，そうした立法が憲法上許されるかを問う際の審査枠組みは，立法収用の要件，それに伴う補償の適切性に関する検討に先立って判示されていた。この判示部分に意識が向けられるようになったのは，財産権の審査枠組みについての議論がある程度なされるようになった後の段階でのことである。これまでの連邦憲法裁判例を整理するという視点から，振り返るようにして言及されるようになったのである。この判決で形作られた審査枠組みは，以下のような「法制度保障」を用いたものであった。

　「基本法14条1項1文は，私的財産権を法制度（Rechtsinstitut）及び個々の財産権者の手にある具体的形態においても保障する。財産権は，人格的自由の保障と内的関連を有する重要な基本権である。財産権に与えられた任務は，基本権の構造の中で，基本権の享有主体に財産法の領域における自由な領域を保ち，それにより，個々人に自己責任に基づく生活の形成を可能にすることである。法制度としての財産権は，この基本権の保護に資する。個人の基本権は，『財産権』という法制度を前提とする。立法者が，何か『財産権』の名にもはや値しないものを私的財産権とすることができるならば，この基本権は実効性のあるものとして保障されてはいない。法制度保障（Institutsgarantie）は，この基本権規定の意味において財産権として特徴付けられる諸規範の根本的存立（Grundbestand）を保障する。財産権の内容及び機能は，この場合，社会的・経済的諸関係への適応能力を有し，かつそれを必要としている。財産権の内容及び限界を憲法の根本的な価値決定に即して定めるのは，立法者の任務である（基本法14条1項2文）。法制度保障は，しかし，財産法の領域で基本権として保護された活動の根本的存立（elementarer Bestand）に属する領域が私法秩序から剥奪され，これに伴って基本権によって保護された自由の領域が廃棄又は本質的に削減されることを禁ずる。しかし，そのような事実関係は，洪水からの保護という，ここで決定的に重要な領域において，存在していない。財産権は，物の支配権の一つの型式であり，多様に考え得る物権法的関係についての包括的な概念である。物の支配権は，様々な視点やも

---

1) この判決について参照，柏﨑敏義「法律による公用収用と正当な補償──ハンブルク堤防整備法判決」ドイツ憲法判例研究会編『ドイツの憲法判例〔第2版〕』（信山社，2003年）308頁以下。

2) この観点から検討を行う判例評釈として，Vgl. Kurt Löwer, Grundrechtlicher Eigentumsschutz und Legalenteignung, NJW 1969, S. 832 ff.; Joachim Maiwald, Grenzen der Legalenteignung, NJW 1969, S. 1424 ff.

のの見方に従って形成され得る。民法上の所有権は，私的効用性と基本的な処分権限によって特徴付けられる。しかし，それと並んで，妥当している法秩序には，——財産権と呼ばれるにもかかわらず——私的効用性ではなく，外的効用性（Fremdnützigkeit）に向けられた物の支配権が，様々なやり方で存在する。このような性質の物は，たとえ国家の手にあり，基本的に私法秩序から取り出され，専ら『公的財産権』と称されるような公法上の物の支配権の下に置かれたとしても，これらの物が特別な公的目的にささげられ，この目的の拘束に関して，私的な処分可能性が完全にあるいは広く排除される場合には，少なくとも基本法 14 条 1 項 1 文によって保障された法制度の縮減は存在しない」[3]。

　この判決のポイントは，専ら法制度保障という理論を用いて立法者に拘束を及ぼそうとした点にある。この判決文から読み取れる法制度保障の内容は，「この基本権の意味において財産権として特徴付けられる諸規範の根本的存立を保障」し，「財産法の領域で基本権として保護された活動の根本的存立に属する領域が私法秩序から剥奪され，これに伴って基本権によって保護された自由の領域が廃棄又は本質的に削減されることを禁ずる」ということである。そして，そこでいう根本的存立に当たるものとして使われているのが，「民法上の所有権」についてのことに限られているが，「私的効用性と基本的な処分権限」である。ここで用いられている法制度保障については，「規範の根本的存続の保障」は「伝統的な立脚点」に基づくものであり，「所有権者の自由の保護」は「機能的な立脚点」に基づくものとして，「法制度保障の機能的及び伝統的なコンセプション」を示すものという整理がなされている[4]。この保護は，絶対的なものであり，その剥奪が衡量によって正当化される余地はもはやない[5]。この点で，後の〔3〕クラインガルテン決定とは異なる法制度保障が用いられている。私的効用性と基本的な処分権限があるかないかのどちらかだけが問題とされ，本判決では，私的効用性はないものとされた。しかし，結論として，そうした財産権の形成もまた，公的な目的があるうちは法制度保障に反しないとされた（「公共の財産権」öffentliches Eigentum [6] の肯定——つまり，法制度保障に違反するのは，公

---

3) BVerfGE 24, 367 (389 f.).

4) Jan-Reinard Sieckmann, Modelle des Eigentumsschutzes, 1998, S. 225 f.

5) Vgl. Ansgar Grochtmann, Die Normgeprägtheit des Art. 14 GG – Konsequenzen für die Eigentumsdogmatik, 2010, S. 197 f.

的目的なしに，私的効用性と基本的な処分権限が排除される場合のみである）。

2. 第二期——法制度保障審査と衡量審査の混在

〔2〕居住賃貸借解約保護法決定：BVerfGE 37, 132（1974 年 4 月 23 日）——衡量審査の萌芽

第一次解約保護法により，家賃値上げを目的とした解約が禁止され，その代わりに値上げを要求する手続が新たに導入された。この判決は，その手続によって値上げが認められなかった賃貸人らが憲法異議を申し立てた事案である。

財産権の審査枠組みについて，この決定は，以下のように判示した。

　立法者の規律権限は，多くの方向で制限されている。「立法者は，第一に，財産権保障の基礎的な内容を維持しなければならない。しかし，その他の憲法規範とも合致しなければならない。立法者は，基本法 14 条 1 項 2 文で付与された，財産権の内容と限界を定めるという委託の履行の際，社会モデルを実現するという課題の前にいる。社会モデルの規範的な要素は，一方で基本法 14 条 1 項 1 文による私的財産権の基本法上の承認から，他方で基本法 14 条 2 項の拘束力のある指針から生ずる。憲法の意味における私的財産権は，その法的な内容において私的効用性と基本的な処分権限によって特徴付けられる。しかし，その行使は，『同時に公共の福祉に役立つ』べきである。ここでは，財産権の対象物が社会的連関と社会的機能の中にあるということが前提とされる。この，公共体に方向付けられた使用は，財産権の対象物を使用せざるを得ない，法秩序で共に生きる同輩の利益の顧慮という要請をも含む。この要請を基本法 14 条 1 項 2 文に従って私法的な規範化の枠内で実現するのは，立法者の任務である。立法者は，ここでは，憲法上保障された自由と社会的に公正な財産権秩序という基本法の中にある弁証法的な関係の二つの要素を，同じように顧慮しなければならず，全ての関係者の保護に値する利益を適切な関係にしなければならない」[7]。このような観点から見ると，異議の対象とされた規定は，「むしろ賃貸借関係を継続しようとしている契約当事者の利害にとって適切である。一方で適切な家賃値上げ要求を実施し，他方では値上げ解約に伴う賃借人への負担を排除し，また過度の要求を貫徹するために解約告知権を濫用するのを妨げるのに適している」と判断された[8]。

ここでは，〔1〕ハンブルク堤防判決とは明らかに異なる判断の仕方がなされて

---

6) Vgl. Detlev Christian Dicke, Die verfassungsrechtliche Problematik des Hamburger Deichord-nungsgesetzes, DöV 1969, S. 556.

7) BVerfGE 37, 132 (140).

8) BVerfGE 37, 132 (141 f.).

第 4 章　連邦憲法裁判所による財産権保障の展開　143

おり，この判決は，次の〔3〕クラインガルテン決定への布石としての位置付けを
与えられ得る。この決定では，法制度保障という用語が使われておらず，それ
に代わるものとして財産権の「基礎的な内容」が維持されねばならないと述べ
られているにとどまる。しかも，立法者に対して拘束を及ぼす中心的な役割を
しているのは，その後に言及される「その他の憲法規範」の方である。それが，
「財産権の内容と限界を定めるという委託の履行」（基本法14条1項2文）の際に
立法者に課される「社会モデルを実現するという課題」である。この社会モデ
ルに関して，憲法から二つの要素が導かれている。一方の要素が，「基本法14
条1項1文による私的財産権の基本法上の承認」から生ずるものであり，その
「憲法の意味における私的財産権」の内容として「私的効用性と基本的な処分権
限」が挙げられている。他方の要素が，「基本法14条2項の拘束力のある指針
から生ずる」ものであり，それにより，財産権の行使が「公共の福祉」に資する
こと，つまり，財産権の対象物の「社会的関連性と社会的機能」を顧慮すること
が求められる。例えば，具体的には，次のようなことが憲法上重要であると考
えられている[9]。賃貸借法の規制に，部分的に所有権者自身によって居住され
る一戸建てが関係するのか，それとも，多世帯住宅が関係するのかということ
である。またどの程度，賃借人にとってその住居が欠かせないものであるか，
すなわち，住宅難の程度や，賃借人の経済的，人格的状況が，憲法上，取扱いの
細分化のきっかけを与える。

　これらを顧慮しながら，上記の二つの要素の適切な関係が構築されているか
どうかが審査されることになるのである。振り返ってみると，この「決定以来，
今日でもなお妥当する意味における財産権的基本権の衡量要請の最終的な形成
により，これより古い判決は時代遅れになった」[10]と評されている。

---

9) Vgl. Hans Lothar Graf, Die Vergleichsmiete in verfassungsrechtlicher Sicht, NJW 1976, S. 1481.

10) A. Grochtmann, a.a.O. (Anm. 5), S. 131. なお，Jörg Berkemann, in: Dieter C. Umbach/Thomas Clemens (Hrsg.), Grundgesetz, Mitarbeiterkommentar und Handbuch, Bd. 1, 2002, Art. 14 Rn. 304は，1969年に出されたBVerfGE 25, 112 (117) において，既に，暗示的に，事態に適合的な衡量のモデルが見られると指摘する。BVerfGE 143, 246 (324) （この判決について参照，平良小百合「脱原発を促進する第13次原子力法改正法と憲法上の財産権保障」山口経済学雑誌66巻3号（2017年）53頁以下）でも，衡量審査に関してこの決定が挙げられている。

〔3〕クラインガルテン決定：BVerfGE 52, 1（1979年6月12日）——衡量審査と法制度保障審査相当の審査（現在につながる審査枠組みの基礎）

この決定で問題となったのは，クラインガルテン（小菜園）の賃貸借に関して，解約可能性や価格統制等の様々な規制を定める法律の憲法適合性である（結果は違憲）。

この決定と後に取り上げる近年の憲法裁の判例を比較すると，変更されていく点はあるものの，既にこの時点で，近年の憲法裁による財産権保障の枠組みの基本型が完成していることが分かる。

憲法裁は，立法者の憲法による拘束に関して，まず，上記〔2〕決定で示された「社会モデルを実現するという課題」に言及した後，以下のように述べている。

「立法者は，基本法14条1項2文の意味における規律の際，憲法上保障された法的地位と社会的に公正な財産権秩序との基本法に置かれた関係の二つの要素を同じように顧慮しなければならない。立法者は，関係者の保護に値する利益を適切に調整し，均衡のとれた関係にしなければならない。一方の優遇や冷遇は，社会的に拘束された私的財産権という憲法上の観念に合致しない。比例原則への立法者の拘束は，このことに対応している。公共の利益は，財産権者に課せられる制限の根拠であるのみならず，限界でもある。憲法の前で存在するために，その制限は，規律される事実領域によって要請され，その内容形成において事態に適合的で（sachgerecht）なければならない。財産権者の権限の制限は，規定がそれに資する保護目的を超えてはならない。ただし，このことは，その時々の規準が，全ての時に，全ての関係において同じ重みを有していなければならないということを意味するのではない。戦時や非常時において正当化される規律は，変化した経済的・社会的状況の下では，異なった憲法上の評価を受け得る。しかし，全ての場合に，憲法上の保障は，財産権の実質（Substanz）の保持と，基本法3条1項の平等要請の顧慮を要請する。これらの原則に，問題となっている規定は対応していない。述べられている規律の要素の結合は，過剰な，財産権の憲法上の保障と両立し得ない私人の貸主の負荷に至る。このことを超えて，許可の留保は，法治国家の要請にも矛盾している」。……「基本法14条1項1文によって保障された財産権は，その法的な内容において，財産権者の私的効用性と財産権の対象の基本的な処分権限によって特徴付けられる。それは，財産権者にとって，私的イニシアティブの基礎として，及び自己責任に基づく私的利益において有益であるべきである」。……「この規律体系は，それが基本法14条2項の意味における根拠によって比例原則の顧慮の下で正当化される場合にのみ存続することができる。そのような根拠は存在しない」。これに引き続き，比例原則審査の中で，社会的関連性と社会的機能が考慮に

第4章 連邦憲法裁判所による財産権保障の展開　145

入れられている[11]。

　本決定では，社会モデルを実現するという課題に際して立法者が顧慮すべき
基本法上の要素として，「憲法上保障された法的地位と社会的に公正な財産権
秩序」というものが挙げられている。そして，立法者には，これらを同じよう
に顧慮すること，すなわち，「関係者の保護に値する利益を適切に調整し，均衡
のとれた関係に」することが求められる。この部分は，〔2〕居住賃貸借解約保護
法決定の「憲法上保障された自由と社会的に公正な財産権秩序」という基本法
上の要素を同じように顧慮し，「全ての関係者の保護に値する利益を適切な関
係にしなければならない」という判示部分を引き継いだものと言える[12]。さら
に，本決定では，この基本法上の二つの要素の衡量が，「比例原則への立法者の
拘束」に対応するものであるということが明確に述べられた。また，これらの
要素は，それぞれ「私的効用性と財産権の対象の基本的な処分権限」及び「社会
的関連性と社会的機能」であることが示されている。前者は，より詳細に，「財
産権者にとって，私的イニシアティブの基礎として，及び自己責任に基づく私
的利益において有益であるべき」ことと言い換えられている[13]。

　さらに，本決定では，この衡量審査に入る前に，「財産権の実質（Substanz）の
保持と基本法 3 条 1 項の平等要請の顧慮」もなされねばならないということも
述べている。〔2〕決定でも，「財産権保障の基礎的な内容を維持しなければなら
ない」ということは言われていたが，その審査は行われていなかったのと異な
る点である。「財産権の実質」は，本件のように「財産権の憲法上の保障と両立
し得ない私人の貸主の負荷に至る」場合に損なわれることになる。そして，「財
産権の憲法上の保障」とは何かというと，衡量の際の要素がそれに当たると考
えられているようである。本決定では，法制度保障という用語は用いられてい
ないが，それに相当する審査が行われていると言える[14]。

---

11) BVerfGE 52, 1 (29 ff.).

12) こう指摘する判例評釈として，Vgl. Hermann Weber, Rechtsprechungsübersicht, JuS 1981, S.
　　143.

13) この定義は，既に 1979 年に出された共同決定判決 BVerfGE 50, 290 (339) でなされていた。この
　　判決について参照，後藤清「西独共同決定法合憲判決について」ジュリスト 694 号（1979 年）105 頁
　　以下，三枝一雄「一九七六年西ドイツ共同決定法違憲の申立について──その経過，背景，内容な
　　ど」法律論叢 52 巻 5 号（1980 年）117 頁以下，栗城壽夫「所有権等の規制と立法者の予測──共同
　　決定判決」ドイツ憲法判例研究会『ドイツの憲法判例〔第 2 版〕』（信山社，2003 年）302 頁以下。

このように，本決定では，衡量審査と法制度保障審査の二つが憲法上の要素の措定という点で重なり合いながら行われている。すなわち，憲法上措定される要素は，「衡量審査の際の要素という役割」と「侵されてはならない財産権の実質の具体的な内容を示す役割」という二つの役割を担わされることになっているのである。このため，ここで示されている保障枠組みは，〔1〕ハンブルク堤防整備法判決で用いられている「法制度保障の機能的及び伝統的なコンセプション」を示す法制度保障とは区別される，「法制度保障としての衡量モデル」であると指摘されている[15]。

〔4〕砂利採取決定：BVerfGE 58, 300（1981年7月15日）——衡量審査と法制度保障審査（考慮要素の明確化）

本件の事案は次のとおりである。砂利採取業を営んでいた業者が水保護地区の中での砂利採取の継続のために水管理法上の許可を申請したところ，不許可とされた。そこで，業者は損失補償を求めて出訴した。補償に関する裁判の過程で，連邦通常裁判所は，地下水との関係における土地所有権の内容を定める水管理法の規定が基本法14条1項2文と一致しない疑いがあるとして，憲法裁に移送した。

この決定は，今日につながる財産権保障の構造を規定する枠組みを作り上げたことでよく知られているものである[16]。

---

14) Helmut Bäumler, Enteignungstheorien, DöV 1980, S. 340 では，立法者の内容形成権限の最も外側の限界を設定するものとして，この審査を好意的に評価している。

15) Vgl. J.-R. Sieckmann, a.a.O. (Anm. 4), S. 224. それゆえ，財産権の実質の有無が問題とされるのではなく，最も外側の限界の枠内では，「立法者には，社会政策的形成の広い領域が与えられる」ことになり，その形成余地を超えたかどうかが衡量審査（比例原則審査）によって審査されることとなるのである（H. Bäumler, a.a.O. (Anm. 14), S. 340）。

16) この決定が出された当時，「財産権の内在的な構造についての差し当たり最後の指導的判例」であると評価されていた（Gunther Schwerdtfeger, Eigentumsgarantie, Inhaltsbestimmung und Enteignung - BVerfGE 58, 300 („Naßauskiesung"), JuS 1983, S. 105）。
　　　この決定について参照，西埜章「憲法上の所有権概念と地下水利用権——砂利採取事件」ドイツ憲法判例研究会編『ドイツの憲法判例〔第2版〕』（信山社，2003年）313頁以下，川崎和代「西ドイツにおける財産権制限の法理——連邦憲法裁判所判決を中心に」大阪女子学園短期大学紀要28号（1984年）49頁以下，高橋寿一「所有権制限法理の展開——西ドイツにおける近年の所有権概念の変遷をふまえて」一橋研究9巻2号（1984年）62頁以下。

本決定は，財産権保障に拘束のパラドックスが存在することをはっきりと示した点に特徴がある。すなわち，一方では，「憲法によって保障されている財産権の概念は，憲法自体から導かれなければならない。憲法の下位に位置する通常の法規範から，憲法上の意味における財産権概念が導かれることはないし，私法的な法的地位から具体的財産権の保障の外延が規定されることはない」[17]とし，他方では，「いかなる権限が特定の時点において財産権者に具体的に与えられるのかは，……その時点において妥当する，財産権者の地位を規律する全ての法律上の規定を総覧することによって明らかとなる。……財産権の内容を確定する憲法に適合した法律の全体から，基本法14条1項の保障する現存保障の対象及び範囲が明らかになり，それと同時に，どのような場合に，補償を要する権利剥奪が生ずるのかが明らかとなる」[18]とした。このパラドックスが存在するにもかかわらず憲法上の保障を及ぼすためには，後者の要素の存在があるにもかかわらず，憲法による立法者の拘束があることを示さねばならない。この点，前者の言明における「憲法上の意味における財産権概念」というものがより具体的な形で明確にされていれば問題は解消するのであるが，本決定ではその作業はなされていない。

　その代わりに，本決定でも他の判例と同様に憲法による立法者の拘束がどのようになされるのかという検討がなされている。

　　まず，「立法者は，基本法14条1項2文において与えられた，財産権の内容と限界を定めるという任務の遂行の際，基本法14条1項1文による私的財産権の承認も，基本法14条2項の社会的要請も顧慮しなければならない。財産権者の権限の限定の際には，立法者には，――連邦憲法裁判所が何度も述べてきたように――限界が定められる。本事例では，地下水の利用の権限が原則的に土地所有権から分離され，公法秩序の下にあるということにより，財産権保障が侵害されていないかどうかということが規準となる」[19]。

　ここでは，「私的財産権」と「社会的要請」との間の衡量がなされるということが一般的な形で述べられている。

　次に，その衡量審査の中の一環として，法制度保障に基づく拘束があること

---

17) BVerfGE 58, 300 (335).

18) BVerfGE 58, 300 (336).

19) BVerfGE 58, 300 (338 f.).

が示されている[20]。

　すなわち,「法制度（Rechtseinrichtung）としての私的財産権の保障は，確かに，財産法の領域で基本権として保護された活動の根本的存立に属する事実領域が私法秩序から剥奪され，これに伴って基本権によって保護された自由の領域が廃棄又は本質的に削減されることを禁ずる。しかし，そのことからは，全ての法益が憲法によって私法的な支配の下に置かれねばならないということは生じない。法制度の保障は，一般公衆のために，生きるために必要な利益が卓越した公共の利益の保護のため，そして，危険からの防御のために私法秩序の下ではなく，公法秩序の下に置かれる場合には，侵害されない」[21]。

　ここでは,〔1〕ハンブルク堤防整備法判決が用いたのと同じ法制度保障の理解が示されているものの,それが衡量審査と結び付いている[22]点で違いがある。

　このような一般的な説示の後で法律上の規定に対する審査が行われている[23]。「第一に，土地所有権が『完全な社会的拘束』の下に置かれるために，水管理法が『土地所有権の実質を空にすること（Substanzentleerung）』になるという見方は適切でない。所有権者は，官庁の同意によってのみ地下水に影響を及ぼすことが許されているので，〔水管理法下における〕土地所有権には，私的効用性と基本的な処分権限というメルクマールは欠けていない。」第二に，「異議が申し立てられた規定は，基本法3条1項の平等要請にも違反しない」。第三に，「異議が申し立てられた規定は，比例原則にも違反しない」。

　先の〔3〕クラインガルテン決定と比較すると，法制度保障という用語が再び使用された点に違いがある。もっとも，クラインガルテン決定では，代わりに，「財産権の実質の保持」が説かれており，この点は，本決定でも「土地所有権の実質を空にすること」があってはならないというように受け継がれている。そして，〔3〕決定でははっきりとしなかったが，本決定では土地所有権の実質のメルクマール（考慮要素）は,「私的効用性と基本的な処分権限」であるということ

20）こうした「内容を規定する立法者への形成の指示（Gestaltungsdirektiven）を与えることにより，ワイマール憲法の時代から知られていた『制度的保障』は，新たな装いを呈するように見える」という（G. Schwerdtfeger. a.a.O. (Anm. 16), S. 107）。

21）BVerfGE 58, 300 (339).

22）こう指摘する評釈として, Vgl. Helmut Rittstieg, Grundgesetz und Eigentum, NJW 1982, S. 723.

23）BVerfGE 58, 300 (345 ff.).

が明確に示されている。そして，衡量という大きな枠組みの中に，核心領域の保護という観点からの法制度保障審査（実質の保持）と平等原則審査，比例原則審査が入っているという組立ての仕方も変わらない。

3. 第三期──衡量審査への一本化

上記のように，〔3〕クラインガルテン決定で，財産権保障の審査枠組みについて現在につながる基礎が構築され，〔4〕砂利採取決定において，それが引き継がれ，さらに，考慮要素が明確化された。その後，1990年代終わり以降になると，さらに，法制度保障審査は衡量審査と完全に一体化して消滅してしまう。それが，はっきりと表れた最初の判例が，次に取り上げる史跡保護決定である。

〔5〕史跡保護決定：BVerfGE 100, 226（1999年3月2日）（次節でより詳細に取り上げている）

これは史跡保護・保全法が，「文化史跡を所有権者が改修，あるいは取り壊そうとする場合，行政庁の許可を得なければならない」（13条）などと定めているところ，19世紀末頃に住居として建てられた邸宅の所有権者が，取壊しの許可申請をし，却下されたのに対して，行政訴訟を提起し，上級行政裁判所が本法の規定は違憲の疑いがあるとして憲法裁に移送した事案である。

立法者の憲法による拘束について，本決定は次のように述べている[24]。

「立法者は，財産権の内容及び限界を定める場合には，財産権者の保護されるべき利益と公共の福祉の利益とを適切に調整し，均衡のとれた関係をもたらさなければならない。その際，立法者は，全ての他の憲法規範と合致していなければならない。特に立法者は，憲法上の比例原則及び基本法3条1項の平等原則に拘束される。一般公益は，財産権に課される負担の根拠であるのみならず，限界でもある。財産権者の権限の制限は，その規定が資する保護目的を超えるものとなっていてはならない。その際，財産権保障の核心領域が空洞化されてはならない。ここには，私的効用性，すなわち，私的イニシアティブの基礎として有用な財産権対象物の権利主体への帰属や，財産権の対象についての基本的な処分権限が含まれる」。……「財産権者の利益の顧慮を……定めていない規定は，それによって侵害される財産権者の権利を特定の事案の型にお

---

24) BVerfGE 100, 226 (240 ff.). この決定について参照，玉蟲由樹「財産権制約と調整義務──史跡保護決定」ドイツ憲法判例研究会編『ドイツの憲法判例Ⅲ』（信山社，2008年）339頁以下。

いて，均衡のとれていない形で強く制限している」。

すなわち，「私的効用性」及び「基本的な処分権限」という憲法上の要素を措定しての衡量審査と結び付けられた比例原則審査及び平等原則審査が行われている。そこでは，法制度保障という用語は用いられていない。

4. 判例分析のまとめ

これまでの判例の分析を通して明らかになったのは，次のような判例の推移である。

初めに用いられていた法制度保障審査は，「基本権規定の意味において財産権として特徴付けられる諸規範の根本的存立」を保障するものと理解されていた（〔1〕判決）。これは専ら核心領域の保護という観点からの法制度保障審査である。しかし徐々に，こうした観点からではなく，対立利益との衡量という視点からの審査がなされるようになってきた。この流れは，〔2〕決定に端を発し，〔3〕決定に引き継がれる（「立法者は，基本法14条1項2文の意味における規律の際，憲法上保障された法的地位と社会的に公正な財産権秩序との基本法に置かれた関係の二つの要素を同じように顧慮しなければならない。立法者は，関係者の保護に値する利益を適切に調整し，均衡のとれた関係にしなければならない」）。今引用した判示事項は，〔4〕決定ではそのままの形で見られないものの（代わりに「立法者は，基本法14条1項2文において与えられた，財産権の内容と限界を定めるという任務の遂行の際，基本法14条1項1文による私的財産権の承認も，基本法14条2項の社会的要請も顧慮しなければならない」という判示がなされている），その後も維持され[25]，「立法者は，財産権の内容及び限界を定める場合には，財産権者の保護されるべき利益と公共の福祉の利益とを適切に調整し，均衡のとれた関係をもたらさなければならない」とする近年の〔5〕決定以降も受け継がれていくものである[26]。これは憲法上の要素の衡量という保障枠組みを採るものとまとめられる。

では，〔1〕判決でなされていた法制度保障審査は，その後どうなったか。これ

---

[25] Vgl. BVerfGE 68, 361 (368); 81, 12 (17); 81, 208 (221); 91, 294 (308, 310).

[26]〔2〕・〔3〕決定では，調整対象が「関係者の保護に値する利益」であり，〔4〕・〔5〕決定では，調整対象の一方が，「社会的要請」，「公共の福祉の利益」とされているという差異があるものの，前者は後者に含まれ得るものであり，保障枠組みの構造は同じである。

第4章　連邦憲法裁判所による財産権保障の展開　151

は，〔3〕決定に「財産権の実質の保持」という形で引き継がれ，〔4〕決定で，〔1〕判決と同じフレーズが復活していた。しかし，先に述べたような観点の変化にともなって，法制度保障の意義も変容していく。〔3〕決定及び〔4〕決定では，「法制度保障」審査と「憲法上の要素の衡量」との両方がなされたが，この二つは，「法制度保障の実質ないし根本的存立」及び「衡量される憲法上の要素の一方」が共に，「私的効用性と基本的な処分権限」であるとされることにより，渾然一体のものとなっていた。そこでは，法制度保障審査は，衡量審査の中の一環としてなされている。そして，〔5〕決定では，法制度保障という用語自体が消え，「憲法上の要素の衡量」しかなされていない。

　もっとも，振り返ってみると，今日もはや維持されていない法制度保障審査の構造の中には，衡量審査につながる重要な考え方もまた存在していた。それは，衡量される憲法上の要素の獲得に関わる。「基本法14条1項1文と14条2項の乏しい文言から，立法者の形成余地の輪郭を描く，衡量を指示するものが，連邦憲法裁によって導出され得るということは，不思議なことではない。というのは，ドグマーティク上の法形態（Rechtsfigur）として法制度保障を推論するということが既に大部分で受け入れられていたのであれば，連邦憲法裁判所には，比例性審査の基準として援用され得る客観法的な価値決定をも基本法14条1項1文及び14条2項から導出することが禁じられ得ないからである」[27]。すなわち，法制度保障審査を行う判例の蓄積とそれを大方受け入れてきたドイツの財産権論によって，基本法14条1項1文・2項から客観法的な価値決定（保障内容）としての考慮要素を導き出す理論的な基礎が作られていたのである。

第2節　衡量審査の展開──比例原則審査

1. 比例原則審査の構造分析

　ここでは，財産権保障における比例原則審査の構造を詳しく分析するために，史跡保護決定（BVerfGE 100, 226）及び建築予定地整備決定（BVerfGE 104, 1）を特に取り上げる。

---

27) A. Grochtmann, a.a.O. (Anm. 5), S. 168 f.

(1) 史跡保護決定における審査枠組み

初めに取り上げる史跡保護決定は，これまでの裁判所の判決を更に確固たるものにするものであり，憲法上の財産権論にとって，基本的な意義を有するものと位置付けられている[28]。

これより，具体的事案に即した比例原則審査の構造に細かく立ち入るため，まず，事案の詳細な確認をしておく。ラインラント－プファルツ州では，史跡保護・保全法（DSchPflG：以下「法」とする）3条により，その維持と保存について公的な文化史的利益のある「過去の時代の物」は，文化史跡と指定される。文化史跡は，法2条1項によれば，その所有権者によって維持され，保全されねばならない。そして，それが行政によって形式上保護の下に置かれた場合には，行政庁の許可を得てのみ，改修や取壊しがなされてもよいと定められている（法8条，13条）。改修の場合と取壊しの場合とは許可の出し方に違いがあり，改修申請については，行政庁は覊束的判断に基づいて決定するのに対し，文化史跡の取壊しは，公的な利益のためにのみ許可されてよいと定められている（法13条1項）。ここには，文化史跡の所有権者の利益を顧慮する定めは何らなされていなかった。

ただし，別の箇所で所有権者の利益を顧慮した定めもなされている。法30条1項1号では，文化史跡が所有権者に要求できる限度の他の方法では維持され得ないときには，収用という方法をとってもよいことが定められている。そして，法31条1項1文は，このように，史跡保護措置によって所有権者が土地を従来どおりには使用できず，経済的な利用可能性が重大な制限を受けるときには，所有権者に対して補償をしなければならないことを定めている。こうした適切な補償は，史跡保護措置が「それ以外の方法で収用的に作用する」場合にもなされなければならない（法31条1項2文）。

原告は，19世紀末に建てられた宮殿のように豪壮な取締役の居住用建物と，それが建てられている土地を所有する工業会社である。建物は，1981年以降は空き家となった。原告は，1981年にこの建物の取壊しの許可を申請した。それは，この建物には会社のための使い道がもはやなく，その他の有意義な使用法

---

28) Vgl. Gerhard Roller, Enteignung, ausgleichspflichtige Inhaltsbestimmung und salvatorische Klauseln, NJW 2001, S. 1006.

や賃貸の方法を長い間模索したが失敗に終わり，さらに，保存のためには過大なエネルギー費用及び修理費用が必要となるからである。また，博物館としての使用のために郡に無償で引き取ってもらうことも検討されたが，そのためには単に維持，保存するよりも莫大な費用がかかるため断念されたのであった。

取壊しの許可申請に対して，史跡専門官庁は，この建物を文化史跡として保護下に置くことを，下級史跡保護庁に指示し，1983年にこの建物は形式上保護の下に置かれた。そして，史跡保護庁は，原告の申請を却下した。この建物は有用性がなく，家屋敷の保持は高額な維持費用がかかるため不経済であるということは，法13条1項2文に従った決定の際に顧慮され得ないものだというのである。

これに対して原告が行政訴訟を提起し，控訴裁判所が憲法裁に移送して下されたのが本決定である（1999年3月2日）。

憲法裁は，先に見たように，まず審査枠組みの大枠を示している[29]（第4章第1節3.）。

その上で，憲法裁は，一般的場合に，当該法律が憲法に適合するかどうかを審査し，次に，私的効用性が完全に失われ，もはや財産権とは呼べないような過酷な事態となり得る例外的場合に，当該法律が憲法に適合するかどうかを審査した[30]。

一般的場合について，憲法裁は，根拠を何も示すことなく，結論部分のみを述べ適合性・必要性・狭義の比例性からなる比例原則を満たすことを肯定した[31]。審査の重点はここにはなく，この簡単な審査に言及する評釈は，特に批判的なコメントはしていない[32]。

他方で，例外的場合については，狭義の比例性審査による審査が念入りに行われた。ここで問題となる史跡保護・保全法によって形成された権利は，私的効用性がほとんどない所有権であることに加え，さらに，その所有権を保有し

29）Vgl. BVerfGE 100, 226 (240).

30）この構造を簡潔に示すものとして，Vgl. Michael Sachs, Vereinbarkeit denkmalschutzrechtlicher Regelungen mit der Eigentumsgarantie, JuS 2000, S. 399.

31）Vgl. BVerfGE 100, 226 (242).

32）Vgl. M. Sachs, a.a.O. (Anm. 30), S. 399; Christoph Külpmann, Der Schutz des Eigentumsbestandes durch Art. 14 I GG – BVerfGE 100, 226, JuS 2000, S. 648.

ていることにより，法律上保存義務が課せられている。そのため，所有権者のみが公益を背負わなければならず，負担を負わされることになる。所有権者の「法的地位は，それにより，『財産権』という名にはもはや値しない状態に近付く。取壊しの許可の拒否を甘受することを要求することはもはやできない」[33]。つまり，ここでは，本事案のような財産権の形成により，所有権者に及ぶ不利益と文化史跡保護という公益との比例性が問われ，それが否定されている。所有権者に及ぶあらゆる不利益を想定した上で，法律が使用権限の制限について必要となる所有権者の利益の顧慮をしていなかった点に，違憲の核心があると評されている[34]。例えば，「財産権者に対する過度の負担を防ぎ，財産の私的効用性を可能な限り広範に維持する措置」として，「経過規定，例外規定及び免除規定並びにその他の行政的・技術的措置を用いることが可能である」ことが本決定によって指摘されている[35]。さらに，金銭による補償も調整の一手法として考えられるが，それはごく限られた場合に許されるのみである[36]。内容・限界規定を形成する際に，このように，例外的場合に財産権者の利益のための何らかの措置が要請されるということは，「補償を要する内容・限界規定」というカテゴリーで捉えられており，ドイツでは，それについての議論が盛んに行われている（詳しくは，参照第6章第1節2.）。

　なお，例外的場合というのは，個々の事案に現れる予想外の特殊な場合を指しているのではなく，想定され得る一定の過酷な場合（「確定された類型（bestimmte Fallgruppen）」[37]）を指す。本決定の判断も，本件の事案との関係でのみ下されたものではない。「史跡保護・保全法13条1項2文の違憲性は，既に，その規範が所有権者の比例性にかなっていない負担を排除せず，そのような所有権の制限を回避するためのいかなる措置も含んでいないということから生ずる」[38]というのである。そこでは，行政裁判所からの移送による法律の憲法適合性についての判断の求めに応じて（具体的規範統制），法律の規定自体，すなわち，

---

33) Vgl. BVerfGE 100, 226 (243).

34) Vgl. G. Roller, a.a.O. (Anm. 28), S. 1008.

35) Vgl BVerfGE 100, 226 (245).

36) Ebenda.

37) Vgl. G. Roller, a.a.O. (Anm. 28), S. 1008.

38) BVerfGE 100, 226 (243).

そうした法制度の形成の在り方自体が憲法によって統制されているのである。

このように，本決定の行っている審査枠組みを丁寧に読み込んでいくと，そこでは，実質的には，財産権の保護領域への介入に対する正当化という枠組みとは異なるものが用いられているということができる。

(2) 建築予定地整備決定の審査枠組み

次に取り上げるのは，建築予定地整備決定（建設法典（BauGB）47条）及びそれを認めた裁判所の決定に対する憲法異議が提起された事案である。憲法異議の申立人は，建築予定地整備について定めている建設法典45条以下が憲法に違反していることを主張し，それについて判断が下された（2001年5月22日）。

建築予定地整備とは，地区詳細計画（Bプラン）の適用領域及びその関係において建築可能な集落の一部の内部において，特定の地域の開発や新たな形成のために，建物が建っている土地や建っていない土地が，状態，形態，大きさに応じて，建築のため，あるいは別の利用のために目的に合致して形成された土地が出来上がるような方法で新たに整備されることをいう（建設法典45条）。それは，Bプランの実現のために直ちに必要である場合にのみ，指示され遂行される（建設法典46条1項）。土地所有者らが，Bプランに対応する土地の新秩序をもたらす準備ができ，その実行が可能な状態にある場合には，建築予定地整備は必要ない。土地所有者らの間で合意ができない場合に，建築予定地整備は，整備される地区が示され，そこに所在する土地が個々に挙げられる決定によって開始される（建設法典47条）。

基本法14条違反を申し立てた異議申立人らは，その開始決定によって確定された建築予定地整備地区に所在する土地の所有者である。申立人らは，建築予定地整備決定の破棄を求めたが，原審（上級地方裁判所・連邦最高裁判所）は，いずれも訴えを退けた。そこで，憲法異議が申し立てられたのである。申立人らは，建築予定地整備を基本法14条3項の意味における収用であるとして，建設法典45条以下が14条3項に定められた，収用が憲法適合的に行われるための要件を満たしていないと主張していた。

これに対して，憲法裁は，建築予定地整備は収用ではなく，基本法14条1項2文の意味における財産権の内容・限界規定であることを明確に述べた（この区別について，参照，第6章第1節1.）。それは，建築予定地整備が，市民間の利益

の調整に資するものであり，市民と国民の間の利益の調整を対象としているのではないという理由による。

この内容・限界規定が憲法に適合しているかどうかを審査する際，憲法裁は，「立法者には，内容・限界規定の権限を行使する際には，特に関係者の利益を適切に調整し，均衡のとれた関係にすることが義務付けられる」という衡量の定式を持ち出した[39]。本決定の事案では，まず，そもそも建設法典45条以下のような内容・限界規定を立法者が定めることの正当性を，「それらの規定が土地の新整備を計画に沿った建築利用という目的のために可能にする」ことから肯定した後で，この衡量審査を展開した[40]。

ここで，注目すべきことは，史跡保護決定においては一応形だけはなされていた適合性・必要性・狭義の比例性から成る完全な比例原則審査が，本決定においてはなされなかったことである[41]。「建築予定地整備に関する規定が，土地所有者の利益を十分に考慮した，適切な利益の調整を行っている」かどうかということが，本決定の憲法適合性審査の決め手となっている。建築予定地整備により，所有権者は，これまでの土地を完全に，あるいは部分的に失うという負担，さらに，建築領域の開発のために必要な建造のために，土地からの退去を甘受しなければならない（建設法典55条2項）という負担を有することになる。しかし，憲法裁によれば，「これらの建築予定地整備と結び付けられる負担は，建築予定地整備と結び付けられる利益と適切な関係にある」。それは，以下のような理由に基づく。①まず，全ての所有権者は，建設法典56条1項1文，59条1項に基づいて，基本的に，現物か，以前有していた土地の価値かのいずれかの形で，建築予定地の配分請求権を有しているということ。②その上，再び手に入れられる土地所有権は，通常は，以前の土地よりも価値が上がってい

---

39) Vgl. BVerfGE 104, 1 (11).

40) Vgl. BVerfGE 104, 1 (12 ff.).

41) 立法者が，そもそも建設法典45条以下のような内容・限界規定を定めることの正当性を検討している上記の部分を，規律目的に手段としての内容・限界規定が資するかどうかを審査する適合性審査と捉えることもできそうである。しかし，本件の場合，そのような規定を定めることが，財産権保障それ自体の実現という目的に資することが判示されているため（これについて詳しくは，Vgl. Evelyn Haas, Die Baulandumlegung – Inhalts- und Schrankenbestimmung des Eigentums, NVwZ 2002, S. 276 f.），通常の基本権の場合の比例原則審査における適合性審査とは異なっているように思われる。

るであろうということ。③立法者は，土地の形態の維持やこれまでの利用についての個々の所有権者の保護に値する利益が特に考慮され得るということについて配慮もしているということ，である。

　ここで，なぜ，完全な比例原則審査がなされなかったのか，その理由をこの事案に即して考えてみると，次のような理解が基礎となっているように思われる。すなわち，「基本法14条1項1文は，建築権限の『計画規定』（*planerische Regelung*）と対立していない。というのは，この方法で，具体的状態から生ずる公益と，関係する所有権者の私益とが，適切に調整され得るからである」[42]。そうした規定は，全体として見た場合，14条1項1文の財産権に対抗するというよりもむしろ，適切な土地の整備計画を規定することで，法秩序によって建築の自由の基盤を整え，ひいては土地所有権の私的効用性を増大させることになる。上記の判示部分は，建築予定地整備に反対する所有権者の土地について見た場合にも，①〜③の事由が認められることから，適切に私的効用性が実現されているということが審査されたのだと読み解くこともできるであろう[43]。これに対して，先に見た史跡保護決定の場合，取壊しに許可を要求する規定は史跡保護という公益と所有権者の私益との調整を行っているとも捉えることができるものの，当該規定とあらかじめ有している土地・建物所有権との対立という構図が描きやすいように思われる。ここに両者の外形的な審査枠組みが異なるものとなった要因があると推察される。

(3)　財産権理論モデルを用いた判例理論の分析

　ここまで，財産権保障が問題となる場合に判例がいかなる審査枠組みを採っているのかを分析してきた。理論的に言えば，審査枠組みの選択は，その基礎にある財産権保障の憲法上の立脚点についてどのように考えるかということに左右される。保護領域としての憲法上自立的な財産権概念を観念することができると考えるならば，その時点で，財産権の保障のなされ方は，法律依存性を有しない通常の基本権保障の場合と同じく，法律に先行して存在する憲法上の財産権に対する法律による介入を正当化できるかどうかが審査されることにな

---

[42] Josef Christ, Die Umlegung als Instrument des privatnützigen Ausgleichs der Eigentümerinteressen, DVBl. 2002, S. 1526.

[43] Vgl. ebenda, S. 1526.

る。そこでは，憲法上の財産権への介入の度合いは目的の達成に必要な最低限度にとどめられることが比例原則により要請され，審査の重要なポイントとなる。これに対して，保護領域としての憲法上自立的な財産権概念を観念することができないと考えるならば，法律による介入もまた観念され得ない。そこで審査枠組みも通常の基本権の場合と異なり，審査対象となる法律による財産権の形成のなされ方そのものを問う枠組みが採られることになる。

　しかしながら，以下で述べるように，判例は，そのよって立つ財産権保障の憲法上の立脚点を明確にしておらず，しかも，審査枠組みも理論的に一貫した純粋な形で構築されているわけではない。ただし，いくつかの部分では，行為自由的財産権モデル（モデル 3 ）又は憲法上の考慮要素モデル（モデル 4 ）と整合する判示が見られる（モデルについては第3章参照）。

① 財産権概念の機能的な理解に関して

　憲法裁は，砂利採取決定で，「憲法上の財産権概念」の存在に言及したのであるが，他方で，「財産権の内容を確定する憲法に適合した法律の全体から，基本法14条 1 項の保障する現存保障の対象及び範囲が明らかにな」るという一見矛盾しているように見える二つの判示を行った[44]。つまり，具体的に何が憲法上の財産権に当たるのかということは，憲法上明らかではない。そうした中，判例は，実体的な理解ではなく財産権の目的と機能を顧慮する機能的な理解を示すようになってきたということは先に見たとおりである（第 3 章第 1 節 1 .）。そのような展開の中に，行為自由的財産権モデルとも考慮要素モデルとも結び付き得る思考を推察することができるように思われる。財産権の目的と機能を顧慮すると，基本法14条には，「基本権の構造の中で，基本権の享有主体に財産法の領域における自由な領域を保ち，それにより，個々人に自己責任に基づく生活の形成を可能にする」[45]という任務が付与される。一方では，こうした憲法裁判決の描写は，財産権保障を行為自由や人格的発展の自由という他の基本権の保障と同列に置くものだとモデル 3 の提唱者によって評されている[46]。他方で，こうした機能的な考え方の構造それ自体は，考慮要素モデルのように実

---

44) Vgl. BVerfGE 58, 300 (335 f.).

45) BVerfGE 24, 367 (389).

46) Matthias Cornils, Die Ausgestaltung der Grundrechte, 2005, S. 264.

体的な財産権概念は観念し得ず，考慮要素のみの存在を認めれば足りるとすることと，より整合的である。この中間に，内容形成原理（Ausgestaltungsprinzip）として，「基本権の全体構造の中における財産権の機能」，つまり，上述の任務を挙げる見解が位置付けられる。この見解は，民法上の物に対する所有権より拡大された憲法上の財産権に適合的な内容形成を指導する原理として，物に対する所有権から生じた私的効用性や処分権限に代わってこの財産権の機能を挙げている。財産権保障は経済的自由権であり，立法者は，基本権の享有者が最適な経済的自由を保持するように内容形成しなければならないという[47]。

　②　審査枠組みの外形に関して
　次に，審査枠組みの外形に関して，考慮要素モデルと合致するのは，「内容及び限界は，法律で定める」（基本法14条1項2文）についての憲法裁の叙述である。憲法上の財産権概念について実体的に把握することが否定されるとするならば，介入する対象が存在しないため，法律は，内容形成を行うものと捉えられるのが自然である。14条1項2文の内容・限界規定を区別して用いていない判例は，両者を合わせて「内容規定」と称する[48]か，「内容・限界規定」と一くくりにして用いる[49]かである。そこでは，「内容規定と限界規定の間では，法律による財産権形成の二つの異なる形態や制度が区別されているわけではな」く，「むしろ，『内容規定』という概念は，構成的・形成的な要素も制限的な要素も含み込んだ，財産権保障の法律による内容形成についての包括的な短縮形として使われている」と解説されている[50]。ここでは，「限界は内容を定義し，内容規定は必要な限界を含んでいる」と理解されることになる[51]。
　また，憲法裁が違憲審査の対象となっている法律を，「規律委託（Regelungsauf-

---

47) Vgl. Franz-Joseph Peine, Inhalt und Schranken des Eigentums, in: Wolfgang Durner/ders./Foroud Shirvani (Hrsg.), Freiheit und Sicherheit in Deutschland und Europa: Festschrift für Hans-Jürgen Papier zum 70. Geburtstag, 2013, S. 594 f.

48) BVerfGE 42, 263 (295); 52, 1 (27); 58, 137 (144 f.); 58, 300 (330); 72, 66 (76); 74, 203 (217); 74, 264 (280); 75, 78 (100, 103); 76, 220 (239); 78, 58 (75); 79, 174 (192); 81, 97 (107); 81, 208 (220); 83, 182 (195); 84, 382 (385); 86, 59 (63).

49) BVerfGE 53, 257 (292); 64, 87 (98); 70, 101 (110); 75, 78 (100).

50) Vgl. Jochen Rozek, Die Unterscheidung von Eigentumsbindung und Enteignung, 1998, S. 55 f.

51) Vgl. Brun-Otto Bryde, in: Ingo von Münch/Philip Kunig (Hrsg.), Grundgesetz-Kommentar, Bd. 1, 6. Aufl. 2012, Art. 14 Rn. 48.

trag）を実現するもの」と捉えたり[52]，「適切な利益調整を目指す全体的な規律」
を行うものと捉えたりしている[53]ことも，憲法上の考慮要素モデルに親和的
な理解の仕方である。このような「憲法委託」に言及されている場合，そこでは，
「自由権が法的な形成（Ausformung）を必要としている」ということが意識され
ている[54]。

　これに対して，行為自由的財産権モデルと合致する部分もある。まず，審査
の出発点として，法律がなければ存在しないはずの，財産権の「保護領域」の存
在に何の前置きもなく言及され，審査対象となっている法律の規定が「保護領
域に抵触する」ものであることが確認されている[55]。また，制限がない状態で
法律の制定以前から存在している財産権の存在も躊躇なく認められている。問
題となっている財産権や，その権利に備わっている「使用可能性」や「私的効用
性と処分権限」の法律による「制限」や「介入」が観念されていることもしばし
ばである[56]。さらに，所有権者に着目し，法律の規定が「財産権者の権限の制
限」になる[57]という表現や「財産権者の制限」になる[58]という表現も見られる。
より詳しく，法律の規定が，「憲法上保障された所有権者の処分の自由を制限す
る」ものであるという理解や，「行為自由を制限する」ものであるという理解も
示されている[59]。これは，財産権の憲法上の立脚点についての四つのモデルの
うちの行為自由的財産権モデル（モデル3）に親和的な理解である。

　ここで，こうした「制限」や「介入」は，単に，現に財産権を有している者に
対して観念されているのではないかという疑問が生ずるかもしれない。この点，
判例が審査対象となっている法律を，財産権の内容を一般的・抽象的に形成す
る基本法14条1項2文の内容・限界規定と解して，その憲法適合性を問題にし
ている場合，そこで同時に生ずる「旧権の排除は，こうした財産権の内容の一

52）Vgl. BVerfGE 104, 1 (11).

53）Vgl. BVerfGE 112, 93 (109).

54）Vgl. E. Haas, a.a.O. (Anm. 41), S. 276.

55）Vgl. BVerfGE 102, 1 (14)（この決定について参照，工藤達朗「有害廃棄物汚染地（Altlasten）の浄
　　化に対する所有者の状態責任の限界」ドイツ憲法判例研究会編『ドイツの憲法判例Ⅲ』（信山社，
　　2008年）345頁以下）; 104, 1 (8); 126, 331 (83).

56）Vgl. BVerfGE 100, 226 (240); 112, 93 (108), (113); 122, 151 (181 ff.); 126, 331 (363).

57）Vgl. BVerfGE 100, 226 (240).

58）Vgl. BVerfGE 126, 331 (360).

59）Vgl. BVerfGE 104, 1 (9).

般的・抽象的形成という関心事の遂行の際の単なる附随的帰結である」にとどまるとの解説がなされている[60] ことが参考になる。上記のような憲法裁の判示は，潜在的な財産権者に対する「制限」や「介入」をも意味していると理解することができ，現に財産権を有している財産権者に対する「制限」や「介入」のみを問題としているのではない。

③ 比例原則審査の実質に関して

最後に比例原則審査の実質について分析してみると，これは，考慮要素モデルとのみ整合し得るものである。上述したように，法制度保障審査を出発点とする推移を経て，現在，判例において，その統制の際の審査枠組みの大枠をなしているのが，衡量審査の枠組みである。それは，「立法者は，財産権の内容及び限界を定める場合には，財産権者の保護されるべき利益と公共の福祉の利益〔あるいは，関係者の保護に値する利益〕とを適切に調整し，均衡のとれた関係をもたらさなければならない」という定式によって表されてきた。この定式においては，財産権者の利益と対立する公共の福祉の利益（あるいは，関係者の保護に値する利益）との適切な調整が目指されている。財産権者の利益の制限を阻止することだけが図られているのではない。

例えばそのことは，既に見た史跡保護決定[61] から読み取り得る。判例は，たとえ，外形的には財産権者（やその権限，行為自由）への制限・介入があることを審査の入口で述べていたとしても，審査の実質を見ると，通常の自由権の審査とは異なっていることが分かる。そこでは，史跡保護・保全法の規定が土地・建物所有権に対して，その規制目的に対して必要最小限度の手段となっているかを問う，通常の自由権の審査では重要な審査は軽く触れられただけで終わっている。そして，文化史跡保護という公益と土地・建物所有者に及ぶ不利益との均衡性を要求し，不利益が要求可能なものかどうかを審査する狭義の比例性審査に重点が置かれていた。

さらに，続けて取り上げた建築予定地整備決定には，こうした考慮要素モデルに適合的な審査枠組みがより明確に現れている。この決定もまた，審査の入

---

60) Vgl. E. Haas, a.a.O. (Anm. 41), S. 274.

61) BVerfGE 100, 226.

口のところでは，建築予定地整備に関する規定が，「基本法14条1項1文の保護領域に抵触する」と述べている。しかし，それ以外の部分では，この決定は，憲法による規律委託を実施するものという理解を前面に出し，建築予定地整備により得られる所有権者の利益及び公益と，逆にそれにより及ぼされる所有権者の不利益との衡量から成る狭義の比例性審査，それのみを行っていたことは，既に述べたとおりである。

このように，審査の実質では，明らかに考慮要素モデルと整合的な審査を行っていると読み得る判例も存在することから，財産権保障の場合には，それに固有の特別な比例原則審査（詳しくは第5章第2節2.を参照）が行われるとする見解も示されている[62]。けれども，外形的には行為自由的財産権モデルに合致する文言が見られることは明らかであるし，財産権保障の場合に，それに固有の特別な比例原則審査が行われているのではないとする理解も有力であり続けている[63]。

2. 審査密度の段階付け

(1) 判例理論

ここまで，いくつかの特徴的な判例を取り上げ，法制度保障審査から衡量審査に至る過程を追い，衡量審査と結び付けられた比例原則審査の近年の展開の様子を見てきた。そこで審査の中心を成しているのは，狭義の比例性審査である。そこでは法益間の衡量が行われることとなるが，それは，裁判官の主観が入りアドホックな審査となるのではないかという批判を受けやすい[64]。この批判に対する処方箋となり得るものが審査密度の段階付けである。審査密度の段

---

62) Vgl. B.-O. Bryde, a.a.O. (Anm. 51), Rn. 61; Martin Gellermann, Grundrechte in einfachgesetzlichem Gewande, 2000, S. 350 f.

63) Vgl. Hans-Jürgen Papier, in: Theodor Maunz/Günter Dürig (Hrsg.), Grundgesetz Kommentar, Lfg. 59, 2010, Art. 14 Rn. 38.

64) Vgl. Thorsten Kingreen/Ralf Poscher, Grundrechte Staatsrecht II, 32. Aufl. 2016, Rn. 311. 邦訳として参照（ただし，第15版の対応する箇所〔注：同書は第29版以降，Bodo Pieroth/Bernhard Schlink から現著者へ引き継がれている〕），永田秀樹・松本和彦・倉田卓志訳『現代ドイツ基本権』（法律文化社，2001年）97頁〔永田訳〕。本書での用語法に合わせて訳語を変えている箇所もある。
　シュリンクが説いていた見解とドイツにおける評価については，既に日本でも詳しい紹介，検討がなされている。参照，渡辺康行「『憲法』と『憲法理論』の対話(6･完)」国家学会雑誌114巻9=10号（2001年）670頁以下，宍戸常寿『憲法裁判権の動態』（弘文堂，2005年）217頁以下。

階付けとは，衡量審査において，いずれの側にどれだけの重みを認めて審査するかを整理するということである。「財産権の新形成や改変は，憲法上，一方で，財産権の社会的義務性を，他方で，その私的効用性を顧慮する基準で正当化されねばならない。両基準は，対象によって特徴的なスライド式の基準に至る」[65]。この場合，いずれの側にどれだけの重みを認めるかは，様々な観点から決められ，事案に応じて類型の細分化がなされる[66]。

　これまでに，憲法裁は，どのような場合に立法者の形成余地（裁量の幅）が広まり，あるいは狭まるのかということを，様々なファクターに着目して自ら段階付けてきた。すなわち，財産権という基本権の側の法益と対立する法益を立法者が実現するための根拠付けが，裁判官によってどのような場合に厳格に審査され，どのような場合に緩やかに審査されるかについての一定の判例理論が示されてきた。その概要は次のようにまとめられている。

> 「立法者の形成権限の限界は，あらゆる事実領域で同じではない。財産権保障の保護の射程は，一方で，どのような権限が財産権者に立法者の措置の時点で具体的に与えられているかによって測られる。財産権が財産法の領域において個人の人格的自由を保護している場合には，それは特別に刻印された保護を享受する。他方で，内容・限界を定める立法者の権限は，財産権の対象物が社会に関連性を有すれば有するほど，また，社会的機能を有すれば有するほど，広い。これを超えて，立法者の形成余地は，特に，財産権の内容・限界が定められる経済的・社会的状況によって特徴付けられる」[67]。

　ここには，三つのファクターが現れている。まず，財産権が財産法の領域において個人の人格的自由を保護しているかというファクター，次に，財産権の対象物が社会的関連性や社会的機能を有しているかというファクターである。

---

65) Oliver Lepsius, Verfassungsrechtlicher Rahmen der Regulierung, in: Michael Fehling/Matthias Ruffert (Hrsg.), Regulierungsrecht, 2010, Rn. 61. 比例原則審査は，このようなスライド式の基準を構想する点において，違憲審査基準とは対照的な思考様式とされる（阪口正二郎「憲法上の権利と利益衡量──『シールド』としての権利と『切り札』としての権利」一橋法学 9 巻 3 号（2010 年）43 頁）。

66) Vgl. Oliver Lepsius, Die maßstabsetzende Gewalt, in: Matthias Jestaedt/ders./Christoph Möllers/Christoph Schönberger, Das entgrenzte Gericht, 2011, S. 217. 邦訳として参照，「基準定立権力」鈴木秀美・高田篤・棟居快行・松本和彦監訳『越境する司法──ドイツ連邦憲法裁判所の光と影』（風行社，2014 年）180 頁〔棟居・西土彰一郎訳〕。Michael Kloepfer, Verfassungsrecht, Bd. 2, 2010, § 72 Rn. 146.

67) BVerfGE 126, 331 (360).

これらの二つのファクターは，憲法裁判例の審査枠組みの基本型となってきた衡量審査において，衡量される両側の法益の重み付けとされてきたものである[68]。衡量審査では，財産権者の保護されるべき利益と公共の福祉との間で衡量がなされる。そして，法益衡量のいわば外側から審査密度を決するものとして，財産権の内容・限界が定められる経済的・社会的状況がどのようなものかというファクターがある。

　以下では，これらの三つのファクターに着目しながら，衡量審査における審査密度の段階付けの仕方を憲法裁の判例を基に描いていきたい。①まず，権利（の対象物）の性質に応じて審査密度の引上げ，引下げが行われる。まず，「財産権の対象物が社会的連関や社会的機能を有している」度合いが顧慮される（ⅰ）。さらに，そこから審査密度を引き上げるファクターとして「財産権が財産法の領域において個人の人格的自由を保護している」かどうかが顧慮される（ⅱ）。②次に，介入の程度ないし私的効用性や基本的な処分権限の実現度が問題となる。ただし，これは，①で見る権利（の対象物）の性質に応じて相対的に決まるため，審査密度の段階付けに当たっては，①が決定的に重要な意味を持つ。③最後に，財産権の内容・限界が定められる経済的・社会的状況が特殊な場合には，審査密度は大きく引き下げられる。

① 　権利（の対象物）の性質

ⅰ 　審査密度の引下げ

　憲法裁は，審査密度の基本ラインを，財産権の対象物が社会的関連性や社会的機能を有している度合いによって，設定している。すなわち，財産権の対象物の社会的関連性や社会的機能が強い場合，弱い場合を両極とするスケールに照らして審査密度の高低が判断される〔参照，図２〕。財産権の対象物の社会的連関や社会的機能が強ければ強いほど，低い審査密度で緩やかな審査が，逆に弱ければ弱いほど，高い審査密度で厳格な審査が行われる。財産権の社会的関連性や社会的機能は，「財産権保障の特有の性質，すなわち財産権に内在する事柄に照らした適法性（Sachgesetzlichkeit）」と捉えられ，それに照準を合わせる規制が事実に照らして適法（sachgerecht）なもの」と表され，社会的な関わり合

68）この二つのファクターからなる審査密度の段階付けを判例理論として初めて簡潔に示したものとして，Vgl. BVerfGE 50, 290 (340 f.).

第４章　連邦憲法裁判所による財産権保障の展開　165

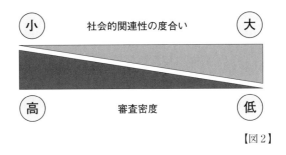

【図2】

いの性質や程度に基づいて財産権の社会的義務性の段階付けに至るものとされている[69]。つまり，財産権の対象物がそれ自体として社会的な規制と結び付きやすいものである場合には，審査においてその規制は正当化されやすい。逆に，財産権の対象物が具有している社会的関連性や機能とは関連性の薄い規制が行われる場合，審査においてその規制を正当化するハードルが上がる。

社会的関連性・社会的機能を強く有する財産権の対象物の例をいくつか挙げると，以下のように様々なものがある。

(a) 土地。土地の社会的関連性・社会的機能の強さは次のようにまとめられている。すなわち，「土地は増やすことができず，それなしに済ますことができないという事実は，その使用を自由なプレーヤーの見通すことのできないゲームと個人の意向に完全に委ねることを禁ずる。公正な法秩序・社会秩序は，むしろ，土地に関する一般公衆の利益を，他の財産的利益の場合よりも，はるかに強い程度で主張することを強いる」[70]。土地について，このような強い社会的関連性・社会的機能を肯定するというのは確立した判例となっている[71]。この土地の社会的関連性・社会的機能の強さは，「状況拘束性」という理論によっても表されてきた[72]。あらゆる土地は，その状態や性状によって及び環境への埋め込みによって特徴付けられているのであり，土地所有権は，土地ごとにバリエーションのある内在的負担を有するものであると解されている[73]。

---

69) Vgl. Rudolf Wendt, in: Michael Sachs (Hrsg.), Grundgesetz Kommentar, 7. Aufl. 2014, Art. 14 Rn. 111 ff.
70) BVerfGE 21, 73 (82 f.).
71) Vgl. BVerfGE 52, 1 (32 f.); 87, 114, (146); 104, 1 (12).
72) Vgl. BVerfGE 100, 226 (242).
73) Hans D. Jarass, in: ders./Bodo Pieroth, Grundgesetz Kommentar, 14. Aufl. 2016, Art. 14, Rn. 41.

(b) 持分所有権（Anteilseigentum）。「その社会的関連性は，生産手段の所有者である会社が，他の持分所有権と協同的に関与するという点にも現れているが，特に，持分所有権の利用のためには，常に従業員の協力を要することを見逃してはならない。したがって，所有者による処分権能の行使は，従業員の存在基底に作用し，その基本権の領域に影響を及ぼすのである」[74]。

(c) 著作物。「保護されている著作物は，公表によって，個人が自由に処分できるだけではなく，同時に社会空間に入り込み，その時代の社会的・文化的表象を決定する独自の要素の一つになり得る」[75]という。

(d) 賃貸用の住居。「社会的関連性ないし社会的機能を有する。公共の福祉に向けられた使用のこうした要請は，財産権の対象物の使用をしなければならない個々の他の権利者を顧慮するという要請を含む」[76]。ここでいう他の権利者とは，賃借人のことであり，住居には賃借人「個々人やその家族にとっての重要な意義がある」と述べられている[77]。

(e) 年金。年金保険請求権や年金期待権は，「著しい社会的関連性の中にある」と述べられている。なぜならば，「これらの地位は，特別に重要な社会的機能を与えられた給付システムの構成要素である。個々の財産権者の権利は，他者の権利や義務から切り離されることはできない。個々の財産権者の権利は，むしろ，連帯的共同体と『世代間の契約』という考え方に基づく全体の関係に組み込まれている」。また，「社会的関連性は，年金保険が国家の補助金によって，すなわち，一般公衆の資金によっても，資金を分担されているということの中にも明らかである」[78]。

(f) 核エネルギー施設に対する所有権。「この財産権は，特に刻印された社

---

74) Vgl. BVerfGE 50, 290 (348 f.).〔共同決定判決〕この部分について，Vgl. Thomas Raiser, Das Unternehmen in der verfassungsrechtlichen Ordnung der Bundesrepublik nach dem Mitbestimmungsurteil des Bundesverfassungsgerichts, JZ 1979, S. 490; Rolf H. Weber, Mitbestimmung – Sprengkörper der Verfassungsstruktur?, AöR 104 (1979), S. 534.

75) BVerfGE 31, 229 (240).〔教科書事件判決〕この判決について参照，栗田昌裕「著作権法における権利論の意義と射程(1)」民商法雑誌140巻6号（2009年）654頁以下，同「ドイツ法における私的録音録画補償金制度と憲法上の財産権保障」コピライト652号（2015年）43頁以下。

76) BVerfGE 37, 132 (140).

77) BVerfGE 37, 132 (141). Vgl. auch BVerfGE 38, 348 (370 f.); 50, 108 (112 f.); 79, 292 (302); 84, 382 (384 f.); 91, 294 (310).

78) BVerfGE 53, 257 (291).

会的関連性を有している企業の財産権に関するものである。一方では，核エネルギーの平和的利用は，住民のエネルギーの供給に資してきたし，資するものである。他方で，特に，極度の損害が発生する事態のリスクや，これまでなお解決されていない最終貯蔵問題によって負担を課されている高リスクのテクノロジーに関する問題でもある。両者は，原子力発電所に対する所有権の強度の社会的関連性を形作り，立法者に，原子力法の内容形成の際，特に広い形成余地を得させる」[79]。

ii　審査密度の引上げ

他方で，「財産権が財産法の領域において個人の人格的自由を保護している」場合には，審査密度が引き上げられる[80]。

(a)　著作権。著作権について，憲法裁は，「創作的寄与の財産的価値」であると述べたり，「著作者の精神的・人格的寄与の成果が問題となっているのであり，何らかの功績なき財産増加が問題となっているのではない」と述べたりしている[81]。ここでは，著作権が自らの創作活動によって獲得された財産権であるということに注意が促され，（さらに，②で見る制限の強度にも言及した上で，）単に公共の福祉が顧慮されるというだけでは，著作権保護の程度を不十分なものにすることは許されないとしているのである。

(b)　薬害の損害賠償請求権。コンテルガン（サリドマイド）の服用が原因で障害を有する状態で生まれた子とその親が和解契約に基づき有していた製薬会社に対する損害賠償請求権が，基金法〔「障害を持つ子のための救援組織」基金創設のための法律〕（1971年）の制定によって，公法上の請求権へと変更されたことにより失効した。このことが，基本法14条の財産権保障に反するかが争われたものである。憲法裁は，この損害賠償請求権について，「生活能力の喪失を補う性質を有した債務関係法上の請求権」であると述べ，「そのようなこれから先の生活形成を求め

---

79) BVerfGE 143, 246 (351).

80) 学説では，この人格的自由との関連性は，審査密度を引き上げる効果を有するものであって，人格的自由との関連性の薄い財産権の保護が引き下げられるという効果を有するものではないということへの注意が説かれている（Vgl. R. Wendt, a.a.O. (Anm. 69), Rn. 89 ff.; Otto Depenheuer, in: Hermann von Mangoldt/Friedrich Klein/Christian Starck (Hrsg.), Kommentar zum Grundgesetz, Bd. 1, 5. Aufl. 2005, Art. 14, Rn. 274 ff.; Fritz Ossenbühl/Matthias Cornils, Staatshaftungsrecht, 6. Aufl. 2013, S. 162）。

81) Vgl. BVerfGE 31, 229 (243).

る請求権は，傑出した，場合によっては死活に関わる重要なもの」であるとした[82]。

　(c)　年金保険の請求権（期待権）。また，公法上の地位に関して，例えば，年金保険の請求権について，次のように述べられている。立法者の「形成の自由は，年金請求権や期待権が，被保険者の固有の寄与の関与の人格的関連性によって，特徴付けられている程度で，狭められる。その点で，この関与の高さは，より高められた憲法上の保護に対応している。被保険者の固有の寄与と関係のない権利状態の変更に対するよりも，介入の正当化に対しては，より強い要請がなされねばならない」[83]。

② 介入の程度／私的効用性や基本的な処分権限の実現度

　次に，介入の程度／私的効用性・基本的な処分権限の実現度が問題となる。ただし，これは，権利（の対象物）の性質に応じて相対的なものである。すなわち，「財産権への介入の重さは，権利者の生活及び自由形成にとっての触れられる法的地位の意義に応じて異なる」[84]。つまり，社会的関連性・社会的機能を強く有する財産権への介入は相対的に軽く，人格的関連性を強く有する財産権への介入は相対的に重く評価される。つまり，このファクターは，審査密度の段階付けにとっては副次的な意味を有するものである。

　前者については，例えば，憲法裁は，原子力発電所に割り当てられていた残存許容発電量を，操業の失効期限の設定により取り上げる第13次原子力法改正法によって，「剝奪される発電量の容量の範囲及びそれによる原子力発電所の使用可能性の制限は，それによれば非常に大きい」としながらも，上記のような強度の社会的関連性があることを説いて，侵害される財産的地位の保護に値する度合いは，何重にも制限されるものだとした[85]。

---

82) Vgl. BVerfGE 42, 263 (293).〔コンテルガン判決〕ドイツにおけるサリドマイド事件について参照，石堂功卓「西ドイツにおけるサリドマイド児の救済について(1)・(2・完)」ジュリスト566号（1974年）98頁以下，567号（1974年）94頁以下。なお，本件では，この損害賠償請求権を子から相続した親の請求権について，こうした重要性は妥当しないとされた。

83) BVerfGE 53, 257 (293).

84) R. Wendt, a.a.O. (Anm. 69), Rn. 87.

85) BVerfGE 143, 246 (349 ff.). Vgl. David Bruch/Holger Greve, Atomausstieg 2011 als Verletzung der Grundrechte der Kernkraftwerksbetreiber?, DöV 2011, S. 798.

後者については，例えば，教科書に収録された著作物が自由に複製及び頒布されることが許され，しかも，補償請求権も規定されていないことが財産権保障に違反しないかが問題となった事案では，前述の著作権の人格的関連性の強さを指摘する叙述に続けて，著作者に補償請求権までもが認められないということは，「著作権法上の地位の制限の強度に鑑みれば，そのような規定が合憲であるためには，高められた公共の利益がなければならない」と述べ，それがあるかどうかを詳細に検討して，違憲との結論に至ったのである[86]。

　また，憲法裁は，処分権限が排除されるということに，単なる使用の制限と比べて，人格的発展の自由とのより強い関わりを意識し，それゆえ，より高い正当化のハードルを課している。憲法上の財産権概念のメルクマールとなる場面では私的効用性と区別されず独自の意義はないとされてきた「基本的な処分権限」というメルクマール（参照，第3章第1節2.）は，違憲審査の規準点として働く場面で，その固有の意義を発揮する[87]。例えば，先に見た薬害の損害賠償請求権に関する判決では，私法上の損害賠償請求権の失効により，「私的自治に基づく処分権限」が排除されるが，「その排除は，市民の自由な領域への介入として，特別な正当化を必要とする」としている[88]。ほかにも，例えば，クラインガルテン（小菜園）の賃貸借に関して，解約可能性や価格統制等の規制を定める法律の憲法適合性が問題となったクラインガルテン決定において，このポイントが審査密度を高める働きをしている。それによれば，「基本権上保護された処分権限は，財産権者の財産権を譲渡してもよい自由をも含んでいる。財産権秩序における行為自由は，加重された条件の下でのみ，介入されてもよいものである」[89]。そして，この事案における解約可能性の規制は，「処分可能性の排除という結論に至る」ものであるとして[90]，比例原則審査によりその憲法適合性を詳細に審査し，違憲としたのである。

---

86) Vgl. BVerfGE 31, 229 (243 ff.).

87) Vgl. Markus Appel, Entstehungsschwäche und Bestandsstärke des verfassungsrechtlichen Eigentums, 2004, S. 74 ff.

88) Vgl. BVerfGE 42, 263 (294).

89) Vgl. BVerfGE 52, 1 (31).

90) Vgl. BVerfGE 52, 1 (31).

③　特別な経済的・社会的状況

　ここまで見てきたような，衡量される両側の法益にそれぞれ関係付けられる
ファクターとは別に，憲法裁は，いわば外側から衡量審査の密度を低めるファ
クターとして，財産権の内容・限界が定められる経済的・社会的状況が特殊な
ものであることを挙げている。例えば，立法者が比例原則へ拘束されるという
ことは，「その時々の規準が，全ての時代，全ての関係において同じ重みを有し
ていなければならないということを意味するのではない。戦時や非常時におい
て正当化される規律は，変化した経済的・社会的状況の下では，異なった憲法
上の評価を受け得る」[91]。その場合，立法者には，社会政策的形成のための広
い領域が与えられることになる[92]。ほかには例えば，「記憶・責任・未来」基
金の設立についての法律によって，ナチスによって強制労働させられていた者
の企業に対する不当利得請求権及び損害賠償請求権が排除されていることの憲
法適合性が問題となった事案（2004年12月7日）において，このファクターによ
る審査密度の引下げが認められている。ここでは，問題となった規定が，ナチ
スの不法行為の犠牲者の代表者と様々な外国の政府の参加の下での長期間にわ
たる交渉に基づいて定められ，それにより，参加者が適切な利益の調整をしよ
うと努めた妥協の一部であるという「社会的・政策的状況」が顧慮された[93]。
それゆえ憲法裁は，強制労働に基づく不当利得返還請求権及び損害賠償請求権
について，「文字どおり生存のために働かねばならなかった人々の補償請求権
の人格的関連性よりも強い，財産的地位の人格的関連性は，まず考えられない
であろう」と述べているにもかかわらず，それを排除する当該法律が特殊な社
会的・政治的状況の中で作られていたことに言及することによって[94]，結果と
して審査密度は低いものとなっている。

　また，先に引用した三つのファクターを整理して示した決定（2010年7月21日）
で，実際に審査密度を決定する決め手となったのは，経済的・社会的状況とい
うファクターであった。この決定では，旧東独の地域にある，かつて国家によ
って管理されていた財産的価値に対する諸権利の共同相続人が手段を尽くして

---

91) BVerfGE 52, 1 (30).〔クラインガルテン決定〕
92) Vgl. H. Bäumler, a.a.O. (Anm. 14), S. 340.
93) Vgl. BVerfGE 112, 93 (110).
94) Vgl. ebenda.

第4章　連邦憲法裁判所による財産権保障の展開　171

も発見されなかった場合には，別の共同相続人とその居所が知られている場合
にも，補償基金に有利なように排除され得ることを定めた補償年金法の規定が
基本法14条1項1文と両立し得るかどうかが問題となっていた。この場合，「立
法者には，新しい国における経済発展の必要性というここで規制している文脈
において，検討されねばならない措置とその効果に関して，評価余地と予測余
地が与えられる」とされた[95]。

(2) 背景にある思考

では，判例によってなされているこのような段階付けを支えている論拠は何
であるか。審査密度の高低は，立法者の形成余地（裁量の幅）の広狭を意味する。
それゆえ，審査密度の段階付けの背景にある理論は，種々の財産権の形成に当
たって，立法者の役割がどのように考えられているのかを見ることによって，
探ることができる。以下では，こうした意図から，財産権の形成の諸場面での
立法者の役割について考察する。

① 調整の担い手としての立法者

財産権の形成の際，立法者が調整の担い手となるということは，基本法上の
財産権規定にその基礎がある。基本法では，14条1項2文が立法者に財産権の
形成を委ね，14条2項（「財産権には義務が伴う。その行使は，同時に公共の福祉に役
立つべきである。」）が，社会的拘束を及ぼしている。判例はこれらを合わせて，
基本法が「14条2項の意味における財産権の社会的拘束を，立法者が14条1項
2文に従って義務付けられた規律権限の枠内で規定する」ことを明白に確定し
ている，と評されている[96]。

なぜ，基本法が財産権の形成を立法者に委ね，社会的拘束を及ぼす権限を認
めたのかというと，その背景には，議会制民主主義の重視がある。財産権を形
成するに当たっては，当該財産権の行使から排除されることにより，何らかの
不利益が及ぶ一般公衆の利益，非財産権者の利益との調整が不可避となる。ま
た，そこでは，例えば，細かい利害調整を必要とし，将来的なビジョンを描きな

---

95) Vgl. BVerfGE 126, 331 (340).

96) Vgl. H.-J. Papier, a.a.O. (Anm. 63), Rn. 306; J. Rozek, a.a.O. (Anm. 50), S. 31. BVerfGE 58, 300
(338); 50, 290 (339 f.).

がら策定される土地利用政策，刻々と動く社会情勢・世界情勢に合わせて策定される経済政策や金融政策の考慮が不可欠である。それゆえ，調整の仕方には，解答が複数あり得るのが通常である。こうして，「唯一『正しい』正解が存在し得ない場合，議会制民主主義においては，立法者のほかに意味のある形で，この決定を行うことに責任を負わされる者はいない。そこに，内容規定が立法者に配分されていることの意義がある」[97]。

　財産権の対象物が社会的関連性や社会的機能を有しているかどうかが，密度を下げるファクターとされていたことの背景には，このような調整の担い手としての立法者の役割の重視がある。

② 広範な立法者の役割への歯止め

　これに対して，こうした調整者としての役割に基づいて立法者に広い形成余地が与えられているにもかかわらず，それでもなお，基本権としての財産権の側から歯止めをかけるファクターとして人格的自由の保護との関連性がある。「財産権が財産法の領域において個人の人格的自由を保護している」場合には，審査密度が引き上げられる。この引上げの背景には，財産権概念の機能的な理解がある。すなわち，財産権に与えられている，「基本権の構造の中で，基本権の享有主体に財産法の領域における自由な領域を保ち，それにより，個々人に自己責任に基づく生活の形成を可能にする」[98] という任務にそぐわない立法でないかどうかが，直接問題となってくるため，その正当化がより厳しく求められる。

③ 統治構造の決定者としての立法者

　さらに，統治機構における立法府の位置付けからも，立法者の広い形成余地を根拠付けることができる。統治機構において，立法府は，民主的正統性の高さという点で際立った存在である。そのような立法者に対しては，「国民の代表として，基本法においては自由を保護する機関と考えられる」として，一方で大きな信頼が寄せられている。財産権の内容と限界を定めるということは，

---

97) A. Grochtmann, a.a.O. (Anm. 5), S. 64.
98) BVerfGE 24, 367 (389); 78, 58 (73); 79, 292 (303 f.); 83, 201 (208); 102, 1 (17 f.); 104, 1 (11); 115, 97 (114).

一般的に拘束力を有する財産権を形成するということであり，それはすなわち，財産権者以外の全ての者にも関わってくる問題である。そうした任務を委ねるのに適切なのは，高い民主的正統性を有した立法者であるという[99]。さらに，財産権は，その内容が憲法上確定されておらず法律による具体化を必要とするということに加えて，社会全体がいかなる基本構造をとるかということと本来的に密接なつながりを有する権利であることもまた，立法者の形成余地を広く認めることに根拠を与える。すなわち，「その形成余地は，立法者に対して政治的な価値決定の実現をも可能にする。そのような政治的な価値決定を優先的に立法者に委ね，後からのみ執行権と司法権に委ねるということは，議会制民主主義の本質に適合するものである。というのは，所有権秩序は，国民の代表者としての議会の義務であるところの，あらゆる社会の基本決定の一つであるからである」[100]。そこでは，体制選択に関わるような問題でさえも，立法者に委ねられることが認められている。

　他方で，このような民主的に正統化された立法者への大きな信頼に立脚した立場には，リベラルな基本権理解に立脚する立場が対立している。それは，先の立場を，ゲルマンの法的思考の伝統における義務を伴う自由の思考に基づくものとし，ローマ法的な伝統から発展したようなリベラルな自由の思考から批判する[101]。ゲルマン的財産権概念の特徴は，次のようにまとめられている。「①権利を抽象的にではなく具体的に考え，②権利を『私』という個人を主体としてではなく，われわれ（共同体）を主体として考え，③自由を自由それ自体としてではなく，共同体において機能を達成するためのものとして観念することにより，④権利と義務は原則−例外としてではなく，同一の平面で同時に観念され，いかなる権利・自由も（したがって財産権も）初めから義務を内包したものとして——換言すれば，義務もまた権利の構成要素として——観念される」[102]。

　この対立は，審査の規準点としての財産権概念を認めるかどうかという点に関連して先に見たように，究極的には論者の権力分立観，とりわけ立法府と裁

---

99) Vgl. Joachim Wieland, in: Horst Dreier (Hrsg.), Grundgesetz Kommentar, Bd. 1, 3. Aufl. 2013, Art. 14 Rn. 30.

100) Ebenda, Rn. 31.

101) O. Depenheuer, a.a.O. (Anm. 80), Rn. 35 ff.

102) Ebenda, Rn. 37 ff. 参照，小山剛『基本権の内容形成』（尚学社，2004年）190頁による要約。

判所への信頼度の違いに起因する根の深いものである（参照，第3章第2節）。確かに，統治機構において立法府を「自由を保護する機関」と位置付けることには，憲法が立法府をも含む国家権力を縛るためのものだという理解からは，戸惑いを感ずる。しかし，他方で，そのような考え方が，ゲルマンの法的思考のようにいわば共同体主義であるというのは当たらない。財産権保障の在り方が社会の基本構造の決定（経済秩序の決定と言い換えてもよい）と密接な関係を有することからすると，立法府と裁判所をどれだけ信頼するかという一般的な態度決定とは別に，民主的正統性を基礎にした立法者の形成余地を認めることは可能であるように思われる。

　ともあれ，(1)で見たように，連邦憲法裁の判例の段階付けにおいて，統治構造の決定者としての立法者の役割が顧慮されるのは，「特殊な」経済的・社会的状況の中で財産権が形成されるという極めて例外的な場合に限られる（例えば，戦時，非常時，戦後処理，ドイツ統一に関わる処理等）。それゆえ，この問題は差し当たり脇に置くことができるであろう。

《小括》

〈1〉　憲法裁の審査枠組みの変遷は，法制度保障審査の衰退と衡量審査の確立とまとめることができる。連邦憲法裁は，初期には核心領域の保護という観点からの法制度保障審査を行っていた。その後次第に，対立利益との衡量という視点からの審査が行われるようになっていく。現在の財産権保障の審査枠組みの基礎となっているのは，「立法者は，財産権の内容及び限界を定める場合には，財産権者の保護されるべき利益と公共の福祉の利益〔あるいは，関係者の保護に値する利益〕とを適切に調整し，均衡のとれた関係をもたらさなければならない」という衡量審査の枠組みである。

〈2〉　この衡量審査の枠組みは，比例原則の現れであるとされており，憲法適合性審査は，比例原則を適用して行われている。本章では，近年の財産権関連判例のリーディングケースとなった史跡保護決定と，立法者による利益調整という見方が強く現れている建築予定地整備決定について，比例原則の実質を丁寧に分析した。史跡保護決定における注目点は，適合性審査・必要性審査は形の上ではなされているものの，審査の重点は，狭義の比例性審査にあり，法

律が狭義の比例性に反していることに違憲の核心があるということである。建築予定地整備決定における注目点は，適合性審査・必要性審査は形の上でもなされず，狭義の比例性審査のみがなされているということである。このように，財産権の憲法的保障が問題となる場合，通常の自由権の場合とは異なる比例原則の適用の仕方がなされているように見える。

〈3〉 これについて理論面からの検討は次章で行うが，差し当たりは，比例原則審査の実質は，憲法上自立的な財産権概念への制限を問題とするのではなく，憲法上の考慮要素の比例性を問うという憲法上の考慮要素モデルに整合的であると言える。もっとも，その他の点では，行為自由的財産権モデルと合致する部分もあり，判例は，理論的に一貫しておらず両モデルが併存していると言わざるを得ない。

〈4〉 狭義の比例性審査が審査の中心となるのであれば，それは裁判官によるアドホックな利益衡量となる危険性を有したものであるため，裁判官の判断を方向付けることが重要となる。それは，ドイツでは，審査密度の段階付けとして，裁判所自らによって判例理論として確立されていた。その段階付けは，調整の担い手としての立法者の役割の重視と，財産権と人格的自由との密接な関連性の重視という思考によって根拠付けられている。

第5章　財産権の審査枠組みの理論的分析

第1節　法制度保障審査の帰趨

1. 判例における法制度保障審査と衡量審査の一本化

　第4章で見たように，連邦憲法裁判所の判例においては法制度保障の意義の変容，そしてさらに，法制度保障という用語自体の消失が見られた。すなわち，現在に至る審査枠組みの基礎が確立された段階で（クラインガルテン決定・砂利採取決定），「法制度保障」と「憲法上の要素の衡量」との両方がなされ，この二つは，「法制度保障の実質ないし根本的存立」及び「衡量される憲法上の要素の一方」が共に，「私的効用性と基本的な処分権限」であるとされることにより，渾然一体のものとなっていた。また，「法制度保障は，判例において，確かに途切れることなく言及されてきたが，それにもかかわらず，法制度保障違反はなお全く認められなかった」[1]。そして，砂利採取決定以降には，財産権に関するほとんど全ての判例で，法制度保障という用語自体が消え，「憲法上の要素の衡量」しかなされていない[2]。

　財産権保障における，このような法制度保障の衰退の原因として，次の三点が挙げられる。第一に，連邦憲法裁が，憲法上保護された財産権の法律依存性

---

1) Ansgar Grochtmann, Die Normgeprägtheit des Art. 14 GG – Konsequenzen für die Eigentums-dogmatik, 2010, S. 42 Fn. 78. Vgl. auch, S. 197.

2) Ute Mager, Einrichtungsgarantie, 2003, S. 186 Fn. 57 では，砂利採取決定が，連邦憲法裁が財産権保障と関連して法制度（Rechtsinstitut）という概念を使った最後の事件であると述べられている。

　なお，BVerfG, NJW 2001, 1783 (1784) でも，「法制度保障（Institutsgarantie）は，私的財産権と称され得るために付与されねばならない規範の根本的存立を保障する」として，法制度保障という概念が使われている。しかし，実際の判断では，「衡量審査が法制度保障と明確に区別され得ない」形で行われており（Vgl. A. Grochtmann, a.a.O. (Anm. 1), S. 214），意味なく法制度保障と述べたことは遺憾なことであると評されている（Vgl. ebenda, S. 211）。同様の評価を下すものとして，Vgl. Matthias Cornils, Die Ausgestaltung der Grundrechte, 2005, S. 274 ff.

を強く意識し始めるようになったことである[3]。憲法上保護された財産権の内容が法律によって定められるのであれば，法律に先立って憲法によって与えられているはずの財産権の法制度保障の内容もまた，確定され得ないものとなり，その存在自体が疑わしいものとなる[4]。第二に，財産権保障が常に新しい財産的対象に拡大されてきたという状況である。現在，財産権保護の土台は，例えば，土地所有権から，構成員としての資格，著作権，私法上の債権を経て，公法上の年金請求権や年金期待権にまで至る，種類の異なる非常に多様なものを含むようになっている（参照，第3章第1節1.）。それゆえ，それらの様々な権利に共通する構造上の要素を示すことができなくなり，財産権の法制度保障の基礎が崩れているのである[5]。憲法裁も近年，「著しく異なるように形成される主観的な法的地位への財産権保障の広がりと並行して，公正な財産権秩序の法律による内容形成への多種多様な要請が現れており，公共の福祉の利益と主観的な法的地位を適切に調和させなければならない」と述べている[6]。第三に，そもそも，私的効用性という要素は，具体的な衡量の中で初めて立法者の指導原則としての機能を発揮し得るものであるということも指摘されている。「憲法上の衡量と比例性の要請の適用に基づいて初めて，財産権のどのような観点が憲法上必要であり，それゆえ確定的に保護されるものとみなされるのかということが分かる。こうした，衡量に従属したコンセプションが財産権の核心という観念をうまく捉えているかどうかは疑わしい」[7]という。

　総じて言うと，法制度保障の内容を確定することができないということが，法制度保障審査の衰退の大きな原因となっているのである。

---

3) Vgl. BVerfGE 58, 300 (334 ff.). この決定について参照，西埜章「憲法上の所有権概念と地下水利用権——砂利採取事件」ドイツ憲法判例研究会編『ドイツの憲法判例〔第2版〕』（信山社，2003年）313頁以下，川﨑和代「西ドイツにおける財産権制限の法理——連邦憲法裁判所判決を中心に」大阪女子学園短期大学紀要28号（1984年）49頁以下，髙橋寿一「所有権制限法理の展開——西ドイツにおける近年の所有権概念の変遷をふまえて」一橋研究9巻2号（1984年）62頁以下。

4) Vgl. Hans-Jürgen Papier, in: Theodor Maunz/Günter Dürig (Hrsg.), Grundgesetz. Kommentar, Lfg. 59, 2010, Art. 14 Rn. 39.

5) Vgl. ebenda, Rn. 40.

6) BVerfGE 143, 246 (336). この判決について参照，平良小百合「脱原発を促進する第13次原子力法改正法と憲法上の財産権保障」山口経済学雑誌66巻3号（2017年）53頁以下。

7) Jan-Reinard Sieckmann, Modelle des Eigentumsschutzes, 1998, S. 400.

2. 学説における従来の法制度保障論の後退

　こうした判例の展開を受けて，「ある制度の構造ないし特徴を決定付ける構成部分は，絶対的な保護を受けるが，それ以外の非本質的部分については，立法者に完全な処分の自由が認められる」[8]というワイマール期に由来する法制度保障の元々の内容をそのまま引き継いだだけの法制度保障の理解は維持し得なくなってきている。中には例えばゲラーマンのように，法制度保障について以下に述べるような変容した意味を認めるにもかかわらず，それとは別に「財産権を内容形成する法律は，放棄することのできない本質部分を充足しなければならない」として，核心部分の保護という機能をも維持し続ける立場もある[9]。しかし，こうした立法者にとっての最後の限界が踏み越えらえたことはいまだかつてなく，最後の限界を設定する実際上の意義は乏しい[10]。

　こうした核心の保護という意味での法制度保障を超えて，立法者に対する拘束を考えようとする学説は二通りに分かれる。一つが，法制度保障という審査枠組みを保持したままその内容を変質させるものであり，もう一つが，法制度保障という審査枠組みを撤廃するものである。

(1) 法制度保障の変容
　まず，第一の立場から見ていく。いくつかの学説は，従来の法制度保障の

---

8) Martin Gellermann, Grundrechte in einfachgesetzlichem Gewande, 2000, S. 417.

9) Vgl. ebenda, S. 314 ff. ほかに，核心領域の保護という意味での法制度保障を立法者に対する「最後の限界」を守るものといまだに説明しているものとして，Thorsten Kingreen/Ralf Poscher, Grundrechte Staatsrecht II, 32. Aufl. 2016, Rn. 1055 f. 邦訳として参照（ただし，第15版の対応する箇所〔注：同書は第29版以降，Bodo Pieroth/Bernhard Schlink から現著者へ引き継がれている〕）。永田秀樹・松本和彦・倉田卓志訳『現代ドイツ基本権』（法律文化社，2001年）344頁〔松本訳〕。本書での用語法に合わせて訳語を変えている箇所もある。Joachim Wieland, in: Horst Dreier (Hrsg.), Grundgesetz Kommentar, Bd. 1, 3. Aufl. 2013, Art. 14 Rn. 143; Christian Bumke, Ausgestaltung von Grundrechten, 2009, S. 3; Wilfried Berg, Entwicklung und Grundstrukturen der Eigentumsgarantie, JuS 2005, S. 963; Jörg Berkemann, in: Dieter C. Umbach/Thomas Clemens (Hrsg.), Grundgesetz, Mitarbeiterkommentar und Handbuch, Bd. 1, 2002, Art. 14 Rn. 311.

10) J. Wieland, a.a.O. (Anm. 9), Rn. 143; T. Kingreen/R. Poscher, a.a.O. (Anm. 9), Rn. 1055 訳書344頁; Michael Kloepfer, Verfassungsrecht, Bd. 2, 2010, § 72 Rn. 157 f.; Oliver Lepsius, Verfassungsrechtlicher Rahmen der Regulierung, in: Michael Fehling/Matthias Ruffert (Hrsg.), Regulierungsrecht, 2010, Rn. 62.

内容はもはや維持され得ないとした上で，それに別の意味内容を与える。このような試みは，つとに，R・ヴァールの財産権論に見られる。ヴァールによれば，「民法典においては，私法の財産権秩序のあり得る形成形態のうちの一つが実現されている。これに対して基本法14条1項1文は，この形成形態又は憲法に適合した他の形成形態に関する枠を定めている。というのは，—— 当然 —— 基本法14条1項2文に従った内容規定には14条1項1文及び14条2項の枠内で，様々な選択肢，しかも政治的に重大な異なった選択肢が開かれているからである」。そして，そのような「選択的な法律の枠として，法制度保障は，内容上抽象的であり，必然的に豊かな内容は有していない。……法制度保障は，特殊な財産権の対象に応じた，財産権の内容規定の細分化について何も決めていない。…… 立法者は，…… 個人的な消費財の内容や株式の内容と異なるように土地の内容を定めることができる」[11]。ここでは，先に見た，法制度保障の衰退の第二の原因，すなわち，財産権保障の対象の様々な種類への拡大が，意識されている。このようなヴァールの主張に対しては，ヴァールは法制度保障の下で，単に，伝統的に理解されていた不可欠な最低限の水準という保障を理解しているのではなく，その下で，基本法14条1項と2項の指示の間での衡量要請をも把握しているという注釈が加えられている[12]。

　また，近年のものとしては，憲法上の保障の立脚点に関連して（参照，第3章第2節），M・ゲラーマンが主張する法制度保障もヴァールと同様の理解の下に唱えられているということができる。ゲラーマンは，立法者による制度形成は私的効用性と基本的な処分権限という要素を満たしたものでなければならないという指示を，憲法上の財産権保障から読み取る[13]。その憲法上の財産権保障による指示を，ゲラーマンは法制度保障という概念を用いて説明する。基本権の保障は，「憲法上の指針を踏まえて法制度を創設するという，立法者の積極的義務という観点から捉え直」されている[14]。この憲法上の財産権保障からの指

---

11) Rainer Wahl, Der Vorrang der Verfassung und die Selbständigkeit des Gesetzesrechts, NVwZ 1984, S. 406.〔傍点原文太字〕邦訳として参照，小山剛監訳『憲法の優位』（慶應義塾大学法学研究会，2012年）266頁〔石村修訳〕。本書での用語法に合わせて訳語を変えている箇所もある。

12) Vgl. A. Grochtmann, a.a.O. (Anm. 1), S. 82.

13) Vgl. M. Gellermann, a.a.O. (Anm. 8), S. 98.

示は，絶対的に妥当するものとは解されておらず，社会的拘束との調整がなされることが想定されている。ここで言及されている法制度保障もまた，核心部分の絶対的な保護を要請するのではなく，ヴァールの主張と同様に対立利益との衡量を受け入れるものである[15]。

このような法制度保障の理解をとるならば，上記の判例の動きは，「法制度保障の中に比例性審査が定着した」ものだと評価されることになる[16]。

(2) 法制度保障の撤廃

次に，学説の第二の立場は，もはや法制度保障という観念を用いる必要はないとするものである。例えば，B-O・ブリュデは，上記のような，財産権の法制度保障の内容を確定することができないという要因と併せて，法制度保障が登場したワイマール期と基本法下の時代との違いを根拠に，そう主張している。それによれば，ワイマール期においては，支配的学説によって基本権によって拘束されないものと考えられていた立法者に対して，「私有財産が存在し機能し得るように規定する規範の核心領域」を保護するという役目を法制度保障が有していた。これに対して，基本法下では，財産権の制度的な内容は，「内容・限界を規定する立法者による比例原則と平等原則の保持についての単なる審査規準であり，ワイマールの法制度保障論の意味における絶対的な限界ではない」[17]。つまり，結論として，第一の立場も認めていたような法制度保障の変容した内容は，もはや比例原則審査（衡量審査）と平等原則審査の中で考察されるべ

---

14) ゲラーマンの法制度保障論の検討を行っているものとして，参照，篠原永明「立法者による基本権の保護の対象の決定(2・完)」自治研究91巻4号（2015年）108頁以下。

15) Vgl. ebenda, S. 422 f.; さらに，同様の法制度保障の理解をとるものとして，Vgl. Michael Kloepfer, Einrichtungsgarantien, in: Detlef Merten/Hans-Jürgen Papier (Hrsg.) HdbGR, Bd. 2, 2006, § 43 Rn. 79; U. Mager, a.a.O. (Anm. 2), S. 176 ff., S. 435 ff.; J. Wieland, a.a.O. (Anm. 9), Rn. 31; Christian Jasper, Von Inhalten, Schranken und wichtigen Weichenstellungen – Die Eigentumsgarantie des Art. 14 GG in der allgemeinen Grundrechts-Eingriffs-Dogmatik, 2014, S. 879; Michael Sachs, Gesetzliche Bestimmung von Inhalt und Schranken des Eigentums, in: Heike Jochum/Michael Elicker/Steffen Lampert/Roberto Bartone (Hrsg.), Freiheit, Gleichheit, Eigentum – Öffentliche Finanzen und Abgaben: Festschrift für Rudolf Wendt zum 70. Geburtstag, 2015, S. 400.

16) Vgl. A. Gochtmann, a.a.O. (Anm. 1), S. 42 Fn. 78.

17) Brun-Otto Bryde, in: Ingo von Münch/Philip Kunig (Hrsg.), Grundgesetz-Kommentar, Bd. 1, 6. Aufl. 2012, Art. 14 Rn. 30.

き要素としての意義しか有しないというように理解されているのである[18]。

　この理解に立って判例の動きを見ると，そこでは，「法制度保障の中に比例性審査が定着した」のだと評価する先の立場とは異なって見える。「ここで承認される広く及ぶ法制度保障の効果は，内容形成される財産権秩序の現実の中では，広く，個人的に侵害される財産権者の古典的・防御権的な法的地位の保障の中に埋没しているといってよいであろう。法制度保障と法的地位の保障は，決して厳格に区別されねばならない保障のブロックではなく，内容上絡み合わされたものであることが分かる」[19]。さらに，この見解のように，衡量審査は，個人的に侵害される財産権者の古典的・防御権的な法的保障に限られるわけではなく，次節で見るように，未来に向かって抽象的・一般的に作用する法律についても適用可能である。そうだとすると，比例性審査の中に法制度保障において核心と観念されていた要素が，衡量可能な形で定着したのだと評価されることになる[20]。

第2節　比例原則審査の構造

　先に確認したように，憲法裁の判例においては，次第に，法制度保障審査が姿を消し，衡量審査に一本化されてきた。「立法者は，財産権の内容及び限界を定める場合には，財産権者の保護されるべき利益と公共の福祉の利益〔あるいは，関係者の保護に値する利益〕とを適切に調整し，均衡のとれた関係をもたらさなければならない」と定式化されているものがそれである。この衡量要請を，「連邦憲法裁は比例原則の現れであるとみなし」[21]，この定式に続いて比例原則審査を行うと述べてきた。

---

18) ほかに，C. Bumke, a.a.O. (Anm. 9), S. 47 ff. も法制度保障という観念を用いずに，財産権を内容形成する法律の統制を説く。さらに，「法制度保障の放棄可能性」について，Vgl. A. Grochtmann, a.a.O. (Anm. 1), S. 197, insb. S. 200.

19) Johannes Dietlein, Die Eigentumsfreiheit und das Erbrecht, in: Klaus Stern (Hrsg.), Das Staatsrecht der Bundesrepublik Deutschland, Bd. 4/1, 2006, § 113 S. 2176 f.

20) Vgl. A. Grochtmann, a.a.O. (Anm. 1), S. 200; M. Kloepfer, a.a.O. (Anm. 15), Rn. 31.

21) Vgl. Klaus Stern, Das Staatsrecht der Bundesrepublik Deutschland, Bd. 3/2, 1994, § 84 S. 801. 邦訳として参照，井上典之・鈴木秀美・宮地基・棟居快行編訳『ドイツ憲法Ⅱ 基本権編』(信山社，2009年) 333頁〔小山剛訳〕。

ここでは，より理解を深めるために，その比例原則審査の理論的構造分析を
行う。比例原則の基本的内容・適用条件について考察し，財産権の内容形成を
統制する際に適用される比例原則審査の特質を描き出す。

1. 比例原則適用の前提条件

(1) 従来の比例原則の理解

まず，ドイツにおける一般的な理解を見ておこう。比例原則審査は，憲法上
の権利保障の際の審査枠組みとして従来構築されてきた三段階審査に組み込ま
れているものである。法令審査の場合，①問題となっている法益が基本権上の
保護領域へ帰属しているか，②問題となっている法律が保護領域への介入をし
ているか，そして，③その介入は正当化可能なものであるかという三段階での
審査の中で，比例原則審査は③の正当化要件の一つを成している。基本権制約
は，形式的正当化要件としての法律の留保（特別要件付きの法律の留保の場合，実
質的正当化要件ともなる）を満たした後，実質的正当化要件として，まず，目的が
正当であることを要求される。次に，その目的を達成するための手段として制
定された法律が正当化されねばならない。ここで，比例原則が用いられる。「比
例原則によれば，国家による介入は，それが，──介入によって達成される目
的や結果に鑑みて──適合的であり（geeignet），必要であり（erforderlich），そし
て適切である（angemessen）場合にのみ許される。すなわち，目的と手段の関係
が問題となっている」[22]。

具体的な審査の流れは次のとおりである[23]。「第一に，到達しようと努めら
れる目的あるいは結論が確定されねばならない。……その際，どのような目的
が追求されるのかが審査されねばならないのみならず，追求される目的が法的
に正当であり，それゆえ許されるかどうかもまた審査されねばならない」。第二
に，上記の三つの部分原則を用いて審査されねばならない。①「その助けによ
り，達成しようと努められている結果が促進され得る場合に，手段は適合的であ
る」。②「他の，同様に実効的であるが，国民の権利をより制限しない手段が存在
しない場合に，手段は必要である」。③「それが結果と適切な関係にある際，す

---

22) Hartmut Maurer, Staatsrecht I, 6. Aufl. 2010, § 8 Rn. 55.
23) Ebenda, Rn. 56 f.

なわち，適合的で，必要な手段が，事態の重要さに関して比例性のとれていないものではない場合に，手段は適切である（大砲でスズメを撃ってはならない。たとえそれが，スズメの駆除にとって唯一の適合的で必要な手段であったとしても）。この場合に，重要な基準は，連邦憲法裁判所によって，折に触れて，それどころか，比例原則の更なる構成要素として引き合いに出される要求可能性（Zumutbarkeit）[24] の審査である。適切性は，特に，一方の側の基本権上保護された法益と，他方の側の基本権の制限を必要とする対立する公益との衡量を要求する」。

こうした一般的な叙述に見られるように，比例原則審査は，三段階審査の中に組み込まれる形で適用されてきたものであり，基本権に対する制約つまり，保護領域への介入があることを当然の前提[25] とするものとして，これまで理解されてきた[26]。そこでは，基本権の保護領域への介入に対する防御という観点から比例原則が捉えられている。

また，比例原則は，過剰侵害禁止（Übermaßverbot）原則と等置されることがある。これについて，先に取り上げたM・ゲラーマンは，憲法裁の次のような判示に，過剰侵害禁止原則の唯一の機能が個人の自由領域の防御にあるということが，既に明確に現れていると述べている。憲法裁は，国家の起債の領域において過剰侵害禁止の援用を拒絶した。それは，「全体的な経済のバランスを崩そうとするものに対する防御や投資のための起債の限定は，介入する措置や法律の規定とそれによって侵害される権利領域・自由領域とのように，相対峙していない」ために，比例原則の適用にとって典型的な状況が欠けているとい

---

24) その内実は，適切性の基準と同じであると考えられている。さらに，「狭義の比例性」と呼ばれることもあり，術語の統一性がとれていない（Vgl. ebenda, Rn. 55）。また，要求可能性審査に適切性の審査とは区別される意義が説かれていたこともあり（Vgl. z. B. Jörg Lücke, Die Grundsätze der Verhältnismäßigkeit und der Zumutbarkeit, DöV 1974, S. 770; Fritz Ossenbühl, Zumutbarkeit als Verfassungsmaßstab, in: Bernd Rüthers/Klaus Stern (Hrsg.), Freiheit und Verantwortung im Verfassungsstaat, 1984, S. 321），両者の位置付けはいまだ明確に定まっていない状況にある（Vgl. Philipp Reimer, Verhältnismäßigkeit im Verfassungsrecht, ein heterogenes Konzept, in: Matthias Jestaedt/Oliver Lepsius (Hrsg.), Verhältnismäßigkeit, 2015, S. 70 ff.）。

25) 比例原則適用の前提条件として保護領域への介入が必要かということについては，現在に至るまでドイツでもそれほど明示的に議論されていないという指摘がある。Vgl. A. Grochtmann, a.a.O. (Anm. 1), S. 151.

26) Vgl. z. B. H. Maurer, a.a.O. (Anm. 22), Rn. 55; T. Kingreen/R. Poscher, a.a.O. (Anm. 9), Rn. 298 ff. 訳書94頁以下。

う理由に基づく[27]。この理解によれば，「基本権領域においては，過剰侵害禁止原則は，不可分に基本権への介入と結び付けられ，この場合には，保護された領域を制限する国家行為を適度なものにすることが企図されている。これに対応して，過剰侵害禁止原則は，国家の防御権的に関係する措置が討議の対象となっている場合にのみ正当な使用領域を見出す」[28]。

　これまで憲法裁の判例や多くの学説は，内容・限界規定の憲法適合性の審査基準として，比例原則が適用されるということを認めてきた。こうした判例や学説の外観，すなわち，比例原則の適用の「承認は，基本法14条1項2文に従った財産権規定の際，介入についても問題になるということを前提としている」という指摘を呼ぶことになる[29]。上述の比例原則の一般的な理解からすれば，基本権の保護領域への介入のみが比例原則を用いた審査の対象とされるはずだからである[30]。つまり，14条1項2文の内容・限界規定は，14条1項1文の保護領域へ介入するものと解されることになる。けれども，財産権が法律依存性を有しているということからすれば，保護領域への介入というものは観念され得ないはずである。それにもかかわらず，それが前提となるはずの比例原則を適用するという奇妙な事態になってしまう。それゆえ，憲法上の財産権の核心ないし実質が明らかでない状態でなされる比例原則による立法者の拘束は，国家による介入について一般的な限界を定めているにとどまり，財産権に特有の国家行為の制約ではないという見方もされていた[31]。

⑵　比例原則の適用否定論

　このように，比例原則は，保護領域への介入を観念し得る場合にのみ妥当するものとする通説・判例の見解に基づくと，保護領域としての憲法上の財産権概念が明らかにされていない中での，違憲審査の場面での比例原則の適用は理

---

27) Vgl. BVerfGE 79, 311 (341).

28) M. Gellermann, a.a.O. (Anm. 8), S. 339.

29) Vgl. Bernhard Kempen, Der Eingriff des Staates in das Eigentum, 1991, S. 118.

30) Vgl. Walter Leisner, Eigentum, in: Josef Isensee/Paul Kirchhof (Hrsg.), HdbStR, Bd. 8, 3. Aufl. 2010, § 173 Rn. 134.

31) Vgl. Walter Leisner, Eigentum, in: Josef Isensee/Paul Kirchhof (Hrsg.), HdbStR Bd. 6, 1. Aufl. 1989, § 149 Rn. 75; ders., a.a.O. (Anm. 30), Rn. 161. ライスナーの立場は，だからこそ，憲法上の財産権の核心ないし実質を憲法限りで観念しようと試みるものであった（第3章第2節1．（モデル1））。

論的に明快には説明し難い。そこで，財産権については別の審査枠組みが妥当するとする見解が提示されている。

　こうした見解の基礎にあるのは，比例原則を用いて審査することのできる領域を限定していこうとする潮流である。例えば[32]，F・オッセンビュールは，適用領域の拡大，その後の「再特殊化（Respezifizierung）」という，比例原則の展開過程を追いながら，概略次のように述べている。比例原則は，警察法の領域から発生したというその起源によれば，国家権力による介入に対する防御のためのものであった[33]。けれども，規制行政に加えて給付行政が重要性を有するようになってきたという時代状況の変化[34]，及び，介入に対する防御に資するということを超えて基本原則規範（価値決定をする基本原則規範，客観法的価値決定）をも意味するという基本権理解の変化により，介入に対する防御のためのものという比例原則理解は，妥当しなくなっていく。すなわち，国家－私人間の縦の関係ではなく，私人－私人間の横の関係で基本権法益が及ぼす照射効の場合，私人に対する国家の介入という構造が失われている。そのことに起因して，オッセンビュールは，「必要性審査及び均衡性審査にとっての構造的な基礎としての目的・手段の関係」までもがなくなると述べる。この場合，法律は，市民の自由領域を相互に関係付けているのであり，市民間の関係の「適度の」均衡の保持（„maßvolles" Austarieren）がなされねばならない。しかし，適度の均衡が保持されているかどうかという審査は，比例原則とは別の内実を有するものと考えられている[35]。そして，介入を観念し得ない領域においては，比例原則の「再特殊化」という傾向に沿って，比例原則とは別の「適度の均衡の保持」のような審査枠組みが適用されることになるという結論に至っている[36]。

　こうした比例原則に関する理解を参照しながら，ゲラーマンは，財産権領域

---

32) 同じ潮流に属するものとして，オリヴァ・レプシウス（横内恵訳）「比例原則の可能性と限界」自治研究89巻11号（2013年）64頁以下，Oliver Lepsius, Die Chancen und Grenzen des Grundsatzes der Verhältnismäßigkeit, in: Matthias Jestaedt/ders. (Hrsg.), Verhältnismäßigkeit: Zur Tragfähigkeit eines verfassungsrechtlichen Schlüsselkonzepts, 2015, S. 27 ff.

33) Vgl. Fritz Ossenbühl, Maßhalten mit dem Übermaßverbot, in: Peter Badura/Rupert Scholz (Hrsg.), Wege und Verfahren des Verfassungslebens: Festschrift für Peter Lerche, 1993, S. 152 f.

34) Vgl. ebenda, S. 153 f.

35) Vgl. ebenda, S. 160.

36) Vgl. ebenda, S. 164.

において，過剰侵害禁止という意味で捉えた比例原則の適用を否定する[37]。そして，その場合の立法者の拘束について次のように述べている。すなわち，内容形成立法者の拘束は，「客観的な基本権内容によってあらかじめ与えられた目標を，放棄し得ない最低限の拘束を超えた，実際の事情や利益状況に対応する方法で実現するという基本権上基礎付けられる義務と何も異なることはない。このことをより簡単に，立法者には，『事実に関わる諸関係を考慮した』，それに適合的な (angepaßt)，あるいは単に適切な (angemessen) 結果を生み出すことが義務付けられる，というように定式化することもできる。かかる根拠により，この関係では，両立性，調整，そして，適切な帰属に向けられた『適切性の比例性 (Angemessenheits–Verhältnismäßigkeit)』[38] という語が用いられる」[39]。この適切性の比例性は，通常，狭義の比例性という概念で表されるのを常としているものに匹敵するものであると——同一の概念であるかには含みを持たせつつも——されている。

(3) 比例原則の適用肯定論

これに対して，比例原則には保護領域への介入という前提条件が必要だとする従来の考え方とは異なる理解をとりながら，財産権保障に関しても比例原則という概念を用いて検討するという立場がある[40]。比例原則の起源を見ると，それは警察法の領域で，自由と財産への警察による介入を制限するために行政裁判所の判例において発展してきたものである[41]。そのため，比例原則が憲法上の原則となり，法律の憲法適合性審査の際に広く適用されるようになった後も，基本権の保護領域への介入に対する審査の際に用いられる基準として，比例原則が理解されるのは確かにもっともなことである。

先に述べたように，法律依存性という特質を有する財産権は，法律との関係において，——モデル1〜3のような立脚点を構築する場合を別にして——保

---

37) M. Gellermann, a. a. O. (Anm. 8), S. 340 f.; Vgl. Peter Lerche, Übermaß und Verfassungsrecht, 1961, S. 154 ff., S. 247 ff.

38) Ernst-Wolfgang Böckenförde, Grundrechte als Grundsatznormen, Der Staat 29 (1990), S. 20 f. ただし，否定的な論調で言及されている。

39) Vgl. M. Gellermann, a. a. O. (Anm. 8), S. 350 f.

40) Vgl. J. Wieland, a. a. O. (Anm. 9), Rn. 144 ff.

41) Vgl. H. Maurer, a. a. O. (Anm. 22), Rn. 55.

護領域への介入を観念することはできない。しかしながら，財産権の場合には，確かに保護領域への介入を観念することは理論上不可能であるが，それでもなお防御権的意義を有するものではある。「基本法14条1項1文における財産権と相続権の保障は，第一に，そして，優先的に防御権を根拠付ける。『財産権保障の保護的・防御的な意義』は，支配権，使用権，処分権の承認と保護により，基本権の享有主体に，財産法領域における自由領域を保障すべきであり，それにより，生活の自己責任に基づく形成を可能にする」[42]。（このように述べるJ・ヴィーラントは，財産権保障の憲法上の立脚点に関して取り上げたように，内容形成を行う法律を介入と捉えない，モデル4に属する論者である。参照，第3章第2節。）それゆえ，同じく保護領域への介入を観念できない給付行政や憲法上の給付請求権の場合に比べて比例原則の本来的機能との距離は近い[43]（ただし，立法者による委託の履行の仕方を審査する場合，「過剰侵害禁止」原則という呼称は，そぐわない）。

　また，上述のように，オッセンビュールは，基本原則規範（価値決定をする基本原則規範，客観法的価値決定）としての基本権の場合，すなわち，基本権の照射効が問題になるような場合には介入構造は失われ，必要性審査及び均衡性審査にとっての構造的な基礎としての目的・手段の関係がなくなると述べていた。しかし，財産権の場合，客観法的内容の照射効（私人間効力）が問題となっているのではなく，第一次的には立法者への直接の拘束が問題となっており，財産権を形成する法律を，その法律が達成しようとしている公益（目的）に対する手段として捉えることは可能である。確かに，財産権の内容を形成する法律があらかじめ存在する財産権の制約目的を有し，制約手段として働くということは言えない。けれども，財産権を内容形成する法律もまた，何らかの目的を有し，

42）J. Wieland, a.a.O. (Anm. 9), Rn. 87.〔傍点原文太字〕

43）給付行政や給付請求権のような場合にも，その給付が生活の自己責任に基づく形成に関わる場合であり，かつ，その給付の有無・水準に関して立法者が定める際の憲法上の考慮要素が明確になっているのであれば，給付をしないという不作為の憲法適合性を比例原則審査で審査することは可能であると思われる。しかし，それが防御権的意義を有するものとしては捉えにくいというところに財産権との大きな違いがあり，比例原則の本来的機能からの「逸脱」と捉えられることになる（参照，柴田憲司「憲法上の比例原則について(1)」法学新報116巻9＝10号（2010年）201頁以下）。それゆえ，その適用のされ方（厳格度）に差が生ずるようにも思われるが，本書の検討対象を超えるため，これ以上は扱わない。

それを実現するために，他の諸利益との調整の手段となっていると見ることができるのである。

したがって，介入に対する防御のための比例原則審査とは異なる審査枠組みも，憲法の委託を実現する法律の目的と手段の関係性を問うという点では，比例原則審査と共通の枠組みを有しているということができる。こうした理解によれば，比例原則とは別物の衡量審査が妥当するという見解とは異なって，ひとまずは従来の枠組みを基礎に置くことができる。既に見たように，連邦憲法裁判例は，財産権の場合にも，介入がある場合の比例原則と文言の上では異ならない比例原則審査を適用しているように見える。その上で，財産権に固有の事情を顧慮した衡量審査というものを考えればよい。それでは，かかる衡量審査とはどのようなものであるか。以下で，詳述する。

2. 財産権における特別な比例原則審査

⑴ 「特別」ということの意味

財産権における比例原則は，特別な構造を有するとしばしば言われている[44]。ではどのような点において特別なのか，特別と言われる要因を確かめながら，考えていきたい。

① 第一の要因：保護領域への介入の観念不可能性

財産権における比例原則審査の特殊性をもたらす第一の要因は，財産権については法律による保護領域への介入というものを観念することができないということである。保護領域への介入がないとなると，三つの部分原則からなる比例原則（比例原則の基本型）の適用の仕方にそのまま従うことはできない。適合性審査と必要性審査によれば，「望まれる結果が，その助けによって促進される場合，この規定は適合的である。『立法者が〈当該基本権〉を制限しないか，より制限的でない他の手段を選択することができなかった場合』[45]，この規定は必要である。ここで，次の問いが提起される。すなわち，立法者が，審査される規定によって初めてその内容と限界を定めている場合，何が，〈当該基本権〉

---

44) Vgl. Jochen Rozek, Die Unterscheidung von Eigentumsbindung und Enteignung, 1998, S. 34; T. Kingreen/R. Poscher, a.a.O. (Anm. 9), Rn. 1043. 訳書335頁; J. Wieland, a.a.O. (Anm. 9), Rn. 145.

45) BVerfGE 70, 278 (286).

第5章　財産権の審査枠組みの理論的分析　189

の下で理解され得るのか」[46] という問いである。つまり，必要性審査は，その定義上，行うことができないとされているのである。

② 第二の要因：財産権の社会的拘束——二方面の委託

第二の要因として挙げられるのは，基本法14条2項に定められた財産権の社会的拘束である。これは憲法から立法者へなされる「委託」の内容に関わる。法律により財産権の内容形成を行う際には，対立利益との調整が必要不可欠であった。この対立利益も財産権者の利益と同様に顧慮されねばならないというのが，基本法14条2項の要請である。つまり，憲法による委託は，財産権者の利益の側に有利な要請（私的効用性の充足）と，対立利益の側に有利な要請（社会的拘束の充足）という反対方向の二つのものが同時になされることになるのである[47]。「基本法は，14条で，徹頭徹尾，抑制されていない個人主義を信奉しているのではなく，反対に，社会的に拘束された財産権という思考に満ちている」[48]。そうすると，憲法による委託を実現する際には，単に一方の側に有利な要素をより実現度の高いものにすればよいというわけではなくなる。「例えば，立法者が，都市計画の再開発を実効的にしようとし，あるいは，人口集中地域における土地の不釣合いに大きな価格の上昇を阻止しようということについて決定する場合，それとともに，具体的な規制や措置が，法的に把握できる方法で，『手段』として確定されるということはない。むしろ，考え，主張することができる規定の手段のスペクトルが，非常に広く広がっている。これらの手段の一つ，あるいは，手段のコンビネーションの規範化は，必然的に，法政策的な評価の問題であり，決してより確実な予測の問題ではない。それゆえ，その限りで，規範的な決定は避けられない。この決定を原則的に法化しようとすることは，裁判所を，法学的に解決できない問題の前に置くだけでなく，基本法14条1項2文における立法者への憲法委託とも矛盾するであろう」[49]。したがって，本

---

46) J. Wieland, a.a.O. (Anm. 9), Rn. 145.

47) Vgl. Dirk Ehlers, Eigentumsschutz, Sozialbindung und Enteignung bei der Nutzung von Boden und Umwelt, VVDStRL 51 (1992), S. 226. 邦訳として参照，松原光宏編訳『教会・基本権・公経済法』（中央大学出版部，2017年）91頁〔土屋武訳〕。

この緊張関係は，既に，BVerfGE 25, 112 (117 f.) で指摘されていた。

48) J. Dietlein, a.a.O. (Anm. 19), S. 2175.

来，「多くの適合的で均衡のとれた手段の中から，ただ一つの手段のみを正当化する」[50] 必要性審査はなし得ないことになる[51]。

また，経済立法について，それが多極的な利害関係を有するものであるという理解から，次のような指摘もなされている[52]。「まさに経済規制の分野においては，立法者は一遍に色々な目的（高い生産能力，万人に向けられたユニバーサルなサービス，より一層安い価格，より一層機能する競争）を追求するが，それらの目的には同時に色々な手段が対応する。このような目的－手段の〔複雑な結び付きの〕束が，適合性審査を非常に難しいものにしている」。

これに対して，こうした財産権者の利益の側に有利な要請（私的効用性の充足）と，対立利益の側に有利な要請（社会的拘束の充足）という反対方向を向いている憲法の委託が，立法者によって均衡のとれた関係において果たされているかということを審査する際に，まさに重要な働きをするのが，狭義の比例性，つまり，私的効用性と社会的拘束との衡量であるということになる。「法的な手段は，追求される目的との関係において，不適切で（angemessen），あるいは無思慮で（unvernünftig）あってはならない」[53] という狭義の比例性審査の定義によれば，ある規定が特定の規律目的のためになされた場合でさえも，通常はまだ多くの比例性にかなった手段が残されたままである。ここに，必要最小限の手段を探求する必要性審査と狭義の比例性審査との内容的な差異が表れているのである[54]。

したがって，財産権保障における比例原則審査が特別であると言われるとき，それが意味しているのは，必要性審査，適合性審査は財産権保障に関して裁判所の行う審査としてはそぐわず，狭義の比例性に審査の重点が置かれる[55] と

---

49) Rüdiger Breuer, Die Bodennutzung im Konflikt zwischen Städtebau und Eigentumsgarantie, 1976, S. 26.

50) Ebenda, S. 25.

51) Vgl. Martin Jaschinski, Der Fortbestand des Anspruchs aus enteignungsgleichen Eingriff, 1997, S. 149.

52) レプシウス・前掲注32）194頁。O. Lepsius, a.a.O. (Anm. 10), Rn. 74 ff.; ders., a.a.O. (Anm. 32), S. 35.

53) P. Lerche, a.a.O. (Anm. 37), S. 19.

54) R. Breuer, a.a.O. (Anm. 49), S. 29.

55) 篠原・前掲注14）115頁も参照。

いうことである[56]。それは、「比例原則は、立法者に所有権者の地位を均衡の
とれていない形で縮減することを禁止しているのみならず、立法者に、社会的
拘束をもはや均衡がとれていないほど、なおざりにしないよう積極的に義務付
けている」[57]という理由に基づくものである。憲法裁による比例原則審査の実
質も、まさにこうした狭義の比例性審査に重点があるものであった。憲法裁は、
「立法者は、財産権の内容及び限界を定める場合には、財産権者の保護されるべ
き利益と公共の福祉の利益〔あるいは、関係者の保護に値する利益〕とを適切に調
整し、均衡のとれた関係をもたらさなければならない」という定式を立てていた
(参照、第4章第2節)。そこでは、「財産権者の保護されるべき利益」、「公共の福
祉の利益」、「関係者の保護に値する利益」[58]、それぞれに含まれる様々な利益
を衡量し、適切な調整を行うことが立法者に対して求められている[59]。

---

56) これに対して、更に問題特有の事情があるため、別の理由から適合性審査、必要性審査がなされ
ないことになるのが、課税と財産権保障との関係が審査される場合である。BVerfGE 115, 97(2006
年)は、「財産権保障の意味が財産価値のある法的立場の私的な保有及び利用を保護するというこ
とであるならば、正当化を必要とする内容及び制限規定(基本法14条1項2文)としての税法も、
租税介入が要件上財産価値のある法的立場の保持に結び付き、獲得された法的立場の私的利用を
公益に有利になるように制限する場合、財産権保障の保護領域に介入する」(S. 111)としている。
その上で、その介入が正当化できるかどうかを審査する比例原則審査は次のような構造になって
いる。曰く、「租税の負担は、比例原則において維持されている適合性と必要性の要請において、
限界に関する適切な起点をほとんど提供していない。『絞殺的』な、概念上は租税としてほとんど
認められ得ない、税源が自身を根絶させるような負担と対立する、国家の財政需要を賄うための
収入を得るという目的を持った租税は、その目的に原則として常に適合的かつ必要でなければな
らない。税負担の適切性と要求可能性に関する全体での考慮の範囲での狭義の比例性のみから、
税負担に対する上限が導かれる」(S. 115)(参照、レプシウス・前掲注32)65頁、O. Lepsius, a.a.O.
(Anm. 32), S. 28)。
　それゆえ、税法に関しては、財産権保障は、圧殺的な税に対してのみ効果的に防護することがで
きるが、そのような税は極めてまれにしかない。ただし、憲法裁は、遡及効を持つものに関しては、
信頼保護原則の観点から、近年積極的に審査を行っており注目を集めている(詳しくは、第6章第
2節1. 参照)。

57) J. Wieland, a.a.O. (Anm. 9), Rn. 145.

58) こうした利益の衝突の解消の際、比例原則審査においては、適合性審査と必要性審査は背後に退
き、衡量審査が中心となるということについて、Vgl. Foroud Shirvani, Eigentumsschutz und
Grundrechtskollision, DöV 2014, S. 178 ff.

59) Vgl. M. Gellermann, a.a.O. (Anm. 8). S. 354.

(2)　審査の流れ

　財産権における比例原則審査には，以上に述べてきたような特殊性があるということを踏まえた上で，ここでまとめとして，財産権保障の審査枠組みの一般的な型を提示しておく[60]。

　何度も述べてきたように，財産権保障においては，保護領域は憲法限りでは確定され得ないとするならば，いわゆる三段階審査（保護領域・介入・正当化）の枠組みは使えない。それに代わって，審査対象たる法律が保護領域を形成する際に，憲法上の要請を満たしているかどうかという視点から審査がなされる。つまり，保護領域の形成・正当化という二段階審査ということになる[61]。さらに，正当化段階の審査も異なってくる。

　まず，審査対象たる法律の目的の正当性が審査される。ここでいう法律の目的とは，財産権を制約する目的ではなく，その法律によって規定されるような内容の財産権を形成する目的である。違憲審査が提起されるのは，その形成によって生ずる財産権者の側の利益が少な過ぎる（私的効用性の実現度が低過ぎる）場合であり，そのような事態を惹起する目的は，社会的拘束をかける目的と等しい。

　次に，その正当な目的の達成のためにとられる手段との関連性（形成目的と形成手段との関連性）に着目した審査が行われる。まず，適合性の審査である。そこでは，形成手段が形成目的にとって適合的かどうか，つまり，形成目的を達成するための手段として，当該形成手段が実際に役に立つかどうかが判定される。もっとも，適合性審査で違憲となる可能性は相当に低い[62]。

　続いて，必要性審査は理論上なされ得ず，狭義の比例性審査が行われる。すなわち，目的と手段の均衡がとれているかどうかが判断される。ただし，この狭義の比例性審査を行う際，裁判所は，基本的に立法者の広い形成余地（それが認められる根拠について参照，第4章第2節2.）を尊重しなければならない。違憲という結論になるのは，目的と手段の著しい不均衡がある場合[63]，あるいは財

60）本稿の主張する審査枠組みと同型のものを提示しているものとして，Vgl. J. Wieland, a.a.O. (Anm. 9), Rn. 145; B.-O. Bryde, a.a.O. (Anm. 17), Rn. 61.

61）保護領域を観念できない平等原則について，二段階審査になるのと同様の理屈である（松本和彦「三段階審査論の行方」法律時報83巻5号（2011年）35頁参照）。

62）Vgl. J. Wieland, a.a.O. (Anm. 9), Rn. 145.

63）Vgl. Michael Kloepfer, Verfassungsrecht, Bd. 1, 2011, § 10 Rn. 214.

産権者の側から言うと財産権者にとって過酷な不利益が及ぶため負担を要求することができない場合である。

《小括》

〈1〉 連邦憲法裁判例において法制度保障審査が衰退していく様子を前章で確認したが，学説でも，法制度保障という審査枠組みは保持したままでその内容を変質させるものや法制度保障という審査枠組みそれ自体を撤廃するものが現れた。

〈2〉 代わりに比例原則の現れとされる衡量審査が台頭してきたが，財産権保障における比例原則審査は，通常のものとは異なる特別なものとなっている。従来，比例原則審査は，保護領域への介入を前提とするものと考えられてきた。しかし，財産権は法律によって形成されるものだとすると保護領域は観念されない。そこで，考えられる選択肢の一つ目は，財産権保障においては，比例原則の適用を否定し，適切性の比例性と名付けられた別の審査基準で審査するというものである。この適切性の比例性は，狭義の比例性とその内容を同じくするものだと言われている。二つ目は，自立的な財産権概念を認めて保護領域の存在を措定するものである。三つ目は，比例原則そのものの変容までをも主張し，比例原則の適用は保護領域への介入を前提としないと考える。そして，適切性の比例性もまた比例原則の一種として捉えるものである。

〈3〉 適切性の比例性が財産権保障に関する憲法適合性審査で中心的な役割を果たすのは，財産権の場合，保護領域の存在を観念し得ないこと，そして，立法者に対する二方面の委託（財産権者の利益の保護のみならず対立利益の実現）が複雑な調整を経ながらなされねばならないということによる。目的を達成するために，財産権にとってより制限的でない手段が何かを一つに決めることが困難であるため，通常の自由権と同様に，裁判所がそうした手段を探求することができないのである。

第6章 財産権の現存保障

第1節 財産権の現存保障の基礎

1. 問題となる局面

既に第2章で見たところであるが，財産権保障の局面は，三つに分けることができた。本章では，現存保障の局面がどこになるかという点に注意しながら言及し，とりわけ，これまで盛んに議論されてきた現存保障の二つの形態（内容・限界規定の局面での保障／収用の局面での保障）の区別について詳細に論じたい。

⑴ 既得の権利者の存否による区別

「ⓐ」と「ⓑ・ⓒ」の区別〔参照，第2章第2節1.図1〕：まず，保障の局面は，既得の権利者がいる可能性の有無によって区別される。ある財産権について定める法律が初めて制定される局面ⓐと，そのような法律が制定された後，その財産権に関わる新たな法律が定められたり，当初の法律が改正されたりする局面ⓑ・ⓒとに分けられる。このことは，立法者の法制定権限の側からも二種類のものがあるとして，説明される。

「立法者は，基本法14条1項2文によって所有権に新たな内容を与えることができるのみではない。立法者は，新たな権利を導入できるように，従来の法で認められていた権利の存続を将来に向けて除去することもできる。また，たとえ権利と結び付いた権限が制限される場合であっても，旧法で創設された権利を新たな規律に適合させることが全くできないというわけではない。所有権保障は，その限りで，一度形成された法的地位をいかなる将来においてもその内容の点で不可侵のものとすることを命じてはいないのである」[1]。

---

1) BVerfGE 83, 201 (212). この決定が，現存保障に関するリーディングケースとなっている。この決定について参照，戸波江二「新法施行後の旧鉱業法上の先買権の行使と所有権の保障」ドイツ憲法判例研究会編『ドイツの憲法判例Ⅱ〔第2版〕』（信山社，2006年）289頁以下。

(2) 内容・限界規定と収用との区別

　ⓑとⓒの区別：次に，同じく既得の権利者に影響を及ぼす法律の中で区別がなされる。それの区別の仕方は，内容・限界規定と収用の区別がいかになされるのかという問題としてこれまで多く議論の対象となってきた。なぜ，この問題が重要な論点となってきたのかというと，ドイツにおいては，この区別が補償の要否に直結すると考えられてきたからである。内容・限界規定について定めているのは，基本法14条1項2文である。そこでは，憲法の明文上，何の条件も課されていない。しかし，とりわけ比例原則による限界があることは，これまでに見てきたとおりであり，それに反すると無効となる。これに対して，収用について定めている基本法14条3項は，収用の要件と形式を定め，補償を要求している。憲法裁の判例は，必ず，初めの方で，審査対象である法律がどちらの局面のものなのかを，判示している。（ただし，後に取り上げるように，調整を義務付ける内容・限界規定というカテゴリーが承認されるようになってくると，補償の要否に関するこの二分法は，崩れてくる。しかし，そうであるとしても，内容・限界規定と収用が厳格に区別されるべきだということは維持されている。その意義についても，後に触れる。）

　また，両者は，内容・限界規定の局面での比例原則による統制が客観法レベルでの憲法適合性の維持を主たる狙いとしているのに対して，収用の局面での補償供与が個人の所有権保護を目的としているという違いもある[2]。ⓑの局面では，既得の権利者の権利は，単に，主観的権利として捉えられるのではないという意識がドイツでは強い。また，この局面では，法律は，ⓐの局面と同様，新たな財産権者（Neueigentümer）（潜在的な財産権者）の財産権の規定という意味合いも有する。現存保障の中にも，主観法的次元と客観法的次元とがある[3]のである。既得の権利者の主観的防御権の側面は，訴訟提起の場面で威力を発揮するにとどまり，そうした法制定が許されるか否かは，客観法的次元で判断される[4]というのがベースにある。ただし，その次元でも，既得の権利者個人の権利救済という側面が全く考慮されないわけではないということは，後に見るとおりである。

---

2) Vgl. Friedrich Schoch, Die Eigentumsgarantie des Art. 14 GG, Jura 1989, S. 119.

3) Vgl. Kai Bahnsen, Der Bestandsschutz im öffentlichen Baurecht, 2011, S. 103.

4) Vgl. Markus Appel, Eigentumsgrundrechtlicher Bestands- oder rechtsstaatlicher Vertrauens-schutz–Was schützt den Eigentümer?, DVBl. 2005, S. 342.

先に見たとおり，ドイツの判例・通説は，いわゆる形式的基準によって，この区別を行っている（第2章第2節1.）。この区別を決定的なものにした砂利採取決定によると，内容・限界規定とは，「財産権者の権利・義務を一般的，抽象的に確定する」法律を指し，収用とは，「特定の，あるいは特定可能な人的範囲から基本法14条1項2文にいう一般的法律に基づき適法に取得した具体的財産的権利を剥奪する」ことを意味するとされていた[5]。両者の境界付けは，収用の概念の方を確定するという仕方で行われる。憲法裁は，補償問題における法的安定性をもたらすために，収用のみを概念上定式化してきた。それゆえ，収用ではない全ての措置が，詳細に定義されない内容・限界規定として，基本法14条1項2文に関わるものとなるのである[6]。

収用の局面と内容・限界規定の局面は，完全に別個のものとされる。内容・限界規定と性質付けられた法律が，いかに既得の権利者の財産権に不利益を及ぼそうとも，たとえ権利が完全に剥奪される場合でさえも，それが収用に成り代わることはない（転化理論の否定）[7]。すなわち，ドイツでは，内容・限界規定の局面に一旦問題のステージが設定されると，既得の権利者の保護について顧慮する場合にも，あくまで，この内容・限界規定が憲法適合的かどうかという

---

5) BVerfGE 58, 300 (330 f.). この決定について参照，西埜章「憲法上の所有権概念と地下水利用権——砂利採取事件」ドイツ憲法判例研究会編『ドイツの憲法判例〔第2版〕』（信山社，2003年）313頁以下，川﨑和代「西ドイツにおける財産権制限の法理——連邦憲法裁判所判決を中心に」大阪女子学園短期大学紀要28号（1984年）49頁以下，高橋寿一「所有権制限法理の展開——西ドイツにおける近年の所有権概念の変遷をふまえて」一橋研究9巻2号（1984年）62頁以下。

6) Thorsten Kingreen/Ralf Poscher, Grundrechte Staatsrecht II, 32. Aufl. 2016, Rn. 1021.

7) Vgl. BVerfGE 83, 201 (211 f.). Joachim Lege, Das Eigentumsgrundrecht aus Art. 14 GG, Jura 2011, S. 1086 f.; Wolfgang Rüfner, Entwicklung des Eigentumsschutzes in Deutschland seit BVerfGE 58, 300 (18. 7. 1981), in: Heike Jochum/Michael Elicker/Steffen Lampert/Roberto Bartone (Hrsg.), Freiheit, Gleichheit, Eigentum – Öffentliche Finanzen und Abgaben: Festschrift für Rudolf Wendt zum 70. Geburtstag, 2015, S. 369.
　ただし，これにより，収用立法（Legalenteignung）が完全に否定されたわけではない。収用と部分的剥奪（Teilentzug）との区別が，収用を分離可能な財産権者の権限の剥奪（Dirk Ehlers, Eigentumsschutz, Sozialbindung und Enteignung bei der Boden und Umwelt, VVDStRL 51 (1992), S. 236 f. 邦訳として参照，松原光宏編訳『教会・基本権・公経済法』（中央大学出版部，2017年）103頁〔土屋武訳〕）や，独立した権利の剥奪（Vgl. Martin Burgi, Die Enteignung durch „teilweisen" Rechtsentzug als Prüfstein für die Eigentumsdogmatik, NVwZ 1994, S. 527 ff.）に限定することで可能とされていることから察するに，そのような場合には，まだ収用立法も行われ得る。分離可能でない権限の剥奪は，内容・限界規定の問題となる。

問題の枠内で考察が進められることになる。

(3) 内容・限界規定の局面への重点の移動

　形式的基準を採用することにより，仮に実質的基準によれば収用とされるようなものも内容・限界規定とされるため，内容・限界規定の局面で審査されることが多くなる。憲法裁は，収用かどうか疑わしい場合には，内容・限界規定であると判断する傾向にある[8]。そして，この傾向は，近年顕著に見られる収用概念の狭小化に伴って更に強まる。これまでに，ほぼ争いなく収用の不可欠のメルクマールとして認められてきたのは，「財産権的地位の完全なあるいは部分的な剥奪，及びそれによってもたらされる権利や財産の喪失という基準」である[9]。これに加えてさらに，利益調達 (Güterbeschaffung) という要件をメルクマールとするか否かについて，判例は統一的に答えてこなかったところ，近年，この要件を必要とするとの判断を示すようになってきた[10]。当初，憲法裁は，明らかに，利益調達という事象を収用のための構成的なメルクマールとすることを否定していた[11]。これに対して，建築予定地整備決定では，「収用は，その物を用いることにより，公的任務の遂行に資する具体的な措置が貫徹されることになるような物が，高権的に調達されるような場合に限定される」[12] と示された。建築予定地整備の，内容・限界規定という性質付けは，それが市民間の利益の調整に資するためのものであり[13]，市民と国家の間の利益の調整を対象としているのではないということからも説明できる。すなわち，この基準が，収用か内容規定かの区別の際の「粗いフィルター」[14] となっており，市民間の利益の調整が目的である場合には，直ちに，内容・限界規定に振り分けられるというのである。この説明の仕方は，利益調達が収用のメルクマールであ

---

8) 南川和宣「ドイツにおける補償を義務づけられる内容制限規定(二・完)」法学論叢151巻3号（2002年）43頁。

9) Vgl. BVerfGE 24, 367 (394); 52, 1 (27); 83, 201 (211).

10) Vgl. BVerfGE 143, 246 (333 ff.). 以下で取り上げる判例の変遷に関する叙述は，この判決の整理によった。この判決について参照，平良小百合「脱原発を促進する第13次原子力法改正法と憲法上の財産権保障」山口経済学雑誌66巻3号（2017年）53頁以下。

11) Vgl. BVerfGE 24, 367 (394); 45, 297 (332); 83, 201 (211).

12) BVerfGE 104, 1 (10). 〔下線は筆者による〕

13) BVerfGE 104, 1 (9 f.).

ると考えるか否かにかかわらず可能なものである。けれども，憲法裁自身は，この判決を公的任務の遂行に資する物の利益調達を，収用概念の要素としたものだと位置付けている。その後，この立場を維持する決定が出された[15]。

このように利益調達というメルクマールを必要とする理由について，憲法裁は，基本法14条3項の文言や成立史からは明確な答えは出てこない[16] とした上で，機能的な論拠を挙げている。第一の論拠は次のとおりである。基本法の下で，既にワイマールの頃に始まっていた憲法上の財産権概念の拡大が続き（これについて参照，第3章第1節1.），それと並行して，公正な財産権秩序の法律による内容形成への多種多様な要請が現れ，立法者は，公共の利益と主観的な法的地位とを適切な関係にしなければならない。これについて，立法者は広い形成余地を必要とする。基本法は，財産権の内容・限界規定の際には，立法者にそれを与えるけれども，その要件や法的帰結について厳格に定められた収用の際には，与えない。それゆえ，収用は，具体的な財産権の剥奪と利益調達によって特徴付けられる古典的な適用領域に限定される[17]。次に，第二の論拠は，国家や第三者の受益者への財産権の譲渡と結び付けられない単なる財産権の剥奪のための実践的な必要性である。そのような単なる財産権の剥奪には，例えば，刑法上の有罪判決の附随的帰結としての不法行為によって獲得された財産権の収奪[18] や，特定の犬の品種の輸入や国内持込禁止[19] 等がある。このような場合，財産権の剥奪を，補償を義務付けられる収用と性質付けるのではなく，例外的にのみ補償を必要とする財産権の内容・限界規定と性質付けるのが，財産権の基本的な社会的義務性（基本法14条2項）に合致している[20]。さらに第三に，内容・限界規定と収用との明確な境界付けが可能になるという論拠である[21]。

---

14) Markus Appel, Entstehungsschwäche und Bestandsstärke des verfassungsrechtlichen Eigentums, 2004, S. 162. なお，内容・限界規定とされた後に，それが合憲かどうかが審査される際には，財産権者の利益と公共体の利益との衡量がなされるのであり，後者の中には，水平（市民間）の平面（horizontale Ebene）での様々な利益も含まれる。Vgl. ebenda, S. 163.

15) Vgl. BVerfGE 126, 331 (359).

16) Vgl. BVerfGE 143, 246 (334 f.).

17) Vgl. BVerfGE 143, 246 (336).

18) Vgl. BVerfGE 110, 1 (24 f.).

19) Vgl. BVerfGE 110, 141 (167).

20) Vgl. BVerfGE 143, 246 (336 f.).

21) Vgl. BVerfGE 143, 246 (337).

学説では，一方で，利益調達をもメルクマールとする狭い収用概念を支持する見解がある。すなわち，形式的基準を使えるものにするための「最も首尾一貫した解決策は，古典的収用概念への道へ戻って[22]，利益調達事象という収用の定義に至ること」であるとされている[23]。これに対して，異議を唱えるものもある[24]けれども，憲法裁は，それをきっぱりと退けた。狭い古典的な収用概念が，財産権保護を縮減するのではないかという懸念に対しては，内容・限界規定もまた，比例的で，平等で公正であって，信頼保護を保持するものであることが証明されていなければならないのだという反論や，内容・限界規定であっても例外的に補償義務に至ることがあり得る（補償を要する内容・限界規定）という反論をしている[25]。

このように，収用概念の狭小化に伴って，内容・限界規定の局面が広くとられ，現存保障についてもその局面で審査されることが多いというのが，現在のドイツの判例・通説の状況となっている。

2. 現存保障の一局面──補償を要する内容・限界規定

(1) 補償を要する内容・限界規定の意義

補償を要する内容・限界規定は，ドイツ財産権論において，内容・限界規定と収用とが厳格に別個の制度として観念されるという上述のような特質を有し

---

22) 古典的収用概念とは，第一次世界大戦の前にドイツで確立されていた収用概念であり，それはW・イェリネクによって次のように定義される。「一定の公企業のためにそのような措置が必要である場合の，行政行為によってなされる補償を伴う，土地ないし物権の収奪ないし賦課」(Walter Jellinek, Verwaltungsrecht, 3. Aufl. 1931, S. 402)。ここには，①土地・物権を対象とすること，②一定の公企業にとって必要であること，③行政行為によること，④補償を伴うことという四つのメルクマールが示されている。ここで関わってくるのは，②のみであり，基本法下の現在とは，全く異なる法制度・歴史的背景の下に成立した古典的収用概念への全面的な回帰という意味ではない。(古典的収用概念について，詳しくは，棟居快行「公用収用法理の展開と発展可能性」『憲法学再論』(信山社，2001年) 68頁以下〔初出1982－1983年〕。特に，公企業というメルクマールについて180頁以下。)

23) Vgl. Brun-Otto Bryde, in: Ingo von Münch/Philip Kunig (Hrsg.), Grundgesetz-Kommentar, Bd. 1, 6. Aufl. 2012, Art. 14 Rn. 55. Auch Christoph Külpmann, Der Schutz des Eigentumsbestandes durch Art. 14 I GG–BVerfGE 100, 226, JuS 2000, S. 647.

24) Vgl. Fritz Ossenbühl/Matthias Cornils, Staatshaftungsrecht, 6. Aufl. 2013, S. 209; Günter Dürig, Zurück zum klassischen Enteignungsbegriff, JZ 1954, S. 9 f.; Kyrill-A. Schwarz, „Güterbeschaffung" als notwendiges Element des Enteignungsbegriffes?, DVBl. 2013, S. 138.

25) BVerfGE 143, 246 (337 f.).

200

ていることによって生ずる不都合に対処する役割を果たしているカテゴリーである[26]。内容・限界規定と収用との区別には，一方での補償なし，他方での補償ありという補償の有無が対応していた。そうすると，形式的基準によって内容・限界規定だと振り分けられた規定によって不利益を被る既得の権利者は，権利が剥奪されるに等しいほどの強い侵害を受けようとも，その違憲性を除去することを求めて訴訟を提起することしか許されず，補償を求めて提訴することはできない。つまり，内容・限界規定の問題だとされる限り，既得の権利者の主観的な権利保護のためのルートをとることはできなくなるのである。この，既得の権利者にとっての不都合は，1.で見たように，内容・限界規定と振り分けられる局面がますます増えている憲法裁の判例の状況を見た場合，ますます生ずる可能性が大きくなっている。こうした不都合に対応するために，通常裁判所では，収用的侵害[27]，収用類似の侵害という概念が用いられ，基本法14条3項の補償請求権の認められない既得の権利者にも，補償を認める道が開かれていた[28]。

　これに対応する役割を果たすものとして，憲法裁によって用いられているのが，1980年頃には既に，学説[29]によって提唱され支持を拡大していた補償を要する内容・限界規定である。それは，「立法者が，確かに財産権内容の一般的な

---

26) この流れに言及するものとして，髙木光『行政法』（有斐閣，2015年）405頁参照。

27) 補償を要する内容・限界規定と収用的侵害との違いは，前者では補償を要する場合が，予想外の過酷な事案に限られるわけではなく，むしろ「特定の類型」が考えられているというところにあるという（Vgl. Gerhard Roller, Enteignung, ausgleichspflichtige Inhaltsbestimmung und salvatorische Klauseln, NJW 2001, S. 1008）。

28) 収用的侵害ではそれ自体適法な行政行為の——大抵典型的でない予見不可能な——附随的効果による場合，収用類似の侵害では行政が違法に行為した場合に，補償が認められてきた（Vgl. Hartmut Maurer, Allgemeines Verwaltungsrecht, 18. Aufl. 2011, § 27 Rn. 20 ff.）。収用的侵害の大部分は，「補償を要する内容・限界規定」に吸収される。しかし，それでも残る不測の侵害は，収用的侵害として，位置付けられる（参照，南川・前掲注8）55頁）。

　ただし，その場合の根拠は，基本法14条ではなく，一般的な犠牲的補償請求の観念（プロイセン一般ラント法総則74条，75条）に現れている（Vgl. Konrad Hesse, Grundzüge des Verfassungsrechts der Bundesrepublik Deutschland, 20. Aufl. 1999, Rn. 455. 邦訳として参照，初宿正典・赤坂幸一訳『ドイツ憲法の基本的特質』（成文堂，2006年）294頁）。憲法裁は，法律なき請求権を拘束力のあるものとして認めていない（Vgl. J. Lege, a.a.O. (Anm. 7), S. 1088）。

29) Lerke Schulze-Osterloh, Das Prinzip der Eigentumsopferentschädigungs im Zivilrecht und um öffentlichen Recht, 1980, S. 235 ff.

規定を定めているが，個々の財産権者にとって，規制がそれ自体，比例原則に
違反するように働く」ような規定を指す[30]。それゆえ，内容規定の通常の効果
の比例性を確保するものではない[31]。調整が義務付けられるか否かが問題と
なる前に，公共の利益による正当化が存在するということが，クリアされてい
なければならないのである[32]。

　例えば，州内の出版物を全て無償で図書館に納本しなければならないことを
定めていた規定の憲法適合性が問題となった義務献本決定は，全体として憲法
に適合していることは認めた上で，「高価で少部数の出版物の場合，無償での献
本は，出版社の所有権に対し，比例性にかない，なお要求し得る内容的確定の
限界を超えている」と判示した[33]。その後も，補償を要する内容・限界規定と
いうカテゴリーを用いた判例は続いている[34]。脱原発に関する判例では，2002
年に付与された残存許容発電量[35]が，経過規定の中心的な対象である[36]とい
うことから，「特別の存続保護」を享受するとされ，それを再び奪うことになる
第13次原子力法改正法が違憲と判断された[37]。

　このようにして，基本法14条1項2文の内容・限界規定の枠内においても，
14条3項に現れている財産権保障の重みが，顧慮されることになる[38]。判例も

---

[30] Vgl. G. Roller, a.a.O. (Anm. 27), S. 1005. ただし，そもそもが私人間の調整のための規定である場
　合には，このことは当てはまらず，例外的事例ではなく，通常の要求不可能性を阻止するというこ
　とでよい（Vgl. Christian Sellmann, Die eigentumsrechtliche Inhalts- und Schrankenbestimmung –
　Entwicklungstendenzen, NVwZ 2003, S. 1422）。

[31] Vgl. Ansgar Grochtmann, Die Normgeprägtheit des Art. 14 GG – Konsequenzen für die Eigen-
　tumsdogmatik, 2010, S. 115.

[32] Vgl. G. Roller, a.a.O. (Anm. 27), S. 1008; Joachim Wieland, in: Horst Dreier (Hrsg.), Grundgesetz
　Kommentar, Bd. 1, 3. Aufl. 2013, Art. 14 Rn. 152; Rudolf Wendt, in: Michael Sachs (Hrsg.), Grund-
　gesetz Kommentar, 7. Aufl. 2014, Art. 14 Rn. 150; Thorsten Kingreen, Die Eigentumsgarantie
　(Art. 14 GG), Jura 2016, S. 403.

[33] BVerfGE 58, 137 (150).

[34] Vgl. z. B. BVerfGE 100, 226 (244); BVerfGE 143, 246 (338 f.).

[35] 各原発につき，「残存期間×年間発電量」により残存許容発電量を設定し，その到達時点を操業
　期限とするが，その間の操業を保障するとされていた。ドイツの脱原発の流れの概略について，参
　照，松村弓彦「ドイツ脱原発法制の推移と法的論点（前編）・（後編）」環境管理49巻6号（2013年）
　26頁以下，49巻7号（2013年）54頁以下。残存許容発電量については，前編27頁以下を参照。

[36] Vgl. Bernhard Stüer/Sandra Loges, Ausstieg aus der Atomenergie zum Nulltarif?, NVwZ 2000,
　S. 13. 松村・前掲注35）後編60頁も参照。

[37] BVerfGE 143, 246 (368).

そのように述べる。

　基本法14条1項2文の内容・限界規定の憲法適合性が問題となる場合,「基本法14条3項が直接には干渉しないとしても,そこに現れている財産権保障の重要性は,行われねばならない衡量の際に,顧慮されねばならない。というのは,介入が,被侵害者にとっては,(部分的——あるいは完全な)収用のように働くからである。確かに,立法者は,権利の改変や除去を補償規定や経過規定で完全に緩和する必要はない。しかし,経過措置も代用措置も全くない法的地位の除去は,特別の条件の下でのみ考慮に入れられ得る」[39]。

すなわち,そこでは,基本法14条は,財産的利益の保護を3項のみに委ねているのではないと解されている[40]。こうした判例の展開は,財産権の保護を強めるものとして,おおむね好意的に評価されている[41]。

(2)　収用補償との違い

①　補償の手段

　補償を要する内容・限界規定に伴う補償と収用補償との違いの第一のものは,補償の手段は,金銭による補償に限られないということである。

　収用の場合の補償は,金銭によって支払われるのが基本である。これに対して,補償を要する内容・限界規定の場合には,「金銭的な補償義務は,例外である。基本法14条1項1文で保障された財産権の現存保障は,可能な範囲内で,財産権に負担を課している規定を埋め合わせ的な補償の支払をすることなく,例えば,例外や免除を設けることによって,あるいは経過規定によって比例的

38）Vgl. J. Wieland, a.a.O. (Anm. 32), Rn. 152.

39）BVerfGE 83, 201 (212 f.).

40）Vgl. D. Ehlers, a.a.O. (Anm. 7), S. 232. 訳書98頁。

41）Vgl. W. Rüfner, a.a.O. (Anm. 7), S. 381. これに対して,補償を要する内容・限界規定による補償は,平等によってのみ根拠付けられ,財産権保障によって根拠付けられるものではないとする見解もある。この論者は,非常に例外的な場合のみにしか,この規定による補償がなされないことを批判的に論じている(Vgl. Walter Leisner, Eigentum, in: Josef Isensee/Paul Kirchhof (Hrsg.), HdbStR, Bd. 8, 2010, § 173 Rn. 208, 211)。また,基本法14条1項2文が明らかに補償規定を伴っていないこと,2項に社会的拘束が定められていること,そして,3項との明らかな区別がなされていることを根拠に,基本法14条1項2文の適用領域において,独自の(憲法ランクの)補償規範,補償義務という用語を用いることに否定的な見解もある(Vgl. Hans-Jürgen Papier, Die Weiterentwicklung der Rechtsprechung zur Eigentumsgarantie des Art. 14 GG, DVBl. 2000, S. 1402)。

に内容形成することを要求する」[42]。つまり，この局面の場合，金銭による補償は「最後の手段」であり，「他の規定（例えば免除規定）が，同じ方法では公共の福祉を満たさず，侵害される利益の性質によれば，財産的利益の充足を財産権者が指し示すことが許される場合に」しか許されない[43]。まず初めに考えられるべきは，経過規定や免除規定であり，均衡を失するような不利益を被る財産権者に，実際にある程度の期間，その規定が，場合によっては完全に適用されなくなるような手段を用いなければならない。これは，条文上の収用補償との違いに加えて，補償を要する内容・限界規定というカテゴリーを認めることによって，基本法14条1項1文の現存保障が容易に価値保障に転化する危険に鑑みたものである[44]。こうした，価値保障に対する現存保障の優位には，財産権によって基礎付けられる信頼保護（信頼保護については次節を参照）の特殊性が表れていると指摘されている[45]。また，立法者の基本的に広い形成余地の確保という観点からもその意義が説かれている。すなわち，収用の場合には金銭補償のみが立法者の採れる選択肢となるのに対し，内容・限界規定による制度の移行の場合には，旧財産権者の信頼保護を顧慮するために立法者には多様な選択肢が用意されているのである[46]。

② 附帯条項の不適用

補償を要する内容・限界規定はあくまで基本法14条1項2文の内容・限界規定の一種である。それゆえ，14条3項2文のいわゆる附帯条項（Junktimklausel）[47]は適用されない。このことにより，収用の局面では，違憲の収用補償規定として許されなかった救済的補償条項（salvatorische Entschädigungsklausel）[48]が，補

---

42) BVerfGE 143, 246 (339).

43) Vgl. D. Ehlers, a.a.O. (Anm. 7), S. 232. 訳書98頁以下；auch J. Wieland, a.a.O. (Anm. 32), Rn. 154; W. Rüfner, a.a.O. (Anm. 7), S. 373.

44) Vgl. C. Külpmann, a.a.O. (Anm. 23), S. 649.

45) Vgl. Meinhard Schröder, Verfassungsrechtlicher Investitionsschutz beim Atomausstieg, NVwZ 2013, S. 107.

46) Vgl. Fritz Ossenbühl, Ausgleichspflichtige Inhaltsbestimmungen des Eigentums, in: Rudolf Wendt/Wolfram Höflinng/Ulrich Karpen/Martin Oldiges (Hrsg.), Staat, Wirtschaft, Steuern: Festschrift für Karl Heinrich Friauf zum 65. Geburtstag, 1996, S. 396.

47) 砂利採取決定以前の，附帯条項に関する議論について参照，棟居快行「ボン基本法14条3項（公用収用）におけるJunktimklauselの一考察」前掲注22)『憲法学再論』199頁以下〔初出1983年〕。

204

償を要する内容・限界規定と解釈し直される[49]ことで，合憲の補償請求権の根拠となり得ることとなった。こうした新解釈により，救済条項がとりわけ自然保護法，史跡保護法の領域で用いられるようになった結果，その受け皿として補償を要する内容・限界規定の意義が説かれることとなった[50]。救済的補償条項が設けられている場合，法律限りでは，補償の要件効果が明らかではないため，裁判所がそれを判断しなければならない。その際の基準には，重大性理論，状況拘束性，特別の犠牲等の実体的補償基準が用いられている[51]。

しかし，補償を要する内容・限界規定としても，救済的補償条項を用いることには批判的な学説が多い。たとえ附帯条項は適用されないとしても，一般的な法治国家原理から導出される明確性の要請や立法者の規律責務を根拠に，どのような場合に補償がなされるのか不明確な[52]救済条項は認められない（ただし，移行期間の間は認められる）としている[53]。憲法裁の判例も，救済条項の適用について限定的に考える立場を示した。

　　史跡保護・保全法31条1項：「州は，史跡保護措置によって所有権者が土地を従来どおりには使用できず，経済的な利用可能性が重大な制限を受けるときには，所有権者に対して適切な補償をしなければならない。このことは，史跡保護措置がそれ以外の方法で収用的に作用する場合にも妥当する」。

この条項の2文が憲法上，許されるかについて，憲法裁は，「31条1項2文は，財産に対する違憲の要求が例外規定及び免除規定並びにその他の行政的・技術的措置を通じて阻止されるべきことを規定してもいないし，当事者の権利保護を前述の方法で考慮するように行政手続を定めることもしていない。それゆえ，この条項は，法13条1項2文に基づく過度な侵害を調整する，憲法上十分な根

---

48) 例えば，下記の史跡保護・保全法31条1項2文のように，「収用的に作用する場合にも」適切な補償をしなければならないと規定しているような条項。

49) これをJochen Rozek, Die Unterscheidung von Eigentumsbindung und Enteignung, 1998, S. 112 は，「突然変異」と呼んでいる。Vgl. BGHZ 126, 379 (381); BVerwGE 94, 1 (10).

50) Vgl. J. Wieland, a.a.O. (Anm. 32), Rn. 153.

51) Vgl. B.-O. Bryde, a.a.O. (Anm. 23), Rn. 97.

52) 具体的程度について，南川・前掲注8）50頁以下。

53) B.-O. Bryde, a.a.O. (Anm. 23), Rn. 97; J. Wieland, a.a.O. (Anm. 32), Rn. 154; J. Rozek, a.a.O. (Anm. 49), S. 116 ff.; D. Ehlers, a.a.O. (Anm. 7), S. 232 f. 訳書99頁以下; H.-J. Papier, a.a.O. (Anm. 41), S. 1406.

拠を提示してはいない」とした[54]。

以上，収用補償と補償を要する内容・限界規定による補償との違いを検討してきたが，一方では，収用との違いが強調され，金銭補償が第一ではないということが特徴として確立されていた。他方で，補償を定める法律の規定に関しては，附帯条項の適用の有無という形式上の違いがあるにもかかわらず，立法者があらかじめ補償の要件効果を定めておく意義について，議論がなおも継続して行われている。

第2節　信頼保護原則の顧慮

財産権の現存保障と密接に関連するものとして，信頼保護原則が取り上げられ顧慮されることがある。この原則は，元々法治国家原理に由来するものとして発展してきたが，それが財産権保障と結び付いて説かれるとき，どのような意義を有することになるのか，とりわけ，保護を強めることになるのか，必ずしも明瞭でない憲法裁判例をめぐって議論がなされている。

1.　信頼保護原則の法的基礎

(1)　法治国家原理による基礎付け

信頼保護原則を法的に基礎付けるものとして，まず法治国家原理が挙げられる。信頼保護原則は，「市民の観点」から出発しており，その期待や準備と結び付けられる国家の規制の存続への信頼や国家行為の信用性への信頼が顧慮されることを要請するものである[55]。こうした信頼保護原則は，独立した法原則としては，第二次世界大戦後に行政裁判所によって初めて認められ，その後，憲法裁によって発展させられてきた[56]。信頼保護原則の発展の背景には，近代的な産業社会，大衆社会が，国家に対して経済領域や社会の領域で活動するようますます強く促し，それにより，市民はしばしば変わる国家の規制や措置に対

---

54) BVerfGE 100, 226 (247). これにより，もしかすると，救済条項の適用の余地は，一般的にはもはや残っていないかもしれないとも指摘されている（Vgl. H.-J. Papier, a.a.O.（Anm. 41）, S. 1406）。

55) Vgl. Hartmut Maurer, Kontinuitätsgewähr und Vertrauensschutz, in: Josef Isensee/Paul Kirchhof (Hrsg.), HdbStR, Bd. 4, 3. Aufl. 2006, § 79 Rn. 4.

56) この経緯について，Vgl. ebenda, Rn. 6 f.

峙しなければならないということがある。すなわち，市民は，その人格的な生活形成や経済活動の際に，これらの規制や措置に従わなければならず，それがあることを前提とした期待や準備をしている。それが不意の変更や遡及的な変更によって阻害され，価値を低下させられないということに市民は根本的な利益を有していると説明されている[57]。

憲法裁の判例の展開の中で，信頼保護原則は遡及効の議論と結び付けて扱われ，真正遡及効，不真正遡及効の二分論[58]が確立した判例理論として示されてきた。ある規定が真正遡及効を有する場合とは，その規定の「時間的な適用領域が過去にも及ぶ」場合である。これに対して，ある規定が不真正遡及効を有する場合とは，「規定の実質的な適用領域が，それが直ちに妥当し，その際既に成立していた権利の価値を下げるように把握される（現在に関連する適用領域）」場合である[59]。この二つの場合分けは，ある規定が信頼保護原則に違反するかどうかを審査する際の，指針を与えるものとされている。すなわち，真正遡及効は，例外的に被侵害者が保護に値する信頼に依拠し得ない場合を別として，基本的に許されない[60]のに対し，不真正遡及効は，例外的に被侵害者の信頼が上回る場合を別として，基本的に許される[61]という。

ところが，憲法裁は，形式的にはこの区別を維持しつつも，近年，不真正遡及効についても態度を厳格化させる傾向がとりわけ税法に関して見られる。そうした変化の起点となったのが，不真正遡及効を有する租税立法に関して2010年に出された三つの違憲決定である[62]。憲法裁は，信頼保護原則について，次のように述べた。すなわち，「立法者は，将来の法効果について過去の事実関係を引き合いに出す限りで，憲法上要請される信頼保護を十分な程度で顧慮しなけ

---

57) Vgl. ebenda, Rn. 9.
58) Vgl. BVerfGE 13, 261.
59) 一時期，連邦憲法裁の第二法廷が，定義する内容の正確性を期するために，真正遡及効を「法効果の遡及効」，不真正遡及効を「要件事実への遡及的結合」というように読み替えるという動きがあったものの，学説ではさほど広まらず，近年の憲法裁の決定では双方の表現の併記に落ち着いているという（参照，松原有里「租税法規の遡及効と信頼保護原則」自治研究90巻12号（2014年）161頁）。
60) Vgl. BVerfGE 30, 367 (387 ff.).
61) Vgl. BVerfGE 51, 356 (362 f.); 63, 152 (175); 68, 287 (307); 72, 141 (154); 72, 175 (196); 75, 246 (280).
62) BVerfGE 127, 1; 127, 31; 127, 61. これらの決定について，参照，木村弘之亮「ドイツ連邦憲法裁判所2010.7.7 3決定は遡及租税立法を一部違憲——予測可能性ではなく法律公布日を基準時に」税法学565号（2011年）17頁以下。

第6章　財産権の現存保障　207

ればならない。規定によって追求される一般公衆の利益と，法状態の継続への個人の信頼とが，衡量されねばならない。すなわち，比例原則が守られねばならない。それゆえ，不真正遡及効は，それが，法律目的の促進のために適切であり，かつ必要である場合，そして，期待を裏切られる信頼の重要性と法改正を正当化する理由の重要性及び緊要性との間で総合的に衡量して，期待可能性の限界が守られている場合にのみ，基本権及び法治国家による信頼保護の基本原則と合致する」[63]。この判示の中で，信頼保護原則は基本権とも関連付けられているが，下記(2)で取り上げる判例に見られるように，個別の基本権（とりわけ基本法14条による財産権保障）への言及はない[64]。代わりに用いられているのは，「具体的に固まっていた財産的地位（Vermögenspositionen）」という語である。これらの違憲決定の裏には，基本法14条への関連付けがあったのだという指摘もなされており[65]，個人の権利保護を強化するものとなっている。しかし，他方で，こうした憲法裁の新しい傾向は，租税法領域における立法者の形成の自由の必要性が余りにも顧慮されていないものであり，時間の観点における形成余地の確保は民主的な決定プロセスの不可欠の基本条件であるという観点から批判的な見方も提示されている[66]。その後，真正遡及効に関しても違憲決定[67]が出されており，近年，税法の領域での憲法裁の統制が強まっている[68]。

---

63) BVerfGE 127, 1 (17 f.).

64) その理由として，課税に対して憲法上の財産権の保護が及ぶのかという論点に対する，憲法裁の煮え切らない態度（これについて，本書第3章参照）がその背景にあるとの指摘（Vgl. Marc Desens, Die neue Vertrauensschutzdogmatik des Bundesverfassungsgerichts für das Steuerrecht, StuW 2011, S. 128）がなされている。

65) Vgl. Dieter Birk, Der Schutz vermögenswerter Positionen bei der Änderung von Steuergesetzen, FR 2011, S. 5; Gerd Morgenthaler/Melanie Stracke, Das Ertragsteuerrecht in der aktuellen Rechtsprechung des BVerfG, JZ 2011, S. 792.

66) Andreas Musil, Steuerrecht und Verfassungsrecht, JöR 2016, S. 449 ff.

67) BVerfGE 135, 1. この決定について，松原・前掲注59) 157頁以下，木村弘之亮「真正遡及効の禁止に反する税法規定は違憲・無効」税法学571号（2014年）241頁以下。

68) こうした憲法裁の判例に対しては，活発な議論が巻き起こっており（例えば，J・マージング裁判官の反対意見〔Johannes Masing, BVerfGE 135, 1 (29 ff.)〕），立法者の形成余地の観点からの信頼保護原則の保障の在り方について，検討を深める余地が残されている。
　　〔追記〕脱稿後，井上典之「事後法禁止の原則をめぐる憲法上の一考察」浦部法穂先生古稀記念『憲法理論とその展開』（信山社，2017年）35頁以下に接した。同56頁以下で，この議論が取り上げられ，検討が施されている。

(2) 財産権保障による基礎付け

① 学説

信頼保護原則は，基本権上にその基礎付けがなされることもある。かつては，基本法14条1項1文の財産権保護が憲法上の信頼保護の問題を包括的に包含しているとし，信頼保護をこの条文のみによって基礎付ける見解も見られた[69]。この見解に対しては，批判が多く寄せられ，支持は広がらなかった[70]。しかしながら，ここまで極端な見解は例外的なものであるが，憲法上の財産権保障と信頼保護原則とが密接な関係を有するということは広く認められている。例えば，法治国家原理による基礎付けと共に，次のように基本権による基礎付けがなされている。すなわち，「基本権の享有主体によるその行使の際，典型的に長期間の処分（Dispositionen）をするものであり，それゆえ，変更される法状態によって，他の基本権の遡及的な制限の場合とは比べものにならないほど強く侵害される基本権の場合に，特別な信頼保護の考慮は役割を果たす。そのような基本権として，特に財産権保障（基本法14条1項），及び職業の自由（基本法12条1項），また，婚姻と家族の保護（基本法6条1項）が挙げられる」[71]。なぜ権利の存続が保護されねばならないのか，その実質的な根拠は，長期間の処分，言い換えると，権利者自身による過去の行為の蓄積を保護することに有益性があるからである。このことは，次のように説明される。すなわち，「財産権として保護される法的な帰属関係においては，将来の行為可能性のみが蓄積されているのではない。むしろ，財産権には，過去の寄与の結果も保存されている。法的な恒常化，すなわち，結果の『集積』の可能性は，財産権の存在しない仮定の法秩序に比して，行為者にとって重要な利益をもたらす」[72]。

---

69) Vgl. Walter Schmidt, „Vertrauensschutz" im öffentlichen Recht – Randpositionen des Eigentums im spätbürgerlichen Rechtsstaat, JuS 1973, S. 533.

70) Vgl. Stefan Muckel, Kriterien des verfassungsrechtlichen Vertrauensschutzes bei Gesetzesänderungen, 1989, S. 41 f.; Hermann-Josef Blanke, Vertrauensschutz im deutschen und europäischen Verwaltungsrecht, 2000, S. 26 f.

71) Jörg Adam, Eigentumsschutz in der gesetzlichen Rentenversicherung, 2009, S. 144.

72) Jan Henrik Klement, Was schützt der Schutz des Eigentums? – Art. 14 Abs. 1 Satz 1 GG zwischen Freiheitssicherung, Rechtsbewahrung und Werterhalt, in: Heike Jochum/Michael Elicker/Steffen Lampert/Roberto Bartone (Hrsg.), Freiheit, Gleichheit, Eigentum – Öffentliche Finanzen und Abgaben: Festschrift für Rudolf Wendt zum 70. Geburtstag, 2015, S. 222.

また，権利の存続を信頼することができるということは，「長期にわたって立てられる，自己決定による人格の発展の全ての戦略の前提」を成す[73]。既述のとおり，財産権には，「基本権の構造の中で，基本権の享有主体に財産法の領域における自由な領域を保ち，それにより，個々人に自己責任に基づく生活の形成を可能にする」という任務が与えられているのであり，人格的自由と密接な関係にあるということが，ドイツにおける財産権保障論の根幹を成す考え方である（第3章第1節1.参照）。財産権の主体がその財産権を用いて自己責任に基づく生活形成を行っていくためには，基本的に権利存続への信頼が保護されるということが認められている必要がある。このように，基本法14条は，信頼保護を憲法上基礎付けるものであり，「財産権保障は，存続保障として，そして——少なくとも部分的に——信頼保護として理解され得る」[74]ということは，ドイツでは一定の共通了解となっている。

② 憲法裁判所の判例

憲法裁の判例も，信頼保護原則と財産権保障との密接な関連性を認め，「市民に基本法14条によって保護された利益に関して，法的安定性を保障し，憲法に適合的な法律によって形成された財産権への信頼を保護することは，財産権保障の本質的な機能である」と述べている[75]。そして，「信頼保護原則は，基本法14条1項において，財産的価値のある諸利益について，固有の刻印（eigene Ausprägung）をされ，憲法の規律を受けるものである」[76]として，財産権と結び付いた場合に，何か特別な意義が認められるかのような言明もしばしば見られるものである。

かつての判例はそうした傾向が比較的強く，「基本法14条における信頼保護原則の特別の刻印は，特別の憲法ドグマーティク上の導出でくみ尽くされるのみならず，さらに獲得された財産権的地位の存続への財産権保持者の信頼に対

---

73) Vgl. ebenda, S. 222; Anna Leisner, Kontinuität als Verfassungsprinzip – Unter besonderer Berücksichtigung des Steuerrechts, 2002, S. 165.

74) Vgl. Kyrill-A. Schwarz, Vertrauensschutz als Verfassungsprinzip, 2002, S. 186.

75) BVerfGE 76, 220 (244 f.).

76) BVerfGE 36, 281 (293); 72, 9 (23); 75, 78 (105); 95, 64 (82); 101, 239 (257); 117, 272 (294); 122, 374 (391); 143, 246 (341 f.).

するより高い保護の強度を含むものである」という考え方がなされていた[77]。
また，存続している財産権的地位に遡及的に介入する立法者の動機は，「基本法
14条1項1文の存続保障によって保護されている権利の存続への市民の信頼
を上回る優位性を有するものであるほどに重要でなければならない」というこ
とも言われていた[78]。それゆえ，「基本法14条1項1文の財産権保障は，法治
国家的な信頼保護を超えている」[79]と判示されることもあった。もっとも，こ
のように抽象的なレベルで言われている法治国家的な信頼保護を超える財産権
固有の特別な信頼保護が，具体化されることはなかったと指摘されている。憲
法裁は，「存続している財産権的地位の変わらない継続への信頼が，予測のつく
法秩序への一般的な信頼をどの程度まで凌駕するものなのか，あるいは何が
『重大な立法者の動機』の下で理解されねばならないのかについて，態度を決め
なかった」というのである[80]。

　さらに，抽象的なレベルでも裁判所は，基本法14条1項1文の財産権保障に
よる特別な信頼保護という考え方から離れていった。その転機を示す判例とし
て挙げられるのが，BVerfGE 95, 64（1996年10月15日）[81]である。この判例で，
憲法裁は，「基本法14条1項によってなされる刻印の中にある法規範の遡及に
関する規定」と述べたが，何がこの「刻印」の下で理解され得るのかには立ち入
らず，明らかに，真正の遡及効と不真正の遡及効の二つから成る信頼保護の一
般原則を援用した[82]。それを境に，一般的な信頼保護原則が適用されるように
なったと解されている[83]。このような信頼保護に関する憲法裁の姿勢の変化
については，裁判所自身は，何の言及も根拠付けもなく暗黙のうちに離れたと
評されている[84]。上述のように今日でも，信頼保護原則と財産権保障との密接

---

77) Vgl. J. Adam, a.a.O. (Anm. 71), S. 146. BVerfGE 36, 281 (293); 45, 142 (168); 58, 81 (120); 64, 87 (104); 70, 101 (114); 71, 1 (11 f.).

78) BVerfGE 83, 201 (212).

79) BVerfGE 58, 81 (121).

80) J. Adam, a.a.O. (Anm. 71), S. 147.

81) この決定について，参照，古野豊秋「家賃制限法の遡及的経過規定の合憲性」ドイツ憲法判例研究会編『ドイツの憲法判例Ⅲ』（2008年，信山社）327頁以下。

82) Vgl. BVerfGE 95, 64 (84 ff.). この判例で，憲法裁は，住居拘束法の改正のための法律を簡単に基本法14条1項1文と合致するとした。Vgl. Hartmut Maurer, Staatsrecht I, 6. Aufl. 2010, § 17 Rn. 116.

83) Vgl. M. Appel, a.a.O. (Anm. 14), S. 253.

84) Vgl. A. Grochtmann, a.a.O. (Anm. 31), S. 147.

な結び付きへの一般的な言及はなされているものの，財産権に基礎付けられることが，具体的な場面でどのような意義をもたらすかということについては，不明瞭な状態にあると指摘されている[85]。いずれに基礎付けられるにせよ具体的に保護が認められるかどうかは衡量に委ねられており，同一の基準で審査されることになるのであれば，憲法の要請が第一に向けられる立法者にとっては，何の違いも生じず，単に，信頼保護の要請の「源」が違うだけであるとも言われている[86]。

　こうした事態に対して，学説からは財産法領域における自由の保護という財産権の重要な機能が失われることになると強く批判する意見が寄せられた。そこで問題視されるのは，不真正の遡及効は基本的に許されるという一般的な定式である。そして，その定式どおり，憲法裁は，財産権者の利益と公共体の利益との衡量の内部で，公共体の利益に基本的に被侵害者の信頼よりも重みを認めるという傾向を示しているという。その偏りは，「近代的な経済国家，財政国家，社会国家において，既に存在している法関係に影響を与え，その法関係を進路変更する改正法律の体制の下に置く可能性が基本的に認められている場合にのみ，立法者は，その機能を事態適合的に果たすことができるという言明に見られる」[87]という。それゆえ，学説は，財産権の領域においては，それに固有の特別な信頼保護原則による審査がなされるべきだと主張している。財産的価値のある法律上の権利が，憲法上の保障を享受するためには，私的効用性，基本的な処分権限（公権の場合には，更に自己の寄与，生存保障）という構造上の要件が充足され，特別に性質付けられていなければならない（第3章第1節1.）[88]。このことを根拠に，すなわち，「個人権の保障の保護領域に入るために跳び越えなければならないこれらのハードル」を根拠に，それを跳び越えたからには，「全ての『その他の』地位が享受する一般的な信頼保護を超える特別の現存保障」がなされねばならないと主張されるのである[89]。

---

85) Vgl. Helge Sodan, Verfassungsrechtliche Determinanten der gesetzlichen Rentenversicherung, NZS 2005, S. 565; Foroud Shirvani, Atomausstieg und mäandernde Gesetzgebung – Zum Atomausstiegsurteil des Bundesverfassungsgerichts, DöV 2017, S. 285.

86) Vgl. M. Schröder, a.a.O. (Anm. 45), S. 107.

87) Vgl. M. Appel, a.a.O. (Anm. 14), S. 256.

88) M・イェシュテットは，これにより「財産権という『称号』」が与えられたと表現する（Vgl. Matthias Jestaedt, Grundrechtsentfaltung im Gesetz, 1999, S. 31）。

もっとも，——個々の事例で信頼の保護を認めなかったという判断の是非は
別にして——判例の示してきた判断の構造自体は，理論的にあり得るものであ
る。そして，この構造は，財産権は立法者による内容形成から初めて生ずるも
のであり，財産権に対する制約を観念しないという立場と結び付く[90]。この財
産権の内容形成に際して，立法者には，財産権者の利益と，他の非財産権者や
公益との間で均衡のとれた関係をもたらすことが要請され，信頼保護原則は，
「衡量の要素の一部であり，他の衡量に関係する観点や原則と調整されねばな
らない」[91] ことになる。すなわち，信頼保護原則は，立法者が財産権を法的に
形成する際に拘束される憲法上の指示の中の一つとして位置付けられる[92]。

2. 信頼保護原則を用いた判断の仕方

信頼保護の顧慮において，明確にしておく必要があるのは，どのような場合
に信頼保護が問題とされ得るかいうことである。換言すると，「いつ，法秩序の
継続への期待は正統なものであるか，すなわち，誰が憲法によってかつての法
状態の持続を信頼してよいか」[93] という問題である。法状態の永遠の安定性や
継続性は，一般的な民主主義のダイナミズムに鑑みて存在しない[94]。「信頼は，
一方で個人の自由と法への安定的な期待，他方で，社会の変化への適合の柔軟
性とイノベーションの開放性の間の緊張関係の中にある」[95]。財産権保障につ
いてさえ，有利な法状態の存続への単なる期待は，基本的に保護を受け付けな
い[96]。「社会的な生活関係の多様性と変化のダイナミズムは，信頼保護の限定
をも必要とするのである」[97]。

---

89) Vgl. M. Appel, a.a.O. (Anm. 14), S. 257; ders., a.a.O. (Anm. 4), S. 347; J. Adam, a.a.O. (Anm. 71),
  S. 154.

90) Vgl. K.-A. Schwarz, a.a.O. (Anm. 74), S. 186.

91) Vgl. H. Maurer, a.a.O. (Anm. 82), Rn. 116; ders., a.a.O. (Anm. 55), Rn. 69.

92) Vgl. Wolfgang Kahl, Vertrauen (Kontinuität), in: Hanno Kube/Rudolf Mellinghoff/Gerd Mor-
  genthaler/Urlich Palm/Thomas Puhl/Christian Seiler (Hrsg.), Leitgedanken des Rechts: Paul
  Kirchhof zum 70. Geburtstag, Bd. 1, § 27 Rn. 6.

93) BVerfG, NVwZ 2010, 771 (776).

94) Vgl. A. Leisnser, a.a.O. (Anm. 73), S. 378.

95) W. Kahl, a.a.O. (Anm. 92), Rn. 2. Vgl. auch Rn. 10.

96) BVerfGE 78, 205 (211 f.).

97) W. Kahl, a.a.O. (Anm. 92), Rn. 3.

信頼保護が問題とされ得るかどうかの判断のポイントが三つ提示されている[98]。まず，信頼保護は，①立法者が特定の時点についての規定を変更しないであろうという推定を正当化する，法システム内部での具体的な地点を必要とする（Vertrauenstatbestand）。さらに，②法秩序から生ずるこの信頼の事実状況のほかに，信頼保護の保障のためには，法秩序への信頼に基づいて，処分（Dispositionen）がなされていたということ，そして，③その処分が法変更によって裏切られたということも必要である。その処分というのは，まさに，保護を呼び起こし立法者に基本法1条3項に基づき，場合によっては配慮を強制することができるような基本権行為を意味する。すなわち，信頼の基礎が法律によって形成され，さらに，その信頼に基づく個人の行為が具体的に実行に移されていたところ，それが裏切られたということが要件となるのである[99]。保護の対象は，個人の具体的に把握された信頼が保護されるという期待であり，抽象的な規範の存続ではない[100]。

規範的な基礎の改変は，基本権上保護された法的地位への介入と評価され得るとして，高められた正当化の要請を満たさなければならないという主張がなされる際には，上記の三つのポイントを満たした個々の基本権享有者の既存の法に根拠付けられた具体的な法的地位を低下させるような影響を，その規制がもたらす場合に限ってのことであるということが強調されている[101]。

そして，最終的に，法改正が信頼保護原則違反であると認められるためには，「国家の行為の訂正を求める公益との衡量の下で信頼が保護に値すること」[102]が必要となる。

こうした判断の仕方がよく現れている事例として，脱原発及び年金に関する憲法裁の判断の様子を見ていきたい。

憲法裁は，脱原発を加速させる第13次原子力法改正法[103]について，「原子力発電所への投資が，2010年に付与された追加の電力量[104]の抹消によって無価

---

98) M. Schröder, a.a.O. (Anm. 45), S. 106.

99) Vgl. H. Maurer, a.a.O. (Anm. 82), § 17 Rn. 117.

100) Vgl. Martin Gellermann, Grundrechte in einfachgesetzlichem Gewande, 2000, S. 414.

101) Vgl. ebenda, S. 435.

102) W. Kahl, a.a.O. (Anm. 92), Rn. 3.

103) この内容について，参照，松村・前掲注35）前編30頁。

104) 第11次原子力法改正法について，参照，松村・前掲注35）前編29頁。

値にされた場合のために，移行期間や補償条項あるいはその他の調整規定を定めていない限りで，基本法14条1項に違反する」とした[105]。この事案では，2010年に制定された第11次原子力法改正法によって追加で付与された残存許容発電量が信頼の基礎を成しており，さらに，その信頼に基づいてなされた投資が短期間のうちに裏切られたのである。第11次原子力法改正法が2010年10月28日に成立した後，2011年3月11日に福島での原発事故が起き，この僅か5日後の3月16日に原子力モラトリアム[106]についての，連邦環境・自然保護・原子炉安全省の文書が出され，ドイツの原発政策は大きく変更された。憲法裁は，この2010年10月28日から2011年3月16日までという短い期間に，操業期間の延長への保護に値する信頼が存在することを認めた[107]。この期間内に「法状態への正当な信頼の中で行われた財産権への投資は，比例原則に基づいて，調整の有無や程度に関して，適切な顧慮を必要とする」[108]。この追加の電力量は，連邦政府及び立法者の政策的な判断に基づいて付与されたものにすぎないものであり，その存続への信頼の保護に値する度合いは高くない[109]。この点で，2010年に付与された追加の電力量が財産権保障にとって有する意義は，2002年に付与された残存許容発電量が異議申立人の財産権の制限に対する補償としての意味合いを持たされていた（これについて前節を参照）のとは，異なる。また，追加の電力量は，異議申立人の特別な固有の寄与に基づいているのではない。すなわち，特定の投資や支出の反対給付ではない。また，加速する脱原発について卓越した公共の利益も認められる（参照，第4章第2節）。それにもかかわらず，憲法裁は，この卓越した公共の利益をもってしても，「立法者を，自らが作り出した原因により正当な——第11次原子力法改正法の短い適用の間に操業期間の延長を見てなされた——投資への信頼の保護の帰結から解放することはできない」[110]という判断を下したのである[111]。

---

105) BVerfGE 143, 246 (382).

106) 第11次原子力法改正法で定められた操業期間の延長が一時停止され，8の原発が3か月の間操業を停止され，残り17の全原発の安全点検が行われた。これについて，参照，松村・前掲注35）前編30頁。

107) BVerfGE 143, 246 (385 f.).

108) BVerfGE 143, 246 (383).

109) Vgl. BVerfGE 143, 246 (351 ff.).

110) BVerfGE 143, 246 (386).

次に，年金の期待権[112]の場合，憲法裁の判例では，基本的に信頼保護原則は実質的には切下げを防ぐという役割をほとんど果たしていない状況となっている。立法者が特定の時点についての規定を変更しないであろうとの推定がそもそも成り立ちにくいのである。60歳前に年金受給を開始する際の稼得能力減退に伴う年金の切下げ（社会法典第4編43条）が問題となった判例では次のように述べられている。「存続している期待権に介入される場合，そこには初めから変更の可能性が置かれているということが顧慮されねばならない。その根拠付けの際に存在している条件の不変性は，私的な保険関係と異なって，初めから専ら保険原理に基づいているのではなく，社会的調整の思想に基づく年金保険と矛盾している」[113]。そして，財産権の内容・限界規定が比例原則に違反していないということを信頼保護原則に特に触れることなく判断した[114]。それとは別に，十分な経過規定が置かれていたことをもって，信頼保護原則違反もないという判断を示している[115]。

　もっとも，公的な保険であっても被保険者による拠出はなされており，その拠出がなされた部分については，特別な信頼保護がなされるとされていた。すなわち，「年金保険における被保険者の長期間の保険料支払の義務は，かなり後になって初めて給付に至る」。それゆえ，「年金保険法においては，法律上の給

111）このように「2002年残存許容発電量」「2002年残存許容発電量に基づく投資」「2010年残存許容発電量」「2010年残存許容発電量に基づく投資」それぞれの信頼に対する憲法による保護についての判断が異なったことについては，信頼保護と立法者の改正可能性との間での妥協的な性格を有するものであり，「信頼保護や投資保護についての憲法上の指針は，この決定によってむしろぼんやりしたものとなり，将来，なお一層，憲法裁による衡量法学の困難な予見可能性という条件や前提の下に置かれる」という批判がなされている（Vgl. F. Shirvani, a.a.O. (Anm. 85), S. 286）。他方で，2002年の残存許容発電量と2010年のそれとで保護に値する度合いについて異なる評価がなされたことは，説得的なものであると好意的に評価する見方もある（Vgl. Markus Ludwigs, Das Urteil des BVerfG zum Atomausstiegsgesetz 2011 – Karlsruhe locuta, causa finita?, NVwZ Beilage, 2017/1, S. 8）。

112）年金受給者と期待権を有している者とでは，これまでの権利によって基礎付けられた信頼保護の程度は異なる。けれども，異なる時間的な関連性に応じた介入の水準での区別は難しいために，憲法裁は，統一的に介入を肯定している（Vgl. BVerfGE 128, 138 (147 ff.); T. Kingreen/R. Poscher, a.a.O. (Anm. 6), Rn. 1016; T. Kingreen, a.a.O. (Anm. 32), S. 395 f.）。

113）BVerfGE 128, 138 (149).

114）Vgl. BVerfGE 128, 138 (151 ff.).

115）Vgl. BVerfGE 128, 138 (155).

付の規定の存続への特別な信頼が根拠付けられる」[116]。学説も，この保険料の支払，すなわち，固有の寄与があったというところに，変更に対する憲法上の限界が形成されると主張している[117]。財産権には過去の寄与の結果が蓄積されており，その存続が保護されるということに，まさに財産権の存在意義があるという前述の基礎付けからも，こうした見解は理解しやすいものであろう。

《小括》

〈1〉　財産権の現存保障の基礎として，まず，問題となる局面を確定させることが必要である。とりわけ，ドイツで近年，注目されているのが，内容・限界規定と収用との区別に関する議論である。内容・限界規定の局面と収用の局面は，完全に別個のものとされている。また，形式的基準の採用により，憲法裁の判例では，内容・限定規定の局面への重点の移動が行われた。

〈2〉　また，収用と言えるための要件として，利益調達という要件をメルクマールとして要求するか否かという点について，判例は統一的に答えてこなかった。ところが，近年，この要件を必要とする判断が見られるようになってきた。それにより，収用概念は狭小化し，内容・限界規定の局面が広くとられ，現存保障についてもこの局面で審査されることが多い。憲法裁による現存保障の一局面として，補償を要する内容・限界規定というカテゴリーが認められている。補償を要する内容・限界規定と収用補償との違いは，前者では，金銭的な補償という手段に限られないという点や附帯条項が適用されないといった点に現れる。

〈3〉　現存保障と結び付けて信頼保護原則が顧慮されることがある。信頼保護の法的基礎として，一般的な法治国家原理及び財産権保障等の基本権による基礎付けがなされている信頼保護原則が，財産権保障と結び付いていることに特別の意義を認めるということを，憲法裁は，抽象的なレベルでは述べていたことがある。しかし，具体的な場面でどのような意義をもたらすのかは明瞭でない。財産権の形成の局面では，信頼保護は衡量の要素の一つとして，他の財

---

116) BVerfGE 69, 272 (309).

117) Vgl. Joachim Becker, Eigentumsschutz/Rentenabschläge, SGb 2012, S. 43; H. Sodan, a.a.O. (Anm. 85), S. 565.

産権者や公益との間で調整されることとなる。そのようにして，制度変更の要請と財産権者の保護とのバランスをとっているのである。

　そもそも信頼保護が問題とされ得るかは，三つの点から判断される。まず，立法者が特定の時点についての規定を変更しないであろうという推定を正当化する，法システム内部での具体的な地点を必要とする。また，法秩序への信頼に基づいて処分がなされていたということ，そして，その処分が裏切られたということを必要とする。こうしたポイントを満たした後，衡量審査において実際に信頼が保護されるべきものなのかどうかが審査される。

終章　日本における財産権の憲法的保障

　法律によって形成される財産権に憲法上保障が及ぶとはどういうことかという基本的な問いへの答えを見つけることが，本書の最も大きな課題であった。本章では，ドイツにおける財産権保障論を参照して得られた知見を整理し，それを基に，日本における財産権の憲法的保障論の再構築を試みたい。

第1節　財産権の内容形成の統制

1. 財産権論の日独比較

(1)　日本の財産権論の特質

　まずここで今一度，序章で叙述した日本の財産権論を振り返り，その特徴がどこにあるのかを簡潔に示し，解決すべき課題は何かを明確にしておきたい。日本の財産権論の特徴は，以下のように大きく二つにまとめることができる。

　第一に，2000年前後からの日本の財産権論の主眼は，憲法上自立的な財産権，すなわち「原形」の探求にあったということである。日本の憲法学や最高裁において憲法上の原形の存在が暗黙のうちに想定されてきたということは，森林法判決に関して，「原形テーゼ」という印象的な言葉で指摘され[1]，多くの知るところとなった。原形は，それが保障されていることが原則であり，それが制限される場合には，正当化されることが憲法上求められる。また，財産権のベースとなる所有権制度を憲法に先立って構築してきた民法と憲法の関係の解明も，課題として意識されるようになってきた。民法との関係の解明を念頭に置きながらの原形の探求が，憲法上の財産権保障の謎解きとして試みられ，いくつかの見解も提示されてきたところである（序章ではローマ法的所有権観念に基づく法制度保障論[2]，ベースライン論[3]，内容形成論[4]としてまとめた）。もっとも，い

---

1) 安念潤司「憲法が財産権を保護することの意味」長谷部恭男編著『リーディングズ現代の憲法』（日本評論社，1995年）147頁参照。

ずれの見解も圧倒的な支持を集めるものとはなっておらず，いまだ共通了解が形成されているとは言い難い状況にある。

　第二に，内容形成論をベースにした見解の指摘を通じて，財産権は法制度を前提とした権利であり，通常の自由権（防御権）とは異なる特質を有する権利だということが，広く意識されるようになってきたということである[5]。本書が取り組む課題——法律によって形成される財産権に憲法上保障が及ぶとはどういうことか——の前提にはこの問題意識がある[6]。上記のような財産権の原形の探求は，この認識は共有していたとしても，それでもなお法律から独立して観念され得る憲法上の財産権概念を探す試みであった。すなわち，財産権についても最終的には防御権的構成を採るものである。また，この試みとは異なり，財産権の内容形成の場合には防御権的構成を採らない見解も，既得の権利の制限がなされ，財産権の現存保障が問題となる場合には，通常の自由権と同様の防御権的構成を採っている[7]。

　他方で，最近の新たな動きとして，「原形」の探求からの脱却が試みられていることが注目される。けれども，「公共の福祉」（憲法29条2項）の観点から客観

---

2) 石川健治「法制度の本質と比例原則の適用」LS憲法研究会編『プロセス演習憲法〔第4版〕』（信山社，2011年）304頁以下参照。

3) 長谷部恭男『憲法の理性〔増補新装版〕』（東京大学出版会，2016年）133頁以下〔初出2003年〕，同『続・Interactive憲法』（有斐閣，2011年）38頁以下〔初出2009年〕参照。

4) 小山剛『基本権の内容形成』（尚学社，2004年）197頁以下，同「基本権の内容形成論からの応答」法律時報81巻5号（2009年）13頁，同『「憲法上の権利」の作法〔第3版〕』（尚学社，2016年）154頁以下参照。
　　本書はこの見解も原形を探求する見解として位置付けるということについて，序章第3節2. で説明した。

5) 例えば，最近の体系書では，渡辺康行・宍戸常寿・松本和彦・工藤達朗『憲法I　基本権』（日本評論社，2016年）343頁〔宍戸執筆〕参照。

6) 前国家的な自然権として観念し得る財産権が存在するということを，本書は完全に否定し去るものではない。それが存在するかどうかの検討は，それ自体を一つのテーマとした基礎的な研究を要するものであり，しかも容易に解決できる問題ではない（森村進『財産権の理論』（弘文堂，1995年），中島徹『財産権の領分——経済的自由の憲法理論』（日本評論社，2007年）参照）。しかし，本書が検討の主眼にしているのは，その内容を法制度なしには確定することが不可能な財産権の憲法的保障がどのようになされるべきか，その場合にもどうにかして何らかの憲法上自立的な財産権概念を観念すべきなのかどうか，ということである（参照，序章第1節）。したがって，この問題は，検討の対象外としている。

7) 木村草太『憲法の急所〔第2版〕』（羽鳥書店，2017年）241頁，宍戸・前掲注5）353頁参照。

法的に審査し，単に法制度の合理性のみが問われるというように，憲法上の財産権はエンプティであると考えることには，本書は疑問を抱いている。法制度に合理性があることというのは憲法上の財産権保障が問題となっていようといまいとあらゆる場合に問題となるはずのことであって，憲法上の権利としての財産権から，そのこと以外に立法者に対して何の指示も出ていないというのは考え難い。本書は，こうした問題意識に基づき，ドイツ財産権論の検討を通じて制度形成を行う立法者を指導する憲法上の指針の探求を試みた。

(2) ドイツの財産権論の特質

次に，ドイツ財産権論の研究から見出し得たドイツの財産権論の特質を簡潔にまとめておく。

ドイツの財産権論の特質として，最も注目したいことは，保護領域としての憲法上の財産権概念は観念しないけれども，考慮要素が憲法上導かれ，その適切な衡量によって立法者は財産権を形成することが求められるという考え方が，説かれていることである（モデル4）[8]。なぜこうした見解が成立するようになったのか，本書のこれまでの叙述を振り返りながら，ここでその背景を探ってみたい。

まず，こうした憲法による制度形成の統制が説かれる理論的な基盤を成しているのが，憲法の優位の確立，それから基本権論における客観法的な側面の議論の進展である。そして，私法が定めてきた概念や法制度を憲法が後から取り入れた場合，憲法の規範的優位との関係を説明する理論的基盤（私法の歴史的優位[9]）が整えられている（第1章）。

また，財産権保障が問題となる局面を決する内容・限界規定（基本法14条1項2文）と収用（14条3項）の区別の仕方によって作り出された状況も，制度形成の側面からの財産権論の発展に寄与している。連邦憲法裁判例・通説による形

---

8) Vgl. Joachim Wieland, in: Horst Dreier (Hrsg.), Grundgesetz Kommentar, Bd. 1, 3. Aufl. 2013, Art. 14; Martin Gellermann, Grundrechte in einfachgesetzlichem Gewande, 2000, S. 94 ff.

9) Vgl. Matthias Jestaedt, Grundrechtsentfaltung im Gesetz, 1999, S. 27; ders., Selbstand und Offenheit der Verfassung gegenüber nationalem, supranationalem und internationalem Recht, in: Josef Isensee/Paul Kirchhof (Hrsg.), HdbStR, Bd. 12, 3. Aufl. 2014, § 264 Rn. 10; Matthias Ruffert, Vorrang der Verfassung und Eigenständigkeit des Privatrechts, 2001, S. 49 ff.

式的基準の採用と収用概念の縮小[10]（第2章・第6章）によって，法律に対する憲法上の財産権保障は，基本法14条1項2文による内容・限界規定の憲法適合性の問題として扱われる局面で考えられることが多い。それゆえ，潜在的な財産権者にも妥当する一般的・抽象的な法律に対する違憲審査が多くなされてきた。この場合，法律制定の時点で財産権を保有している者に対して生じた実際の不利益のみならず，潜在的に生ずることが考えられる不利益が憲法上許されるかという観点から審査が行われる。このため，既得の権利の保障を超えた財産権保障の在り方が問題の俎上に載せられやすく，これまでに層の厚い議論がなされてきたのである。

　さらに，憲法裁判所が示してきた憲法上の財産権概念も，制度形成の側面からの憲法による保障を可能にするようなものであった（第3章）。憲法上の財産権概念に関しては機能的な理解がなされており，「自己責任に基づく生活の形成」や「人格の発展」という憲法上の財産権保障の目的と機能が挙げられてきた[11]。「自己責任に基づく生活の形成」や「人格の発展」は，それ自体が保護領域として制限の対象となるような憲法上の財産権保障の内容を成すのではない。憲法上の財産権概念は，財産的価値のある権利／法的地位，私的効用性，基本的な処分権限という三つのメルクマールから構成される[12]。これらのうち，私的効用性及び基本的な処分権限が，立法者に対する統制を可能にする憲法上の指導原則を含むものとして確立されてきた。なぜ，こうした元々私法に由来する概念が憲法上の財産権のメルクマールとなり得るのかという点については，私法の歴史的優位という観点からの説明が可能である[13]。

　他方で，ドイツにも日本でいういわゆる原形を探求する理論も存在している

---

10) Vgl. BVerfGE 58, 300 (330 f.).

11) Vgl. BVerfGE 24, 367 (389)（この判決について参照，柏﨑敏義「法律による公用収用と正当な補償——ハンブルク堤防整備法判決」ドイツ憲法判例研究会編『ドイツの憲法判例〔第2版〕』（信山社，2003年）308頁以下）; 78, 58 (73); 79, 292 (303 f.); 83, 201 (208)（この決定について参照，戸波江二「新法施行後の旧鉱業法上の先買権の行使と所有権の保障」ドイツ憲法判例研究会編『ドイツの憲法判例Ⅱ〔第2版〕』（信山社，2006年）289頁以下）; 102, 1 (17 f.)（この決定について参照，工藤達朗「有害廃棄物汚染地（Altlasten）の浄化に対する所有者の状態責任の限界」ドイツ憲法判例研究会編『ドイツの憲法判例Ⅲ』（信山社，2008年）345頁以下）; 104, 1 (11); 115, 97 (114).

12) Vgl. BVerfGE 45, 142 (179); 70, 191 (199); 78, 58 (71); 83, 201 (208); 89, 1 (6); 91, 294 (306); 95, 267 (300); 112, 93 (107); 115, 97 (111); 126, 331 (358).

13) Vgl. M. Jestaedt, a.a.O. (Anm. 9), 2014, Rn. 61.

（モデル1〜3）。これらのモデルは，憲法上の財産権の内容を明らかにする，すなわち保護領域を定めるために法律が必要であるという意味での財産権の法律依存性（第2章）を否定し，法律から独立した憲法上の財産権概念が存在すると考えるものとくくることができる。こうした考え方に対しては，基本法14条1項2文の文言の軽視や，自然権的な財産権概念（モデル1[14]）やローマ法的所有権（モデル2[15]）に依拠した財産権概念の確定可能性への懐疑が示されていたり，行為自由の特別に保護された部分としての財産権（モデル3[16]）に対しては，保護の対象が際限なく広がってしまうという指摘がなされていたりしており，いずれも通説とはなり得ていない。他方で，いわゆる原形は存在しないという立場（モデル4）は，財産権の制度形成について客観法的な統制によって憲法上の保障を及ぼすという理路を貫徹するものである。ただし，憲法上の考慮要素の存在が示されており，財産権はエンプティであると考える立場とは異なる。立法者は財産権の内容形成に当たって憲法上の財産権概念を構成する要素を適切に考慮することが求められる。財産権は，そうした内容形成によって形成される権利なのであり，あらかじめ憲法上自立的に確定された憲法上の財産権概念があるわけではない。このように考えるこのモデルの根底には，制度を形成する立法者の役割を重視するという基本思考がある。

　憲法上の自立的な財産権概念を認める立場（憲法上の考慮要素モデル以外のモデル）と，認めない立場の対立の背後には，財産権保障における立法者と裁判所の関係についての考え方に違いがあるということが，ドイツでは強く意識されていたということが注目される。財産権の保障においては，憲法上の財産権の裁判所による保護がなされる局面のみが重要なのではない。何が憲法上の規準となるのかということは，憲法典そのものからは抽象的なものしか出てこない。そのため，財産権保障を考える場合に裁判所による保護の局面のみで事足りる

---

14) Walter Leisner, Eigentum, in: Josef Isensee/Paul Kirchhof (Hrsg.), HdbStR, Bd. 6, 1. Aufl. 1989, § 149; ders., Eigentum, in: Josef Isensee/Paul Kirchhof (Hrsg.), HdbStR, Bd. 8, 3. Aufl. 2010, § 173.

15) Otto Depenheuer, in: Hermann von Mangoldt/Friedrich Klein/Christian Starck (Hrsg.), Kommentar zum Grundgesetz, Bd. 1, 6. Aufl. 2010, Art. 14; ders., Eigentum, in: Detlef Merten/Hans-Jürgen Papier (Hrsg.), HdbGR, Bd. 5, 2013, § 111.

16) Matthias Cornils, Die Ausgestaltung der Grundrechte, 2005, S. 249 ff.

とすると，何が憲法上の規準であるかが，結局は裁判所によって突き止められることになる。それでよいと考えるのが，憲法上の自立的な財産権概念を認める立場であった。これに対して，憲法上の自立的な財産権概念を認めない立場では，財産権の内容を具体的に形作っていくのに最も適任なのは，立法者であるという意識が貫かれていた。その際，同時に，立法者の制度形成を拘束する要素が憲法上確定されていると考えることにより，立法者が財産権概念の形成を行いつつ拘束もされるという，憲法の優位に基づいた憲法と法律とのあるべき関係が構築されるというのである。

　憲法裁判所の審査枠組みは，法制度保障審査から衡量審査へと至る緩やかな変化を経てきた（第4章）。衡量審査は，「立法者は，財産権の内容及び限界を定める場合には，財産権者の保護されるべき利益と公共の福祉の利益〔あるいは，関係者の保護に値する利益〕とを適切に調整し，均衡のとれた関係をもたらさなければならない」[17]という衡量要請に基づいて行われる。法制度保障審査によって客観法的な統制の思考の素地が作られ，衡量審査は，制度形成の統制を裁判所も行っていることを示すものとして見ることができる。裁判所の審査は，憲法上自立的な財産権概念（保護領域）に対する法律による制限という構成を採っているように読める部分もある。財産権の審査枠組みについては，ドイツにおいてもいまだ議論は完結しておらず，判例の読み方にも対立が見られるままである。

　しかしながら，このように不明瞭さを残す連邦憲法裁判例にあっても，財産権に憲法上の保障を及ぼす上で重要になってくる事項について，明確な判例理論が示されている箇所もある。その一つが，何が，違憲審査の際の憲法上の規準点となるかということについてである。憲法裁判例では，「私的効用性」という概念が，立法者の指導原則としての働きをし，衡量審査の一方の要素（私的効用性と社会的拘束）となることが確立されている。もう一つ，注目すべきなのは，同じく財産権という基本権が問題となる場合であっても，個々の財産権の性質や置かれている状況が様々であることから，いくつかのファクターに着目して，審査密度の段階付けが行われてきたということである。これにより，立法者の形成余地（裁量の幅）が広く認められるのかあるいは狭いものとなるのかが，そ

---

17) Vgl. z. B. BVerfGE 100, 226 (240).

の理論的根拠付けとともに客観的に示されることが可能となっている。

衡量審査の枠組みは，比例原則審査の現れとして位置付けられてきた[18]（第5章）。保護領域への介入が観念されない場合における比例原則の適用については，学説は肯定説と否定説とに分かれている状況にある。いずれの立場を採るかは比例原則の理解の仕方によるようにも思われる。憲法裁は比例原則という言葉を用いて審査を行っているが，その審査について確かに言えることは，憲法裁判例において行われている比例原則審査は，狭義の比例性に重点が置かれたものであるということである。つまり，憲法上の考慮要素の適切な考慮がなされているかという観点からの制度形成の統制が行われているものと見ることができる。

こうした一般的な制度形成の統制のみではカバーできない問題についての対処も，財産権の内容・限界規定の憲法適合性審査の枠内でなされている（第6章）。一つは，補償を要する内容・限界規定というカテゴリーが承認されているということである。これは，主観的な権利保護のためのルートであるとされている。また，もう一つは，財産権の現存保障と密接に関わるものとして，信頼保護原則が憲法上の原則として承認され，それにより，既得の権利が制限される場合の保護の在り方が議論されているということである。信頼保護原則の憲法上の原則としての基礎付けは，法治国家原理及び財産権等の基本権によってなされている。信頼保護が憲法上保障されるかの検討に当たっては，法の継続への単なる期待が保護されるのではなく，状況の変化に応じた柔軟な法改正の要請との緊張関係が意識される。保護されるべき信頼が存在するのかは，個別具体的に判断されることになるが，その際の基準となる要件も示されていた。最終的に，信頼が保護に値するかは，法改正を要請する公益との間での衡量によって判断される。

2. 日本における財産権保障の基本構造

(1) 基本思考

以上のような日独双方の財産権論の特質を踏まえた上で，本書は，日本にお

---

18) Vgl. Klaus Stern, Das Staatsrecht der Bundesrepublik Deutschland, Bd. 3/2, 1994, § 84 S. 801. 邦訳として参照，井上典之・鈴木秀美・宮地基・棟居快行編訳『ドイツ憲法Ⅱ 基本権編』（信山社，2009年）333頁〔小山剛訳〕。

いても，財産権の法律依存性という性質に最もよく適合するものとして，憲法上の考慮要素モデルに基づいた財産権論（モデル 4）に基づく財産権保障の基本構造を示す。つまり，保護領域としての憲法上自立的な財産権概念は日本国憲法上存在していないものの，立法者がそれに従って財産権を形成する法律を形成しているかどうかの違憲審査の際に指針とし得るような憲法上の考慮要素は存在していると考える。立法者は，憲法上の考慮要素を適切に考慮して法律を制定することを要請される。

こうした財産権保障の構造は，次のような思考に基づいて組み立てられたものである。

序章において，本書は，憲法上自立的な財産権概念（原形）を観念しない財産権の保障構造を観念する可能性を探求することを提案した。そして，その手掛かりをドイツ財産権論に求め，ドイツには，日本でこれまで内容形成論に基づく財産権論として知られてきたものとは異なる考え方を採る見解が存在していることに注目した。それが，憲法上の考慮要素モデルに基づいた財産権論（モデル 4）である。このモデルは，法律によって形成される権利という財産権の特質に最も適合的なモデルである。そして，憲法上観念される考慮要素の衡量という枠組みによって，憲法による立法者の統制が可能であることが示されている。日本法に置き換えると，保護領域としての憲法上の財産権に対する制限，正当化という論証過程を経なくとも，29 条 2 項による内容形成の統制を行うということでも憲法による保障として十分成り立つものであることが示されている。

そして，このモデルは財産権保障における立法者の役割を正当に評価している点が注目される。制度を形成する立法者の役割を重視するということは，——こうした見方が基本権論一般に妥当するものであるかはおくとして——こと財産権に関しては，必要な基本思考であるように思われる。というのは，財産権の領域には，立法者の形成余地が広く認められるような特殊な事情があるからである。例えば，財産権がどのように保障されるかは，財産権と，諸々の対立する公益や私益との複雑な調整[19]を経て決められるべきものであるとい

---

19) 財産権保障の多層的な保護法益を列挙し，それらの調整の結果を 29 条 2 項に基づく財産権の内容形成と解するものとして，海野敦史「財産権及び営業の自由の『多層的構造』」経営と経済 90 巻 1 = 2 号（2010 年）172 頁以下。

う事情がある。さらに，財産権制度をどう構築するかは，国家の統治構造の在り方に関わりを有する問題であるという事情も存在する（参照，第4章第2節2.(2)）。これらの事情は，財産権を本質的に特徴付けるものであり，重視されるべきことである。

対立する利益が財産権者の側の利益を上回るような立法がなされることは，ドイツにおいては「社会的拘束」という概念で表現されていた。社会的拘束は基本法14条2項（「財産権には義務が伴う。その行使は，同時に公共の福祉に役立つべきである」）に根拠付けられる。確かに日本国憲法には，財産権には義務を伴うというような明確な条項はない。しかし，公共の福祉に適合するように定めることは認められている。また，先に詳細に検討したような社会的拘束に基づく立法者の形成余地を認めるべき実質的根拠は，日本においても同様に当てはまる。

(2) 日本における考慮要素モデルの展開可能性

憲法上の考慮要素モデルに基づいた財産権論が，日本法の文脈の中で展開される場合に問われ得る諸論点については，以下のように考えることができる。

第一に，ドイツ財産権論において，立法者の指導原則であって，違憲審査の際にはその規準点となるものとして確立されていた私的効用性という概念が，日本法において妥当するのかという点である。私的効用性という言葉はこれまでなじみが薄いものであるため，ドイツ特有の概念であるかに感じられる。けれども，簡単に言い換えると，この概念は，財産権の対象物に対して「何らかの使用・収益・処分をし得る」ように，立法者は財産権を形成しなければならないと要請するものである。この「使用・収益・処分」という内容は，所有権について定めた日本の民法206条の規定するところである。こうして民法の定める内容を，財産権形成の際の憲法上の指導原則と解することに対しては，再び，憲法と民法の地位の逆転という森林法判決に向けられたのと同様の批判が向けられるかにも思われる。しかし，憲法が保障する財産権の典型として，それより以前から存在し，議論の蓄積を有する民法上の所有権を参考にすることは，自然なことであるように思われる（私法の歴史的優位）（参照，第1章第2節1.，第3章第1節2.）。また，「社会構成原理としての民法」が「無意識的・生成的な役割」を果たし，民法・民法学を通して濾過された社会通念が「憲法規範を実質化する

知的資源」となり得るという理論的な基礎付けも，既に試みられている[20]。なお，私的効用性が憲法上の考慮要素となるということは，民法206条が原則とするように，物を排他的・包括的に支配することができることが，憲法上の原形となる，すなわち，保護領域として制限に対して完全に守られるのが原則となるわけではない。私的効用性の実現度の度合いは，一般公衆の利益や他の私人の利益の実現との均衡の中で定まることになる。

第二に，考慮要素モデルを貫徹すると，財産権は法律によって形成される権利であるということを基本思考に据えることになり，財産権が後国家的権利と位置付けられることになる。これにより，例えば，生存権のような給付権との差異が消失するのであろうか。

考慮要素モデルを採った場合，確かに，自然的自由としての財産権という観念からは離れる。しかし，法律によって形成された対象物が憲法上保護されることになるとしても，防御権的な意義を有するものである[21]。国家が財産法制度を構築するのは，財産法の領域における自由を確保するために，その基盤となる財産権を作り出すことを憲法上要請されているからである。これに対して，国家が例えば生存権を実現するための法制度を構築するのは，それにより国民に具体的な給付を行うということに生存権保障の第一次的な意義がある[22]。すなわち，一方は自由の基盤としての財産権の保障，他方はそれに加えて文化的な最低限度の生活を実現するための保障という違いは残る。

また，財産権と生存権のような給付権との保障構造が近付くからといって，常に広範な立法裁量が認められるわけではない。ドイツの審査密度に関する判例理論を参考にすると，財産権が保障されることで個人の人格的自律を保護することになっている場合には，高い審査密度で審査される。これにより，国家による制度形成の必要性を正面から認めてもなお，個人の人格的自律を損なうことのないように，手当てがなされているのである。

第三に，既得の権利に対する制限が問題となる場合について，どのように考えるかという点である。既得の権利に影響を及ぼす法律は，同時に，財産権を形成する法律でもあるため，既得の権利に改正法による不利益が及ぶとしても，た

20）大村敦志『他者とともに生きる』（東京大学出版会，2008年）241頁参照。

21）Vgl. J. Wieland, a.a.O. (Anm. 8), Rn. 87.

22）小山・前掲注4）『「憲法上の権利」の作法』160頁と同旨。

だ新たにそのような内容の財産権が作られただけであると捉えることもできる。そのように捉える場合，考慮要素モデルに基づくと，その新たな財産権の形成が憲法上許されるかが審査されればよく，既得の権利に対する顧慮は，信頼保護原則の観点から衡量審査の際の財産権者側の重み付けとして働くことになる。

このように考える利点は次の点にある。まず，序章で述べたように既得の権利の保護がなぜ憲法上強く要請されるのかということについて，それを単に予測可能性の確保という観点から基礎付けるということには異論の余地がある[23]。既得の権利を遡及法によって消失させられない，あるいは現在有している権利をそのまま保有するという既得の財産権者側の要請がある一方で，社会的状況の変化に合わせて臨機応変に制度を改変していく立法のダイナミズムの側からの要請も存在する。既得の権利者側の要請のみが当然のように重く受け止められる必然性はない。既得の権利の場合には通常の自由権と同様に考えるという構成よりも，個別の状況に応じて既得の権利が保障されることに対する信頼が保護されるべきであるかということを考えられる構成の方が，こうした両方の要請を踏まえると適切であるように思われる。また，信頼保護の必要性が顧慮されるということは，既得の権利の保障の程度が重くなる，すなわち違憲審査の際の審査密度が高くなるということとは異なる。経過規定や免除規定の導入や補償金の支払によって，制度の一般的な変更は行いつつも別の手段で既得の権利者の信頼に応えるという方策が採られる[24]ことによって適切な問題の解決が図られるのである。

第四に，日本において，収用と構成して損失補償を請求する場合に，29条3項を根拠に直接請求することが判例[25]・通説[26]によって認められていることに着目すると，財産権の保障は憲法限りで可能となるのであり，これは憲法上自立的な財産権概念が認められているということであるという反論があり得るかもしれない。しかし，結論から言うと，この場合，直接の損失補償請求権の根拠となっているのは，法律を待たずして憲法限りで認められる財産権ではないという説明も成り立つように思われる。というのは，損失補償請求権が登場

---

23) 渕圭吾「租税法律主義と『遡及立法』」フィナンシャル・レビュー129号（2017年）93頁以下参照。

24) 小山剛「財産権(2・完)」法学セミナー728号（2015年）79頁も参照。

25) 最大判昭和43年11月27日刑集22巻12号1402頁〔河川附近地制限令事件〕。

26) 例えば参照，芦部信喜（高橋和之補訂）『憲法〔第6版〕』（岩波書店，2015年）239頁。

する場面は，既得の権利が侵害される場面に限られるからである。言い換えると，損失補償請求権が問題となる場面は，事前に法律によって形成された具体的な現有財産が剥奪（制限でもよいとされている）される場面である。ここで認められる損失補償請求権は，29条1項で認められていた現存保障が価値保障に転化したものであると説明されてきた[27]。しかし，さらにその奥の基礎付けまでをも考えると，その現存保障が憲法上の保障を受ける根拠は，平等原則[28]や信頼保護原則であると考えることもできる。河川附近地制限令事件で最高裁が，損失補償が憲法上なされる可能性を述べた背景には，被告人の砂利採取業者が既に相当の資本を投入してきたという事情がある。このことに鑑みると，既得の権利の憲法上の財産権としての保護というよりも信頼保護の観点が顧慮されたのだと考えることもできる[29]。

　他方で，ドイツにおいては，補償についての定めがない場合，違憲無効説が現在の判例[30]・通説[31]となっているが，これは憲法上自足的な財産権概念を認めるかどうかということとは，別の議論に基づくものである。基本法の明文上，法律によって補償の方法及び程度を定めることが形式的に要求されている（基本法14条3項2文）し，さらに，その実質的根拠となっているのは，一般的な法治国家原理から導出される明確性の要請や立法者の規律責務である（参照，第6章第1節2.）。

　第五に，日本国憲法29条の条文はどのような保障構造を有するものとして解釈されるのかという点である。29条1項は，私有財産制の保障，現に有する具体的な財産権の保障，適切な財産権の形成が行われることに対する保障という三つの保障内容を有する。これらのうち，私有財産制の保障は，従来日本の通説とされてきた，経済体制の保障としての制度的保障を意味し，1項単独で意

---

27) 石川健治「財産権②」小山剛・駒村圭吾編『論点探究憲法〔第2版〕』（弘文堂，2013年）249頁以下参照。

28) 石川・前掲注27）251頁参照。

29) 佐藤幸治『日本国憲法論』（成文堂，2011年）317頁以下参照。

30) Vgl. z. B. BVerfGE 24, 367 (418).

31) Thorsten Kingreen/Ralf Poscher, Grundrechte Staatsrecht II, 32. Aufl. 2016, Rn. 1034. 邦訳として参照（ただし，第15版の対応する箇所〔注：同書は第29版以降，Bodo Pieroth/Bernhard Schlinkから現著者へ引き継がれている〕），永田秀樹・松本和彦・倉田卓志訳『現代ドイツ基本権』（法律文化社，2001年）338頁以下〔松本訳〕。本書での用語法に合わせて訳語を変えている箇所もある。

味を有し得る。これに対して，現に有する具体的な財産権の保障及び適切な財産権の形成が行われることに対する保障は，憲法上自立的な財産権概念は存在せず，まずは法律による財産権の内容形成が必要となることから，1項と2項を併せ読むことによってなされる。この場合，審査の鍵となるのは，〈法律が「公共の福祉」に適合するように財産権の内容を形成したか〉の検討である。これまで29条2項による内容形成の統制は，憲法による有効な統制手段であるとは考えられにくく[32]，むしろ，「公共の福祉」によって規制を根拠付ける条項としての役割を担わされてきた[33]。本書の保障構造においては，「公共の福祉」は，「人権を制約するための原理というよりも，国家権力の発動の正当性を問うための原理である」と考えることになる[34]。さらに，既得の権利の保護が特に必要となる場合には，信頼保護原則が顧慮されることになる。また，現に有する具体的な財産権の保障について金銭的価値の面からの保障が求められる場合には，3項によって正当な補償が要求される。

(3) 日本における内容形成論に基づく財産権論との違い

　憲法上の考慮要素モデル（モデル4）は，基本権の内容形成論をそのベースとするものである。日本においては，既に，同じくドイツの内容形成論をベースにした財産権論が主張されている[35]。しかし，考慮要素モデルは，小山剛の財産権論と異なる部分がある。これについては，既に折に触れて言及した点ではあるが，ここで今一度整理しておきたい。

　両者が見解を異にするのは，違憲審査の際の憲法上の規準点として何が考えられているかという点である。本書が基礎とするドイツにおける憲法上の考慮

---

32) こうした考え方は，小泉良幸「法曹実務にとっての近代立憲主義【第9回】経済的自由権——財産権解釈論を素材に『自由』の意味を考える」判例時報2300号（2016年）7頁に強く見られる。

33) 芦部・前掲注26）233頁参照。

34) 玉蟲由樹「人権と国家権力——『公共の福祉』の多元的機能」法律時報86巻5号（2014年）36頁参照。後に，「『制限の制限』ルールおよび比例原則をその内容とする人権制約の正当化原理」としての公共の福祉と，国家権力を正当化する「国家目的論的公共の福祉」との区別の必要性が強調されている（玉蟲由樹「集合的決定・公共の福祉・人権」法の理論34号（2016年）167頁以下，175頁参照）。ただし，財産権のように法制度の形成を前提とする基本権の場合には，国家権力の行使たる制度形成を統制する原理としての公共の福祉という理解の成立可能性を，通常の人権の場合とは別に検討する余地がある。

35) 参照，小山・前掲注4）『基本権の内容形成』120頁以下。

要素モデルは，保護領域となる「原形」ではなく，憲法上の考慮要素の存在を観念している。これに対して，日本で説かれてきた内容形成論を基礎とした財産権論は，「基本権の享有主体に財産法の領域における自由な領域を保ち，それにより個々人に自己責任に基づく生活の形成を可能にすること」が財産権の任務であるという判例の説示に着目し，人格発展の保障という憲法上の要請が立法者に対して向けられているという[36]。しかし，ここから，憲法上の考慮要素モデルとの間に差異が生ずる。すなわち，その憲法上の規準は人格発展の保障であることになるが，それは通常の憲法上の自由権として法律による制限の対象となるべきもの，つまり憲法上の「原形」として存在するものとしても理解されているのである。「制度としての財産権の保障に反する法律は，直接，現実に財産法領域における当事者の自由を縮減する」[37]という。そうすると，この財産権論は，ドイツにおいて「原形」として行為自由（人格的自由）を観念する行為自由的財産権モデル（モデル3）と，その基本思考を異にしながら，この点では期せずして符合することになっている[38]。

　ドイツにおいては，憲法裁によって憲法上の財産権概念の機能的な理解が示され，財産権には「基本権の構造の中で，基本権の享有主体に財産法の領域における自由な領域を保ち，それにより，個々人に自己責任に基づく生活の形成を可能にする」という任務が与えられているということが，学説においても広く共通の理解となっている。しかしながら，憲法裁が，憲法上の財産権保障に関わる問題——すなわち，どのような権利が憲法上の財産権として保障されるのか，そして，ある法律が憲法上の財産権保障に違反していないか——を検討する際に，具体的に規準となるのは，憲法上の財産権概念を構成するメルクマールである（第3章第1節）。すなわち，財産権の内容を形成する法律の違憲審査を行う際には，人格的発展の自由から離れて，メルクマールを憲法上の考慮要素として衡量審査を行うという考え方があり得るのである[39]。このように考えたとしても，憲法上の財産権概念の機能的な理解はなお意義を有しており，

---

36) 小山・前掲注4)「基本権の内容形成論からの応答」13頁。

37) 小山・前掲注4)『「憲法上の権利」の作法』158頁。

38) 小泉・前掲注32)9頁注17も参照。

39) 人格的発展の自由と財産権保障とを別次元に置くという思考については，木庭顕『現代日本公法の基礎を問う』（勁草書房，2017年）209頁も参照。

違憲審査の際には，人格的自由との関連性は，審査密度を高めるファクターとなって実践的な働きをなし得る[40]（第4章第2節2.）。

第2節　最高裁判所判例における審査枠組み

　では，このように再構築された基本構造を有する財産権保障の要請が，立法者によって果たされているかどうかは，どのような審査枠組みによって審査されるであろうか。本節では，客観法レベルでの制度形成の統制の側面から，最高裁判所の判例を読み直すとどのように解し得るかを示す。

1.　比例原則審査の特質

⑴　比例原則の多段階化

　日本においては，ドイツでなされているような比例原則審査，特に狭義の比例性審査に対しては，アメリカの審査基準論と比較されながら厳しい批判が提起されてきた。アメリカの審査基準論とは，「審査の厳格度により三つの基準を区別する考え方」であり，「利益衡量を裁判官の主観的判断に全面的に委ねるのではなく，事件の類型ごとに特定の基準に従った衡量を行う」ものであると説明されている[41]。そして，ドイツの比例原則とアメリカの審査基準論の違いは，目的審査の在り方と狭義の比例性審査の位置付けに現れているとされる。これによれば，「ドイツにおける目的審査においては，目的は正当なものであればよいとされているが，これはアメリカにおける最も緩やかな審査基準である『legitimateな目的』と同程度が想定されているようである。……ゆえに，手段審査（適合性・必要性審査）をパスしたというだけでは，合憲の結論にいたることはできず，狭義の比例原則の適用により，得られる利益と失われる利益の均衡を別途確認しなければならないことになる。……アメリカでは，目的審査において，人権と公益の重要度が同等であることを確保するという思考法をとるから，目的審査と手段審査をパスすれば，得られる利益と失われる利益の均衡は確保されるのであり，その後にさらに両者の均衡を確保する狭義の比例原則の

---

40) 安西文雄・巻美矢紀・宍戸常寿『憲法学読本〔第2版〕』（有斐閣，2014年）183頁〔巻執筆〕も参照。
41) 参照，高橋和之「『通常審査』の意味と構造」法律時報83巻5号（2011年）17頁。

終章　日本における財産権の憲法的保障　233

適用という手続は必要ない」。このように，得られる利益と失われる利益の均衡の「確認を直接的に行う手続を狭義の比例原則として組み込み，それを決め手としている」ドイツの比例原則審査は，アドホック・バランシングであると評価されている[42]。

　しかし，このように狭義の比例性審査をアドホック・バランシングだと評価して切り捨てるのとは異なる方向を目指すことは可能であるように思われる。狭義の比例性審査を行う際にも，裁判官に利益衡量を完全に委ねるのではなく，それを方向付ける手法を取り入れることが考えられる。それは，「比例原則は，常に具体化を要する基準であり，ひとまず三段階審査論に依拠するとしても，類型的事案ごとに比例原則の多段階化を志向」[43]していくという試みである。こうした「類型的な審査基準論に拘泥せず，紛争解決機関・権利救済機関として，事案ごとに柔軟に立法事実を検証し制約の必要性を吟味してゆく」ことに対する好意的な見方も示されている[44]。「具体的な法理やルールの展開に注目することは，〔審査基準論との──筆者注〕相補的な議論への現実的な第一歩であり，それは思考方法の融合や厳格審査の実現へと，可能性をつなげるもの」[45]との積極的な評価もなされている。

　それでもなお，審査基準論との違いも残されている。それは，審査の厳格度を設定する際の考慮事由である。審査基準論の場合，「二重の基準の基礎にある裁判所の役割という観点からは，人権の性質に応じて重要度の違いを設定する」のであり，「裁判所が積極的に守るべき役割を負う種類の人権は，『重要』な人権であり，したがって，それを制限する場合の公益は，公益のなかでも特に重要なものでなければならない。このような考えから，重要度の違いを三つに区分し，それぞれに対応する三つの厳格度を異にする審査基準を構成」[46]している。

---

42) 参照，高橋・前掲注41）18頁以下。審査基準論については，高橋和之「違憲審査方法に関する学説・判例の動向」法曹時報61巻12号（2009年）1頁以下，同「審査基準論の理論的基礎(上)・(下)」ジュリスト1363号（2008年）64頁以下，1364号（2008年）108頁以下も参照。

43) 石川健治「夢は稔り難く，道は極め難し──『憲法的論証』をめぐる幾つかの試行について」法学教室340号（2009年）58頁参照。

44) 棟居快行「人権制約法理としての公共の福祉論の現在」レファレンス平成26年5月号（2014年）25頁参照。

45) 青井未帆「三段階審査・審査の基準・審査基準論」ジュリスト1400号（2010年）74頁。

46) 高橋・前掲注41）18頁。

これに対して，比例原則の多段階化は，同じ種類の憲法上の権利の間でも行われる。例えば，同じく憲法上の財産権が問題となる場合であっても，様々なファクターを立てることにより事案によって異なる審査密度で審査される（参照，第4章第2節2.）。その予測可能性がより高いものとなるよう，これまでの判例の積み重ね等から審査密度の設定の仕方を整理し，類型化することが，比例原則の多段階化の作業としてドイツでは行われている。このように比較してみると，狭義の比例性審査がその本質だとされる比例原則は，アドホック・バランシングなのではない。しかも，比例原則審査を用いることで，審査基準論よりも個別の事案に即した審査密度の設定をすることができるというメリットもあるように思われる[47]。もっともドイツの憲法裁判例において見られたような，審査密度の定式[48]は，日本の最高裁判例では明示されてはいない。それゆえ，なぜその程度の審査密度で審査されたのかが，判決ごとに学説によって考察されるという状況にある。

(2) 二種類の衡量

衡量に関しては，次のような二つの仕方があり得る。すなわち，「対立的公益観」に基づく衡量と「調整的公益観」に基づく衡量である[49]。近時，これらの二つの公益観が収用と都市計画決定にそれぞれ対応するものと整理する見解が提示されている。その整理によると，「対立的公益観」に基づく衡量は，収用の実施に際して行われるものであり，そこでは，「収用目的と財産権との二元的対立を前提とし，後者を犠牲にしてもなお前者を達成すべきかどうかが比例原則に基づいて衡量される」[50]。これに対して，「調整的公益観」に基づく衡量は，

---

47) 阪口正二郎「比較の中の三段階審査・比例原則」樋口陽一・森英樹・高見勝利・辻村みよ子・長谷部恭男編著『国家と自由・再論』（日本評論社，2012年）261頁参照。

　もっとも，蟻川恒正「財産権内容『規定』事案の起案(1)」法学教室429号（2016年）92頁以下で行われているような，審査基準論をベースにした「審査枠組み」の選択がなされるというやり方をとれば，審査基準論に立脚していても個別の事案に応じた審査の厳格度の設定は可能となるようにも思われる。なお，「審査枠組み」という用語は，蟻川の場合には審査の厳格度の設定後の枠組みを指すのに対し，本書では審査の厳格度の設定前の大まかな枠組みを指している。

48) Vgl. z. B. BVerfGE 126, 331 (360).

49) 角松生史「『計画による公共性』・再考――ドイツ建設法における『計画付随的収用』」原田尚彦先生古稀記念『法治国家と行政訴訟』（有斐閣，2004年）513頁以下参照。

公的・私的諸利害の適正な衡量・調整であり，土地計画事業認可及びその前提
となる都市計画決定に際して，「都市空間のあり方に関する多種多様な要素を
複雑に組み合わせて考慮・衡量する形で行われる」[51]。

　法律による財産権の内容形成のされ方をめぐって違憲審査が行われる場合，
比例原則審査の現れとしての衡量審査の枠組み（狭義の比例性審査）において，
立法者に行うことが要請されているのは，後者の衡量[52]であると解される。
こうした解釈の根底には，「原形」に対する制限を最小限にとどめるべきだとい
う侵害留保的な思考から，適切な財産権の内容形成をすることが立法者に憲法
上要請されるという思考への転換がある。ただし，上記の二つの公益観につい
ての説明では，対立的公益観に基づく衡量のみが比例原則に基づく衡量とされ
ているが[53]，本書は連邦憲法裁と同様に，調整的公益観に基づく衡量審査も比
例原則に含むものと位置付ける。財産権の内容形成の際，立法者の形成余地は
基本的に広く認められるため，違憲と判断される場合は，目的と手段の著しい
不均衡があった場合，財産権者の観点から見ると財産権者に過酷な不利益が及
ぶ場合である（第5章第2節2.）。ただし，こうした広い形成余地が狭められ審
査密度が高められる場合はあり得る（第4章第2節2.）。

2. 審査の実相——内容形成の場合

　以上，本書の比例原則審査の理解を示した上で，最高裁判所判例の分析に入

50）興津征雄「計画の合理性と事業の合理性——《計画による公共性》論から見た土地収用法と都市
　　計画法」吉田克己・角松生史編『都市空間のガバナンスと法』（信山社，2016年）288頁，295頁，角
　　松・前掲注49）528頁参照。

51）興津・前掲注50）299頁参照。
　　憲法上の財産権としての著作権に関しても，立法や解釈の指針として機能する場面を念頭に，
　　「特定の関係者の利益を極大化するのではなく，対立する利益を明らかにし，その最適化を図ると
　　いう発想」の下，「著作者の財産権保障について考えることによって核心的な内容とそれ以外を区
　　別し，対立する利益や価値を適切に調整することが可能になる」として，憲法上の財産権が適切な
　　調整のための指針となることが説かれている（栗田昌裕「ドイツ法における私的録音録画補償金
　　制度と憲法上の財産権保障」コピライト652号（2015年）48頁参照）。

52）海野・前掲注19）190頁以下も参照。

53）角松生史「日本行政法における比例原則の機能に関する覚え書き——裁量統制との関係を中心
　　に」政策科学21巻4号（2014年）196頁も，興津と同様，「特定の利益を天秤の一方の側に載せ，そ
　　れ以外の種々の利益と比較するという二元的構造をとること」が比例原則の特徴であるとしている。

る。初めに分析の対象とするのは，財産権の内容を形成している法律の憲法適合性が問題となった判例である。

⑴　憲法問題としての取扱い

将来へ向かっての財産権の内容形成のみが問題となる場合，単にそのような内容の財産権が新たに作られただけであって，憲法問題とする必要はないとされていたこともあった。例えば，失火責任に関する法律についての判例は，次のように述べて僅か数行で上告人（原告）の主張を退けた。

　「所論は，まず，違憲をいうが，不法行為によって権利を侵害された被害者は，不法行為者に対し，法の定めるところに従って損害賠償請求権を取得するのであり，失火ノ責任ニ関スル法律は，民法709条とあいまって，失火による権利侵害の場合には，失火者に故意又は重大な過失があるときに限って不法行為責任を負わせ，被害者に損害賠償請求権を取得させることを定めているにとどまるのであって，被害者の有するなんらかの既得の損害賠償請求権を侵害するものではないから，失火ノ責任ニ関スル法律が上告人の損害賠償請求権を侵害したことを前提とする所論は，その前提を欠き，失当である」[54]。

これに対して，船舶の所有者等の責任の制限に関する法律の憲法適合性が問題となった事例は，同じく，航海に関して生ずる損害賠償債権が，当該法律によって制限を伴う権利として形成されただけであると捉えることができる。しかし，最高裁判所は，これを憲法問題とし判断を下した[55]。この理由に関しては，「比較的新しい法律の規定の合憲性が争われたので，この機会に最高裁判所の判断を示すのが妥当であるとの考慮から憲法判断を回避しなかった」との解説がなされている[56]。その後，既得の権利の制限が問題となっていないにもかかわらず，憲法問題として扱われた事例は，森林法判決を始め多数存在し，上記失火責任法に関する判例のように訴え自体を退ける判例は見られなくなっている。森林法判決の場合，なお，最高裁が近代的所有権の原則と考え，かつ憲法上の「原形」と考える「単独所有」に対する制限が観念されたという可能性も

---

54) 最判昭和53年4月14日集民123号541頁。

55) 最大決昭和55年11月5日民集34巻6号765頁。

56) 篠田省二「判解」（船舶の所有者等の責任の制限に関する法律第2章の規定の合憲性が問題となった事例）最高裁判所判例解説民事篇昭和55年度（1980年）344頁注3。

あり得る。しかし，以下で取り上げている諸判例全てに妥当するような「原形」の存在を憲法上確認することが困難であることは，序章で述べたとおりである。

　財産権の内容を形成している法律の憲法適合性が，どのように裁判所で問題とされ得るのか。まず，立法者が，憲法上の考慮要素を適切に考慮して財産権を形成するという義務を果たさなかったことが原因で，財産権者の何らかの具体的な権利の行使が妨げられ，財産権者に不利益が及んでいる場合，その権利の行使を請求する際に，立法者の憲法違反を問題にすることができる（例えば，森林法判決のように，森林法上否定されている分割請求権の行使を求めて提訴された中で，それが立法者の財産権形成の誤りに基づくものかどうかが審査された事例）。

　また，憲法による財産権保障違反が，裁判所で争われるルートとしては，財産権者による提訴が行われる場合以外のものも考えられる。例えば，財産を手放すことを原告によって請求された場合に，その請求の基礎となっている法律が憲法に違反していることを抗弁や上告理由として主張すること（例えば，証券取引法判決や建物区分所有法判決の事例──後掲）があり得る。あるいは，国家賠償請求の際に違法事由として主張することも考えられる。

(2)　衡量審査の提示

　このように，将来へ向かっての財産権の形成が問題となる場合，最高裁は，29条2項を規準としてその財産権形成法律の憲法適合性を判断している。法律の憲法適合性判断に当たって，29条2項を立法者の統制条項として用いるということは，学説では比較的最近になって明言されるようになってきた[57]。けれども，最高裁はかつてよりこの立場を採用しており[58]，現在まで維持されている。この場合，29条2項にいう「公共の福祉に適合するやうに」財産権が形成されたかどうかが，直接裁判所によって統制されることになる。学説において，どこかにあるはずだとその存在が想定され，探求されている「原形」（憲法

---

57) 山本龍彦「イントロダクション」宍戸常寿・曽我部真裕・山本編著『憲法学のゆくえ』（日本評論社，2016年）208頁，憲法判例研究会編『判例プラクティス憲法〔増補版〕』（2014年）〔山本龍彦執筆〕214頁，220頁，小泉・前掲注32）5頁，宍戸・前掲注5）346頁，蟻川・前掲注47）99頁（森林法判決に関して）。

58) 宇都宮純一「判批」（船舶の所有者等の責任の制限に関する法律第2章の規定の合憲性が問題となった事例）法学47巻4号（1984年）160頁）は，判例と当時の通説の乖離を指摘していた。

上自立的な財産権概念）を，最高裁もまたあるはずだと考えているのだとすると，このように，29条2項を表に出して憲法適合性を判断していることは，整合的な説明がされ難いように思われる。

では，財産権を形成する法律の29条2項による憲法適合性審査のためには，いかなる審査枠組みが設定されているのか。この審査枠組みを初めに提示し，現在の判例につながる基礎を作ったのが森林法判決[59]である。

① 一般的な審査枠組みについて

この判決は，一般的な審査枠組みについて以下のように判示した。

　財産権に加えられる「規制は，財産権の種類，性質等が多種多様であり，また，財産権に対し規制を要求する社会的理由ないし目的も，社会公共の便宜の促進，経済的弱者の保護等の社会政策及び経済政策上の積極的なものから，社会生活における安全の保障や秩序の維持等の消極的なものに至るまで多岐にわたるため，種々様々でありうるのである。したがって，財産権に対して加えられる規制が憲法29条2項にいう公共の福祉に適合するものとして是認されるべきものであるかどうかは，<u>規制の目的，必要性，内容，その規制によって制限される財産権の種類，性質及び制限の程度等を比較考量して決すべきものであるが</u>，裁判所としては，立法府がした右比較考量に基づく判断を尊重すべきものであるから，立法の規制目的が前示のような社会的理由ないし目的に出たとはいえないものとして公共の福祉に合致しないことが明らかであるか，又は規制目的が公共の福祉に合致するものであっても規制手段が右目的を達成するための手段として必要性若しくは合理性に欠けていることが明らかであって，そのため立法府の判断が合理的裁量の範囲を超えるものとなる場合に限り，当該規制立法が憲法29条2項に違背するものとして，その効力を否定することができるものと解するのが相当である」〔下線は筆者による〕。

このうち，下線部分が，憲法裁の判例において確立していた，「立法者は，財産権の内容及び限界を定める場合には，財産権者の保護されるべき利益と公共の福祉の利益とを適切に調整し，均衡のとれた関係をもたらさなければならない」という定式に対応している。すなわち，「公共の利益」のためになされる「規制の目的，必要性，内容」と，「財産権者の保護されるべき利益」の「種類，性質及び制限の程度等」の比較考量を，立法者が行わなければならないということである。

59）最大判昭和62年4月22日民集41巻3号408頁。

この審査枠組みを，ドイツの憲法上の考慮要素モデルに従って更に展開していくと，憲法上実現されていなければならない「財産権者の保護されるべき利益」は，私的効用性という概念でくくられるものであり，「公共の利益」は，財産権に社会的拘束を及ぼすものと表され得るものである。そして，立法者は両者の調整を様々な諸利益を顧慮しながら適切に行うことを要請され，それが適切に行われたかどうかを裁判所が後追い的に審査するという構造になっている。

私的効用性とは，権利主体にとって何らかの有用性がある形で，財産権の対象物を使用・収益・処分できることを意味するものであった。本件事案の場合，共有物分割請求権が否定されていたため，判決が述べるように，「共有者間，ことに持分の価額が相等しい2名の共有者間において，共有物の管理又は変更等をめぐって意見の対立，紛争が生ずるに至ったときは，各共有者は，共有森林につき，同法252条但し書に基づき保存行為をなしうるにとどまり，管理又は変更の行為を適法にすることができないこととな」っていた。これに対して，社会的拘束は，規制の目的に現れている。それは，森林は，その「細分化を防止することによって森林経営の安定を図り，ひいては森林の保続培養と森林の生産力の増進を図り，もって国民経済の発展に資する」ように規制されねばならないということである。先のような程度の使用しかできないということがこの規制目的に比して均衡がとれているかが，審査されることになる。

森林法判決の中には，「分割請求権を共有者に否定することは，憲法上，財産権の制限に該当」するというフレーズが見られ，また，上記引用部分に見られるように，目的の手段に対する必要性と合理性を審査するという比例原則審査の外形が示されている。ここからは，最高裁は，憲法上自立的な財産権概念が存在していると考えているようにも推察される。しかし，それが何かは判決文からは直ちに読み取れない。これを，単独所有や法律家共同体によるベースラインと説明するものは，この判決限定で，しかも，この部分のみを説明する限りにおいては，妥当であるように思われる。また，審査密度に関しても，この判決では，ローマ法に由来する単独所有という近代所有権制度の根幹が否定されるような「事の性質」があったために，立法裁量を尊重すべきと述べておきながら，実際には比較的厳しい審査がなされたのである[60]というのがよく知

60）石川・前掲注2）306頁，宍戸・前掲注5）351頁。

られた説明の仕方となっている。これに対して異なる見方も示されている。すなわち、「『共有物分割請求権は……近代市民社会における原則的所有形態である単独所有への移行を可能ならしめ〔る〕権利であ〔る〕』とする記述は、『財産権の制限』に形式上該当することのメルクマールを共有物分割請求権の否定に求めることを正当化するために森林法違憲判決が用意した記述にほかならない」[61]のであり、「実際に森林法違憲判決が立法事実の綿密な検証に踏み込んだのは、突き詰めていえば、共有物の趣旨・目的・意義等に関する検証が、法律家の共通の思考資源といえる民法を中心とした検討作業であったため、立法事実に対して必ずしも深く立ち入ったわけでなくとも、本件法制度の問題性が最高裁裁判官たちの思考・判断過程において白日の下に晒されたという事態であった」[62]との推察がなされている。

② 比例原則審査について

続いて、目的と手段の関係について比例原則審査が行われている。

判決は、まず、目的に対する手段の適合性を審査し、森林法186条の立法目的と、共有森林につき持分価額2分の1以下の共有者に分割請求権を否定したこととの間には合理的関連性がないとした。

さらに判決は、二つの点について必要性を審査[63]している。

第一に、範囲・期間無限定の分割禁止については、次のように述べている。「共有森林につき持分価額2分の1以下の共有者からの民法256条1項に基づく分割請求の場合に限って、他の場合に比し、当該森林の細分化を防止することによって森林経営の安定を図らなければならない社会的必要性が強く存すると認めるべき根拠は、これを見出すことができないにもかかわらず、森林法186条が分割を許さないとする森林

---

61) 蟻川・前掲注47) 99頁、駒村圭吾『憲法訴訟の現代的転回──憲法的論証を求めて』(日本評論社、2013年) 218頁も参照。

62) 蟻川・前掲注47) 98頁。同所で、こうした見方は園部逸夫「経済規制立法に関する違憲審査覚書」芦部信喜先生古稀祝賀『現代立憲主義の展開(下)』(有斐閣、1993年) 203頁以下の採るものであったことが指摘されている。

63) もっとも、比例原則審査の本来の理解からすれば、必要性審査まで行う必要はないはずである。「それというのも、制約目的にとって適合的な手段だけが、必要かどうかの判定を受けるに値するからである。目的に適合しない手段(=目的にとって役に立たない手段)について、必要か否かを問うても意味がない」(松本和彦『基本権保障の憲法理論』(大阪大学出版会、2001年) 62頁)。

の範囲及び期間のいずれについても限定を設けていないため，同条所定の分割の禁止は，必要な限度を超える極めて厳格なものとなっているといわざるをえない。

　まず，森林の安定的経営のために必要な最小限度の森林面積は，当該森林の地域的位置，気候，植栽竹木の種類等によって差異はあっても，これを定めることが可能というべきであるから，当該共有森林を分割した場合に，分割後の各森林面積が必要最小限度の面積を下回るか否かを問うことなく，一律に現物分割を認めないとすることは，同条の立法目的を達成する規制手段として合理性に欠け，必要な限度を超えるものというべきである。

　また，当該森林の伐採期あるいは計画植林の完了時期等を何ら考慮することなく無期限に分割請求を禁止することも，同条の立法目的の点からは必要な限度を超えた不必要な規制というべきである」。

　第二に，現物分割（民法258条）の否定については次のように述べている。

　「現物分割においても，当該共有物の性質等又は共有状態に応じた合理的な分割をすることが可能であるから，共有森林につき現物分割をしても直ちにその細分化を来すものとはいえないし，また，同〔民法258〕条2項は，競売による代金分割の方法をも規定しているのであり，この方法により一括競売がされるときは，当該共有森林の細分化という結果は生じないのである。したがって，森林法186条が共有森林につき持分価額2分の1以下の共有者に一律に分割請求権を否定しているのは，同条の立法目的を達成するについて必要な限度を超えた不必要な規制というべきである」。

　ここでは，比例原則の三つの部分要素のうち必要性審査が行われていると読むのが一般的な読み方である[64]。そして，他の自由権と同様に憲法上の財産権概念が原形として存在しているのであれば，必要性審査では「手段の必要最小限度性」が問われているのだと解することになろう[65]。判決の中で範囲・期間を限定した規制の可能性や現物分割の可能性に触れられているところもあり，このような読み方をすることもあり得るものと思われる。

　しかしながら，通常の自由権が問題になる場合と全く同様に，「手段の必要最小限度性」が検討されたのかを考えると，別の読み方をすることもできるように思われる。同じく必要性審査をしている薬事法判決[66]と比較してみると，論証には違いがある。

64）そのように読むものとして，参照，石川・前掲注2）311頁，駒村・前掲注61）126頁，217頁。

65）石川・前掲注2）312頁，駒村・前掲注61）104頁参照。

66）最大判昭和50年4月30日民集29巻4号572頁。

薬事法判決によれば，「薬局の開設等の許可条件として地域的な配置基準を定めた目的……は，いずれも公共の福祉に合致するものであり，かつ，それ自体としては重要な公共の利益ということができるから，右の配置規制がこれらの目的のために必要かつ合理的であり，薬局等の業務執行に対する規制によるだけでは右の目的を達することができないとすれば，許可条件の一つとして地域的な適正配置基準を定めることは，憲法22条1項に違反するものとはいえない。問題は，果たして，右のような必要性と合理性の存在を認めることができるかどうか，である」。

ここでは，薬局の開設等の許可における適正配置規制が，目的を達成するのに他のより制限的でない手段がなければ必要な限度の手段であることは認めた上で，他のより制限的でない手段がないかどうかを問うている。そして，それに当たる手段として，次のような薬事関係各種業者の業務活動[67]に対する規制が存在することを挙げた。

「まず，現行法上国民の保健上有害な医薬品の供給を防止するために，薬事法は，医薬品の製造，貯蔵，販売の全過程を通じてその品質の保障及び保全上の種々の厳重な規制を設けているし，薬剤師法もまた，調剤について厳しい遵守規定を定めている。そしてこれらの規制違反に対しては，罰則及び許可又は免許の取消等の制裁が設けられているほか，不良医薬品の廃棄命令，施設の構造設備の改繕命令，薬剤師の増員命令，管理者変更命令等の行政上の是正措置が定められ，更に行政機関の立入検査権による強制調査も認められ，このような行政上の検査機構として薬事監視員が設けられている。これらはいずれも，薬事関係各種業者の業務活動に対する規制として定められているものであり，刑罰及び行政上の制裁と行政的監督のもとでそれが励行，遵守されるかぎり，不良医薬品の供給の危険の防止という警察上の目的を十分に達成することができるはずである」。

そしてさらに，それだけでは不十分だと言えるような国民の保健に対する危険が存在しないことを論証し，必要性を否定したのである。

これに対して，森林法判決の行った審査は，そもそも目的を達成するために，必要な限度の手段かどうかを問うているのである。そして，その判断基準は，目的に対する手段の均衡性が明らかに欠如しているものでないか，その手段は財産権者にとって要求できる（zumutbar）ものであるかどうかである。つまり，

67）本書は，職業の自由については人の自由な活動が保障されているものとして，財産権のようにその保障内容を観念するために法律による内容形成が必要な権利とは異なり，通常の自由権として捉えている。

終章　日本における財産権の憲法的保障　243

狭義の比例性審査（要求可能性審査）の観点も含まれていると読むことができるように思われる[68]。

(3) 衡量審査の定着

森林法判決の示した衡量審査の枠組みと狭義の比例性審査を中心とする比例原則審査は，その後の最高裁判例においても受け継がれていく。その引継役を果たすこととなったのが，証券取引法判決[69]である。それ以降の財産権に関する最高裁判例は，この判決を先例として引用している[70]。近年では，森林法判決と証券取引法判決以降の判決との間に断絶があるとする読み方が有力になっている[71]。確かに，後述のように，証券取引法判決は，目的について「積極的」・「消極的」という文言を使わず，立法裁量論に言及せず，明白性の検討で限定された目的・手段審査にも言及しなくなったという違いがある。また，森林法判決は，財産権に対する制限という構成に沿って終始比例原則審査がなされていたと読み得るものであったのに対し，証券取引法判決以降の判決では，「制限」を特段議論していないと指摘される[72]ような違いもある。しかしながら，本書は，審査の大枠としての衡量審査の枠組みが，森林法判決から証券取引法判決へと受け継がれているという観点から見て，両判決の間を連続的に描く[73]。

---

68) 参照，森林法が警察規制でないことを理由として，「『必要最小限の規制』という必要性の原則が適用されていない」ことを指摘する，須藤陽子『比例原則の現代的意義と機能』（法律文化社，2010年）262頁以下。「《シンポジウム》第一部会討論要旨」〔須藤陽子発言〕公法研究71号（2009年）140頁では，薬事法判決について，最高裁は，「警察規制に対する必要性の原則による審査の観点を示し，さらに結論において，『目的と手段の均衡を失するものであって到底その合理性を認めることができない』と述べて，狭義の比例原則の適用を示している。また，……いわゆる森林法判決は，必要な限度を越えるという結論を導いた狭義の比例原則を適用した例である」と述べられている。
69) 最大判平成14年2月13日民集56巻2号331頁。
70) 最判平成14年4月5日民集56巻4号95頁〔農地法判決〕，最判平成15年4月18日民集57巻4号366頁〔損失保証に関する証券取引法判決〕，最判平成18年11月27日集民222号275頁〔消費者契約法判決〕，最判平成21年4月23日判時2045号116頁〔建物区分所有法判決〕。
71) 宍戸・前掲注5）347頁
72) 座談会「憲法上の財産権保障と民法」宍戸常寿・曽我部真裕・山本龍彦編著『憲法学のゆくえ』（日本評論社，2016年）232頁参照〔曽我部発言〕。
　地下水保全条例による井戸の設置規制と憲法29条2項との関係が問題となった東京高判平成26年1月30日判自387号11頁についても同様の指摘がなされている（實原隆志「判批」『平成26年度重要判例解説』（有斐閣，2015年）27頁参照）。

〔証券取引法判決の分析〕

　証券取引法判決の事案は次のようなものであった。東京証券取引所第二部に株式が上場されている会社（被上告人）が，その主要株主である会社（上告人）が6か月以内の短期売買によって2,018万3,691円の利益を上げたため，証券取引法164条1項に基づき，短期売買取引の利益の提供を求めた。第一審[74]，第二審[75]ともその請求を認容した。そのため，上告人が証取法164条1項は，「上場会社等の役員又は主要株主がその職務又は地位により取得した秘密を不当に利用していわゆるインサイダー取引を行うことを規制し，もって一般投資家の利益を保護する趣旨の規定であるところ，上記株式の売付けの相手方と上告人とは代表者及び株主が同一であり，上記秘密の不当利用又は一般投資家の損害の発生という事実はないから，この売付けについて同項は適用されないと解すべきであり，そのように解さなければ，同項は憲法29条に違反すると主張」した。

　この判決では，証取法164条1項は，「公共の福祉に適合する制限を定めたものであって，憲法29条に違反するものではない」という結論部分での判示に見られるように，同項が財産権に対する制限を課するものであると捉えられてはいる。しかし，森林法判決と異なり，「本判決は本件においてどんな財産権の制限が存在しているのかをとくには説明していない」[76]。

　この判決における審査の実質は，短期売買取引による利益の提供を定めた制度形成が公共の福祉に適合しているか（憲法29条2項）が審査されたものと見ることができる。そして，その審査の大きな枠組みを成すものは，森林法判決とほぼ同じ定式で示されている次のような衡量審査の枠組みである。

　　「財産権の種類，性質等は多種多様であり，また，財産権に対する規制を必要とする社会的理由ないし目的も，社会公共の便宜の促進，経済的弱者の保護等の社会政策及び経済政策に基づくものから，社会生活における安全の保障や秩序の維持等を図るものまで多岐にわたるため，財産権に対する規制は，種々様々のものがあり得る。このことからすれば，財産権に対する規制が憲法29条2項にいう公共の福祉に適合するも

73）杉原則彦「判解」（証券取引法判決）最高裁判所判例解説民事篇平成14年度（2002年）193頁も，証券取引法判決の「基本的な立場は，森林法判決のそれと実質的に異なるものではない」としている。

74）東京地判平成12年5月24日民集56巻2号340頁。

75）東京高判平成12年9月28日民集56巻2号346頁。

76）横田守弘「判批」（証券取引法判決）法学セミナー573号（2002年）103頁。

終章　日本における財産権の憲法的保障　245

のとして是認されるべきものであるかどうかは，規制の目的，必要性，内容，その規制によって制限される財産権の種類，性質及び制限の程度等を比較考量して判断すべきものである」。

この枠組みの森林法判決との差異[77]は，第一に，財産権規制の社会的理由，目的について，「積極的」・「消極的」という文言を落としていることである。このことは，少なくとも財産権については規制二分論を採らないことを最高裁が明確に示したものであると解され得る。第二の差異は，森林法判決において見られた「裁判所としては，立法府がした右比較考量に基づく判断を尊重すべきものであるから，立法の規制目的が，……公共の福祉に合致しないことが明らかであるか，又は規制手段が，……必要性若しくは合理性に欠けていることが明らかであって，そのため立法府の判断が合理的裁量の範囲を超えるものとなる場合に限り，」違憲となるという判示が消えていることである。これについては，「財産権制約の合憲性審査につき最高裁は立法裁量逸脱濫用審査ではなく，判断代置型審査へ移行した」という評価もなされている[78]。しかし，既に指摘されているように，「法制度を前提とした権利としての財産権の性格からすれば，財産権規制については，第一次的には，立法裁量に委ねられていると解さざるをえない」[79]。また，本判決の最後の判示部分でも，規制手段が必要性又は合理性に欠けることが明らかでない限り，裁判所は29条違反とすることとはしておらず[80]，証券取引法判決も立法裁量を前提としているという点は変わりないように思われる。もっとも，立法裁量の位置付けという点において，すなわち，審査基準決定要因ではなく衡量の一要素となったという点において差異があると指摘する見解も示されている[81]。

続いて，最高裁は，規制の目的についてその必要性を検討し，それを肯定した上で，正当であると判断している。

---

77) この点につき，参照，松本哲治「財産権」ジュリスト1400号（2010年）104頁以下，野坂泰司『憲法基本判例を読み直す』（有斐閣，2011年）252頁以下。

78) 大石和彦「財産権制約をめぐる近時の最高裁判例における違憲審査基準について」慶應法学13号（2009年）139頁以下参照。

79) 巻・前掲注40）187頁。

80) 松本・前掲注77）105頁。

81) 村山健太郎「財産権の制約」横大道聡編著『憲法判例の射程』（弘文堂，2017年）156頁。

その次になされている規制の内容等の審査においては，個々の具体的な取引における秘密の不当利用や一般投資家の損害発生という事実の有無を証取法164条1項の適用の要件とすることができるとする部分は，目的を達成するのにより制限的でない他の手段が存在しないかどうかを審査しているもの，すなわち必要性審査を行っているものと見ることもできる。しかし，これは，上告人の主張する手段がとり得ないものであることを説明するために述べられたものであり，裁判所自ら他の手段がないかどうかを探求しようとする姿勢はない。また，インサイダー取引を防止するために証取法164条1項のような手段がとられていることに対しては多くの批判的見解が述べられているのであり[82]，本当に必要性を審査するのであれば，より綿密な検討がなされていなければならないはずである。ここでは，単に，そのような要件なしの規制が目的を達成するのに合理的であるという適合性審査が行われているにとどまる。

さらに，内閣府令で定める場合のほか，類型的に見て取引の態様自体から秘密を不当に利用することが認められない場合には証取法164条1項は適用されないと述べた部分，また，同項は，売買取引自体を禁止するものではなく，利益請求を認めることによって，当該利益の保持を制限するにすぎず，それ以上の財産上の不利益を課するものではないと述べた部分は，財産権者に過剰な不利益を課するものではないということが述べられているのであり，狭義の比例性（要求可能性）の審査がなされているものと見ることができる。

〔建物区分所有法判決の分析〕

その後の判例の中で，特に制度形成の統制の側面が色濃く見られ，注目すべきものとして，建物区分所有法判決が挙げられる。

この判決では，建物の区分所有等に関する法律（区分所有法）70条1項が憲法29条に違反しないかどうかが問題となった。

判決文のまとめによると，区分所有法70条1項は，「1つの団地内に存する数棟の建物の全部（以下「団地内全建物」という。）が，いずれも専有部分を有する建物であり，団地内全建物の敷地が，団地内の各建物の区分所有者（以下「団地

82）参照，松本哲治「判批」（証券取引法判決）『憲法判例百選Ⅰ〔第5版〕』（有斐閣，2007年）215頁，森田章「判批」（証券取引法判決）『平成14年度重要判例解説』（有斐閣，2003年）112頁，川口恭弘「判批」（証券取引法判決）民商法雑誌127巻6号（2003年）850頁。

終章　日本における財産権の憲法的保障　247

内区分所有者」という。）の共有に属する場合において，……団地内の各建物ごとに，区分所有者及び議決権の各3分の2以上の賛成があれば，……団地内区分所有者及び議決権の各5分の4以上の多数で団地内全建物の一括建替え（以下「団地内全建物一括建替え」という。）をする旨の建替え決議をすることができる旨定めている。この定めは，同法62条1項が，1棟の建物の建替え（以下「1棟建替え」という。）においては，……区分所有者及び議決権の各5分の4以上の多数で建替え決議をすることができると定めているのに比べて，建替えの対象となる当該建物の区分所有者及び議決権の数がより少数であっても建替え決議が可能となるものとなっている」。そして，これらの決議がなされた場合には，「建替えに参加しない区分所有者は，時価による売渡請求権の行使を受けて，その区分所有権及び敷地利用権を失うこととなる（同法70条4項，63条4項）。」

この判決においては，まず次のような区分所有権の性質[83]が強調されている。

「区分所有権は，1棟の建物の一部分を構成する専有部分を目的とする所有権であり，共用部分についての共有持分や敷地利用権を伴うものでもある。したがって，区分所有権の行使（……）は，必然的に他の区分所有者の区分所有権の行使に影響を与えるものであるから，区分所有権の行使については，他の区分所有権の行使との調整が不可欠であり，区分所有者の集会の決議等による他の区分所有者の意思を反映した行使の制限は，区分所有権自体に内在するものであって，これらは，区分所有権の性質というべきものである」。

そして，その後の区分所有法の規定の憲法適合性の検討には，法律によりその調整が適切になされたかどうかということを審査しているということが鮮明に表れている。すなわち，そこでは，憲法上の財産権に対する制限の正当性が問われているというよりも，区分所有権の行使，つまり私的効用性の実現に関して定める法律による制度形成の統制が行われていると言える[84]。

その審査枠組みは，全体として，証券取引法判決以来の衡量審査の枠組みを

---

83) 最高裁の述べたような区分所有権の性質については，とりわけ「1棟の建物の一部分を構成する専有部分を目的とする所有権である」ということを区分所有権の特殊性として示されたことに対して，民法の観点から批判的な検討がなされている。伊藤栄寿『所有法と団体法の交錯』（成文堂，2010年）239頁以下参照。

84) これに反対の捉え方として，内野正幸「判批」（建物区分所有法判決）『平成21年度重要判例解説』（2010年）21頁は，本判決は，「区分所有建物における所有権行使の制限につき，憲法29条の『財産権』に対する制限という枠組みでとらえている」とする。

基礎にしたものとなっている。

具体的な判断においては，区分所有法70条１項について，その目的が，「団地全体として計画的に良好かつ安全な住環境を確保し，その敷地全体の効率的かつ一体的な利用を図ろうとするものである」ということを確認し，上記の区分所有権の性質を持ち出して，その議決要件の合理性を肯定している。ここでは，目的に対する手段の適合性審査が行われているが，詳細な検討は行われていない。学説では，建替えの要件に合理性があるかについて疑いも示されているところである。第一に，このような建替えで，真に良好かつ安全な住環境が確保されるのかという疑問である。すなわち，公共の判断，関心が反映される契機は用意されておらず[85]，また，良好な住環境の中には金銭的な効用以外の観点も含まれるはずであるが，そうした観点は顧慮されているのかという疑問である。また，この事案がそうであったようにいまだ安全性には問題がない状態であっても開発業者の標的となり建替えが数の要件のみで強行されてしまうことにもなりかねない[86]。第二に，団地内建物一括建替えの場合，なぜ，別の棟の意思が反映され，自らの棟の決議要件がその程度に緩和されるのか，理論的な検討の不足が指摘されている[87]。

続けて判決は，「建替えに参加しない区分所有者は，売渡請求権の行使を受けることにより，区分所有権及び敷地利用権を時価で売り渡すこととされている」ことから，経済的損失について相応の手当てがなされていることを考慮に入れた。ここでは，所有権者の負担を減ずるものであるということが指摘されているのであり，目的の実現のために財産権者にとって過度の規制になっていないかどうかを問う狭義の比例性審査に組み入れられるものである。

この判決に対しては，居住者の居住の自由の観点から強い批判がなされている[88]。この判決で問題となった区分所有権は，長年暮らしてきた内住者の保有しているものであり，その住居はこれからも生活の基盤となるはずのものであ

---

85) 山野目章夫「判批」（建物区分所有法判決）私法判例リマークス41号（2010年）32頁参照。

86) 山野目章夫「マンションの建替えをめぐる法律改正の評価」ジュリスト1249号（2003年）46頁，榎透「判批」（建物区分所有法判決）法学セミナー665号（2010年）116頁参照。

87) 千葉恵美子「検証・新マンション建替え決議制度——理論的視点から」ジュリスト1249号（2003年）59頁以下。

88) 蟻川恒正「財産権内容『規定』事案の起案(2)」法学教室433号（2016年）109頁以下参照。

った[89]。ドイツにおける審査密度の段階付けに関する理論（第4章第2節2.）から見ても，「財産権が財産法の領域において個人の人格的自由を保護している」場合として審査密度を高めることが要求される事案であったように思われる[90]。また，「売渡し請求を受けた全ての区分所有者に一律に時価による経済的損失の補塡のみをするとしていることは，その規律が長期間にわたりその建物に居住している区分所有者にも適用されることを予定している限度で，憲法29条に違反する」[91]と解する見解も示されている。

3. 審査の実相——既得の権利侵害の場合

次に，分析の対象とするのは，既得の権利へ影響を及ぼすような形で財産権を形成する法律の憲法適合性が問題となった判例である。既得の財産権の保障が，自由権と同様の防御権的構成を採り，厳格な審査が行われるべきである[92]のならば，その保障は憲法29条2項ではなく1項が主として担うということも考えられるであろう。しかし，日本の最高裁判例は，既得の権利へ影響を及ぼすような形で財産権を形成する法律の憲法適合性の問題として29条2項との関係を審査している。

〔国有農地売払特措法事件の分析〕
リーディングケースとなっているのは，国有農地売払特措法事件[93]である。原告は，かつて，所有する土地（以下「本件土地」とする）を自作農創設特別措置法3条によって買収されていた（昭和22年12月2日）。旧農地法80条1項は，農

---

89) 判決で顧慮されていない本件事案の詳細について，原告側弁護士による説明，熊野勝之「最高裁判決は "終の棲家" に何をもたらすか」法学セミナー657号（2009年）6頁以下を参照。

90) 山野目・前掲注85）32頁。同様に，吉田邦彦「老朽化マンション（特に団地）の建替えを巡る諸問題と課題」判例時報2080号（2010年）7頁以下も，証券取引法（インサイダー取引規制）判決との「事案的相違」（証取法判決は「経済的利益・不利益に関するものであるのに対して，本件は，生活の拠点たる所有権ないし居住権の深刻な侵害が問われているという相違があり，単純な経済的自由とも言えない」）に注目して，「人格形成にもかかわる人格権的な居住所有権侵害が問われているという意味で，もっと慎重に憲法29条違反性が判断されてもよかったとも言えよう」とする。

91) 蟻川・前掲注88）111頁。

92) 前掲注7）参照。

93) 最大判昭和53年7月12日民集32巻5号946頁。

250

林大臣は，その管理する土地等が自作農の創設等の目的に供しないことが相当であると認めたときは，これを売り払うことができると定め，2項は，1項該当の土地が買収農地である場合には，大臣は「買収の対価」相当額で旧所有者に売り払わなければならないと定めていた。本件土地は，宅地と化していたため，原告は旧農地法80条に基づき，その売払いを申し込んだ（昭和43年1月）が，それを拒否された。原告は，この拒否を行政処分としてその取消しを求め，また，本件土地の売払義務の確認を求めて，訴えを提起していた。その間，国有農地等の売払いに関する特別措置法及び同法施行令が制定，施行された（昭和46年5月25日）。それは，売払いの価額を買収の対価相当額から，時価の7割に変更するものであり，その附則2項は，その変更はその施行の日以降に売払いを受けた土地について適用するとしていた。それゆえ，時価の7割を支払わなければ売払いを受けることができなくなった原告は，訴えを変更し，国に対して買収の対価相当額での売払いを求めた。原審[94]がそれを退けたため，原告は，特別措置法が，旧所有者が旧農地法80条2項の規定に基づいて有していた既得の権利たる「買収対価に相当する価額で売払いを受ける権利」を侵害し，憲法29条に違反し無効であることを主張して，上告した。

　最高裁は，特別措置法による財産権の内容の変更が，29条2項にいう「公共の福祉」に適合するようにされたものであるかどうかを問題とし，これについて判断する際の審査枠組みを次のように示した。

　　「変更が公共の福祉に適合するようにされたものであるかどうかは，いったん定められた法律に基づく財産権の性質，その内容を変更する程度，及びこれを変更することによって保護される公益の性質などを総合的に勘案し，その変更が当該財産権に対する合理的な制約として容認されるべきものであるかどうかによって，判断すべきである」。

　これは，先に見たような，既得の権利への影響を及ぼすことなく財産権の内容を形成する法律の憲法適合性が問題となる場合の審査枠組みと大枠ではほぼ変わらない，衡量審査の枠組みである。その後さらに，判決は，特別措置法施行前に売払いの申込みをしていた本件原告のような旧所有者の権利について，それが害されることの憲法適合性について短く付け足して論じている。そこでは，その「変更が公共の福祉に適合するものと認められる以上，右の〔時価の7

---

94) 名古屋高判昭和47年11月30日高民集25巻4号414頁。

割相当額でなければ売払いを受けることができなくなる——筆者注〕程度に権利が害
されることは憲法上当然容認されるものといわなければならない」とされてい
るのみである。ここでは、衡量審査の枠組みの具体的適用が問題とされている
ものとの読み方が提示されている[95]。それによれば、判決は、従来の財産権の
性質や財産権の内容変更の程度を評価する一つの考慮要素として、本件財産権
の既得性に言及している。つまり、既得の権利が侵害されている場合の審査と
して別個の審査が行われているわけではない[96]。このことは、岸上康夫裁判官
の補足意見に端的に表されている。すなわち、「法律による財産権の内容の変
更が公共の福祉に適合するものであるかどうか〔つまり29条2項に違反していな
いか——筆者注〕を判断するにあたっては、その法律の施行により従前の法律で
認められていた個人の財産権の内容がその個人の不利益に変更され、その結果
個人の権利が害される場合のあることを考慮するを要する」。

　もっとも、そうした考慮があり得ることに言及されても、この判決では緩やか
な審査しか行われなかった。その背景には、買収の対価で農地の売払いを求め
る権利がもたらすのは、予想外の地価の値上がりによる莫大な不労所得であり、
それを旧所有者に取得させることには社会的非難が強く巻き起こっていた[97]
という事情が関係している。判決は、「買収の対価相当額で売払いを求める旧
所有者の権利をそのまま認めておくとすれば、一般の土地取引の場合に比較し
てあまりにも均衡を失し、社会経済秩序に好ましくない影響を及ぼすものであ
ることは明らかであ」るし、「一般国民の納得を得がたい不合理なもの」である
とも述べている。こうした権利は、そもそも「憲法的保護に値しない」もので
あるとまで評されることもあった[98]。

　そして、本件では、特別措置法による「単なる抽象的な法規上の財産権の内
容の決定ないし変更」が問題となるにとどまるとされた[99]。すなわち、「買収

---

95) 村山・前掲注81) 159頁。

96) 今村成和「判批」(国有農地売払特措法事件) 法学セミナー283号 (1978年) 28頁、小泉・前掲注
　　32) 7頁参照。

97) 小島慎司「『経済的自由権』」南野森編『憲法学の世界』(日本評論社、2013年) 237頁参照。

98) 今村・前掲注96) 27頁。川崎和代「判批」(国有農地売払特措法事件) 法学雑誌26巻1号 (1979年)
　　133頁以下も参照。

99) 宍戸達徳「判解」(国有農地売払特措法事件) 最高裁判所判例解説民事篇昭和53年度 (1978年)
　　344頁参照。

農地について自作農の創設等の目的に供しないことを相当とする事実が生じた場合には，その買収農地の旧所有者は国に対し当該農地の売払いを求める権利を取得し，その反面，国は旧所有者の求めに応じて当該農地の売払いを承諾すべき義務を負う，という私法上の権利義務の法律関係が両者間に発生する」にとどまり，それは，売払いの申込みをした後においても変わらないというのである。

この立場には，次のような高辻正己裁判官の意見が対峙している。

　旧所有者が①農地法80条の「規定に基づき国に対して右の売払いを求める権利を取得し，②これを既得の権利として保有するにとどまっているのではなく国に対して行使し，その権利の内容である売払いを求める旨の意思表示をしたときは，そのことによって直ちに，国において当該旧所有者に対し右の売払いをなすべき義務を履行しその売払いを応諾する意思表示をなすべき拘束を受けるという法律関係が，国との間に設定され，その法律関係について司法的保障を享受する当該旧所有者は，法の規律するところによっておのずから，同法80条2項が売払いの対価として定める買収の対価相当額をもって当該農地の買受けを実現し，経済上の利益を収受するということになる。この経済上の利益は，多数意見の見解に従えば，右のように，当該旧所有者の意思表示に基因し，法の規律するところによっておのずと収受される次第のものであるから，右の売払いを求める意思表示を現にした当該旧所有者にとっては，もはや，その財産的利益に属するものと目されるにふさわしい。そうすると，旧所有者が右の意思表示をし，これを基因として当該農地につき国との間に個別の法律関係が設定されるに至った後に，③法令を制定し，前記の売払いの対価を当該土地の時価の7割相当額に変更し，その適用を現に存在する右個別の法律関係についても及ぼすということになれば，当該旧所有者の財産的利益は，当然，害されることになるわけであり，その法令の適用については，それが財産権の不可侵をいう憲法29条1項に抵触しないゆえんの理由を明らかにしなければならないこととなる」〔①～③及び下線は筆者による。〕

こうした意見の基礎を成している高辻の考え方は，次のようにまとめられている。すなわち，政策変更の結果，法律の適用を受けることによって「不利な結果におちいることになっても，憲法上，補償の問題を生じる余地はない。なお，①法律でその内容が公共の福祉に適合するように定められている財産権を②その法律にもとづいて行使し，そのおのずからの成果としてある種の利益が収受されるべき事態にたちいたっている場合，その財産的利益は権利の内容をこえた法の作用の成果にほかならないものであるから，③その滅失を甘受させ

るには，単に権利の内容を定めなおすことが公共の福祉に適合するとされる理由ではなく，それをあえてすることが公益上の必要性にかなうゆえんであるとする合理的な理由が，なければならない」[100]。

　こうした考え方は，ドイツにおいて財産権の内容が変更される場合に信頼保護が問題とされ得るかどうかの判断の仕方と共通する要素があるように思われ興味深い。ドイツにおいてその判断のポイントとされていたのは，①立法者が特定の時点での規定を変更しないであろうという推定を正当化する，法システム内部での具体的な地点があること，②その法秩序への信頼に基づいて処分（Disposition）がなされていたということ，③その処分が法変更によって裏切られたということである（第6章第2節2.）。（対応箇所を①～③で示している。）髙辻は，29条1項違反を問題としているという点で，法廷意見の判断枠組みとは異なっており[101]，ここでは，判断の要素の外面的な類似の指摘をなし得るにとどまる。けれども，両者の判断要素の類似性は，既得の権利の侵害が問題となる場合に，憲法29条2項に違反する可能性があるかどうかを，ドイツのように信頼保護原則の顧慮という観点から検討するというやり方が日本でも成り立ち得る可能性を示唆しているようにも思われる。

〔損失保証に関する証券取引法判決の分析〕
　有効に成立した損失保証等を内容とする契約に基づく請求権の行使を許さないとする証券取引法42条の2第1項3号の規定が憲法29条に違反しないかどうかが争われた事件の判決[102]も既得の権利の侵害が問題となった例として挙げることができる。原告の商社は，同社の社債発行に関する交渉の中で，被告

100）髙辻正己『憲法講説〔全訂第2版〕』（良書普及会，1983年）140頁〔①～③の数字及び下線は筆者による〕。

101）髙辻は，財産権の一般的内容の規定の仕方について定めた29条2項と，法律で内容を定められた財産権の行使の自由について定めた1項との保障内容を区別していた（髙辻正己「財産権についての一考察」自治研究38巻4号（1962年）3頁以下）。この見解を，「先行する法律によって内容を定められた財産権，つまりその限りですでに取得されたといえる権利を用いて何事かをなしうるという意味で，可能性が問われている」ことにより，「財産権を行使する自由」という意味で財産権が経済的自由であることを基礎付ける考え方として取り上げるものとして，参照，小島・前掲注97）243頁。

102）最判平成15年4月18日民集57巻4号366頁。

の証券会社に対して，資金の年利8％の運用を打診し，その承諾が得られたため，信託銀行との間で特定金銭信託契約を締結した（昭和60年6月）。その際，この契約に関して損失が生じた場合，これを保証することが約束された。平成2年3月には，契約の期間延長がなされ，年利8.5％への変更がなされた。その後，平成3年に，証取法が改正され，上記42条の2第1項3号が新たに置かれた。この証取法改正後に，保証の履行を求めて原告が提訴し，当該規定の憲法適合性が争点となったのである。

　この憲法適合性を判断する審査枠組みについて，最高裁は，「財産権に対する規制が憲法29条2項にいう公共の福祉に適合するものとして是認されるべきものであるかどうかは，規制の目的，必要性，内容，その規制によって制限される財産権の種類，性質及び制限の程度等を比較考量して判断すべきものである」として，インサイダー取引規制が問題となった前記の証券取引法判決[103]を引用した。ここで国有農地売払特措法判決が引用されていないことについては，「財産権の既得性よりも，証券取引分野における立法事実把握可能性の欠如が総合衡量に際して重視されたため」であるとされている[104]。

　続けて判決は，目的達成のための手段の合理性について審査すると述べてはいるが，そこには，「目的と手段の合理的関連性や目的達成のための手段の必要性を精査した跡はうかがえない」[105]。四つの理由を挙げて，そこで行われているのは，実質的に見ると，合理性（＝適合性）の審査と狭義の比例性審査であるように思われる。まず，①利益提供行為を禁止することにより，投資家の証券市場に対する信頼の喪失を防ぐという目的に資するということが述べられており，特に検討を経ずに適合性が肯定されている。そして，②この規定の適用が除外される場合があること，③顧客（債権者すなわち財産権者）に不法行為上の救済が認められる余地があること，④当該債権はそもそも反社会性の強い行為により発生したものであることという理由は，いずれも，正当とされた目的のために債権に規制がかけられることが財産権者に要求可能であるかどうかという狭義の比例性審査において考慮されるものである。そこでは，「より制限的でない規制がないかどうか」という意味での必要性審査は行われていない。

103）最大判平成14年2月13日民集56巻2号331頁。

104）村山・前掲注81）160頁。

105）矢島基美「判批」（損失補償に関する証券取引法判決）判例セレクト2003（2004年）10頁。

終章　日本における財産権の憲法的保障　255

本判決も,「現有財産の侵害に係る論点を,2項適合性から独立の論点としていない」のであり,「現有財産保障は法律の作り込みの際に考慮しなければならない様々な要素の一つに過ぎない」ものとなっている[106]。こうした審査のやり方に対しては,「既存の権利内容を事後的に規制することの必要性・合理性はより強く審査されなければならない」[107] という観点から,本件のように,「遡及法が問題となる場合とそうでない場合とは話が異なるはず」[108] だという指摘がなされている。しかし,遡及法が問題となっているという理由に基づいて,財産権の内容を形成する法律の憲法適合性が問題となる場合と異なる審査枠組みが用いられるということに対しては,序章で述べたように疑問の余地がある。

〔損益通算廃止判決の分析〕

　さらに,所得税に係る長期譲渡所得の金額の計算上生じた損失の金額につき,他の各種所得の金額から控除する損益通算を認めないこととした平成16年4月1日施行に係る平成16年法律第14号による改正後の租税特別措置法31条の規定を,同年1月1日以後に個人が行う同条1項所定の土地等又は建物等の譲渡について適用するものとしている平成16年法律第14号附則27条1項の規定が,憲法84条に違反しないかどうかが問題となった二件の判決[109] が,関連判決として注目される。これらの判決では,実質的には,憲法29条に関する判例の枠組みが用いられている[110]。すなわち,国有農地売払特措法事件が引用され,上記の衡量審査の枠組みがそのまま用いられているのである。同事件が引用されたのは,「総合衡量の際,財産的利益の既得性が他の考慮要素に比べて相対的に重要な位置を占めていたため」だと評されている[111]。

　もっとも,法改正により事後的に変更されるのは,「納税者の納税義務それ自

---

106) 小泉・前掲注32) 7頁。

107) 戸波江二『憲法〔新版〕』(ぎょうせい,1998年) 293頁。

108) 松本哲治「経済的活動の自由を規制する立法の違憲審査基準」論究ジュリスト1号 (2012年) 65頁。

109) 最判平成23年9月22日民集65巻6号2756頁〔判決①〕・最判平成23年9月30日集民237号519頁〔判決②〕。ほぼ同内容の判決である。

110) 渕圭吾「判批」(損益通算廃止判決)『租税判例百選〔第6版〕』(2011年) 11頁,大石和彦「判批」(損益通算廃止判決) 判例評論642号 (2012年) 150頁以下参照。

111) 村山・前掲注81) 160頁。

体ではなく，特定の譲渡に係る損失により暦年終了時に損益通算をして租税負担の軽減を図ることを納税者が期待し得る地位にとどまるもの」であり，それが考慮事由の一つとされたのである。

本判決の衡量審査においては，「納税者の予測可能性は総合的に勘案される一事情にとどまる」ものであったという評釈も施されている[112]。ただし，「予測可能性」については，第一審判決，第二審判決では言及されていたものの，本判決では少なくとも明示的には言及されていない[113]。本件改正附則の合憲性をめぐる他の訴訟において，下級裁判所では予測可能性に重きを置いた判断をするものとしないものとに立場が分かれていた状況の中で，最高裁判決が予測可能性の問題に正面から言及しなかった理由は明らかでないとされている（ただし，須藤正彦裁判官の補足意見の中では予測可能性の問題に言及されている）[114]。

納税者の租税法規上の地位の遡及的変更が争われた本件のような事案は，もしこれがドイツの憲法裁で審査されることとなれば，信頼保護の問題として扱われるはずのものである[115]。この事案では，「『納税者の租税法規上の地位』は財産権と言えるほどの実質を備えているわけではな」く，「最高裁が，政策変更一般に対して憲法上の保護の可能性を検討する，という営為に踏み出したことを意味する」可能性も指摘されている[116]。

他方で，この事案に関する東京高裁の判決[117]は，予測可能性という観点から判断することには次のような難点があると述べている。すなわち，第一に「納税者個人の予測可能性に反することをもって直ちに不利益遡及立法に該当するものと解し，租税効果に対する予測可能性を保障しようとすると，およそ不利益な内容を含む租税法規の改正はできないこととなる」という点，そして第二に，「納税者の予測が各個人によってまちまちで，どのような場合に予測可

---

112) 弘中聡浩「判批」（損益通算廃止判決）ジュリスト1436号（2012年）9頁。小林宏司「判批」（損益通算廃止判決）ジュリスト1441号（2012年）113頁も参照。

113) 宇賀克也『判例で学ぶ行政法』（第一法規，2015年）17頁参照〔初出2012年〕。

114) 宇賀・前掲注113）19頁参照。

115) ただし，憲法裁判例では，租税法に関する遡及効が問題となる場合には，財産権保障（基本法14条）は援用されず，法治国家原則（基本法2条1項）違反の問題として審査されている（Vgl. z. B. BVerfGE 127. 1; 127. 31; 127. 61）。

116) 渕圭吾「憲法の財産権保障と租税の関係について」法学新報123巻11=12号（2017年）31頁。

117) 東京高判平成21年3月11日訟月56巻2号176頁。

能性があるかを判定することが困難である」という点である。こうした難点は，ドイツにおける信頼保護原則に関する議論を参照すると，回避できる可能性があるように思われる。まず，一点目については，信頼保護というものは一方的に保障されるものでは決してなく，変更を求める公益との間で衡量され，それを上回る場合に初めて保障されるものであると考えられている。したがって，信頼保護原則を持ち出すと，およそ不利益な内容を含む租税法規の改正はできないこととなるのではないか，というような懸念は当たらない。また，二点目については，ドイツにおいて提示されていた，どのような場合に信頼保護が問題となるかを判断する枠組み（上記①～③の要件）を用いることで，各個人の単なる予測のみに左右されるのではない判断が可能となる（本章第1節2.も参照）。

　また，判決②での千葉勝美裁判官の補足意見は，次のようなケースについての配慮を附言しているが，この補足意見を信頼保護の観点から読むこともできるように思われる。すなわち，「本件のように，売買契約自体は既に前年（本件では前年の12月26日）に締結され，代金等の授受と登記移転・土地の引渡し等が当該年度（本件では2月26日）になったようなケース（すなわち，売買契約の締結が前年中にされているケース）」においては，本件改正附則が，「いわば既得の利益を事後的に奪うに等しい税制改正の性格を帯びるものであるから，憲法84条の趣旨を尊重する観点からは，上記のようなケースは類型的にその適用から除外するなど，附則上の手当てをする配慮が望まれるところであった」というのである。千葉裁判官が述べるように，本件で問題となった制度，すなわち，①「長期譲渡所得に係る損益通算を認める措置は，今回の改正後措置法により廃止されるまで歴年にわたり認められてきた制度」であり，本件原告はこの制度を信頼して②売買契約の締結をし，財産上の利益を得ることになっていたところ，③制度改正によってその利益を得られることへの信頼が裏切られることとなった。ドイツで用いられている信頼保護が顧慮され得る要件の観点から見ると，それらを満たしていると言える。日本においても信頼保護原則に基づく法的保護の可能性が認められるならば，このようなケースについての立法による対応の指針を示すことができ[118]，例えば上記で提示したような附則上の手当てをすることに理論的な基礎付けを与えることができるようになるであろう。

《小括》

　本章では，前章までの全ての考察を基に，日本における財産権の憲法的保障の在り方について論じた。

　〈1〉　日本の財産権論の特質は次のようにまとめることができる。まず，2000 年前後からの議論の主眼は，憲法上自立的な財産権，すなわち「原形」の探求にあったということである。けれどもその「原形」が何であるかが突き止められたとはいまだ言い難い状況にある。他方で，財産権は法制度を前提とした権利であり，通常の自由権（防御権）とは異なる特質を有する権利であるということが，広く意識されるようになり，近年では，法制度を前提とした権利であるという問題意識の下での考察が進められようとしている。その場合，法律による内容形成の統制には29条2項が中心的な役割を果たすことになるが，最近まで29条2項は憲法による有効な統制手段となるものとは考えられてこなかった。

　〈2〉ドイツにもまた日本でいういわゆる原形を探求する理論も存在している。けれども，いずれの見解も通説となるには至っていない。他方で，ドイツの財産権論の特質として，最も注目すべきことは，保護領域としての憲法上の財産権概念は観念しないけれども，考慮要素が憲法上導かれ，その適切な衡量によって立法者は財産権を形成することが求められるという考え方（憲法上の考慮要素モデル）が説かれているということである。

　また，憲法裁の示してきた憲法上の財産権の機能的な理解も，制度形成の側面からの憲法による保障を可能にするものであった。憲法裁の審査枠組みは，法制度保障から衡量審査へと至る緩やかな変化を経てきた。現在は，比例原則審査の現れとしての衡量審査の枠組みが定着している。さらに，一般的な制度

118）〔追記〕脱稿後，井上典之「事後法禁止の原則をめぐる憲法上の一考察」浦部法穂先生古稀記念『憲法理論とその展開』（信山社，2017 年）35 頁以下に接した。同50 頁以下では，予測可能性という概念に代えて，「財産権の場合をも含めて事後法（遡及立法）禁止の原則についての憲法適合性判定のためのより明確な基準を引き出す根拠を検討する必要があるとの問題」提起に続いて，ドイツ連邦憲法裁の判例が概観され，真正遡及効と不真正遡及効のグループ分け及びそれぞれの審査枠組みの構築に積極的な評価が与えられている。

形成の統制のみではカバーできない問題（補償を要する内容・限界規定，財産権の現存保障）についても，財産権の内容・限界規定の憲法適合性審査の枠内でなされているということもドイツの財産権論の大きな特徴である。また，財産権の現存保障は，信頼保護原則との密接な結び付きの下で理解されるものであった。

〈3〉　これら両国の特徴を踏まえて，本書は，日本においても憲法上の考慮要素モデルに基づいた財産権論を提示する。これによると，保護領域としての憲法上自立的な財産権概念は，日本国憲法上存在していないということになる。これに対して，立法者がそれに従って財産権を形成する法律を制定しているかどうかを審査する違憲審査の規準となるような憲法上の考慮要素の存在は肯定される。この場合，何が憲法上の考慮要素となるかということであるが，私的効用性という概念が参照に値する。この概念は，言い換えると，財産権の対象物に対して「何らかの使用・収益・処分をし得る」ように財産権を形成しなければならないという要請を示しているのであり，ドイツに特有の概念というわけではない。また，既得の権利に対する制限が問題となる場合については，既得の権利に対する顧慮は，信頼保護原則の観点から衡量審査の際の財産権者側の重み付けとしてなされるものと考えられる。

〈4〉　こうした財産権の基本構造をベースに日本の最高裁判所判例を読み直すと，そこで問題とされていたのは，29条2項の公共の福祉適合性であることに改めて光が当てられる。しかも，その審査枠組みは，憲法上の考慮要素モデルと整合的な衡量審査を大枠としたものであると読み解くことができる。これは，既得の権利の侵害が問題となった事例でも見られることである。国有農地売払特措法事件以来，最高裁は，29条2項による衡量審査の枠組みで審査をしてきた。これは本書の提示する財産権論に適合的な審査であると言える。

おわりに

　憲法による財産権の保障を考えるのを難しくしていたのは，法制度を前提とする基本権という財産権の特質であった。本書は，そうした特質があるにもかかわらず，財産権に憲法上の保障を及ぼすにはどのような理論構成が採られるべきかを論じてきた。その際，保護領域としての財産権概念は憲法上自立的には観念されないとする立場での立論を徹底して行った。この立場からは，憲法は，立法者が制度形成に当たって考慮すべき規準を定め，それに沿った財産権が形成されるように要請しているのみであると考えることになる。

　かように考える理由は，財産権の内容を具体的に形作っていくのに最も適任なのは立法者であるということを思考の基礎に置いているからである。財産権の場合，裁判所による保障がいかになされるかということのみに関心を向けるのは適切とは言い難い。ある財産権を法律で定める際には，必ずそこから排除される者との関係や土地政策，経済政策等によって追求される公益との関係での複雑な調整が必要となる。その調整に適任なのは，高度の民主的正統性を備えた立法者である。制度を形成する立法者の役割を重視するということは，こと財産権に関しては，必要な基本思考であると思われる。その上でなお憲法によって要請される統制の在り方が探究されるべきである。本書は，あくまでも国家の法律に対する統制のなされ方に焦点を当ててきた。それ以外の，非国家的な法による財産権の形成に対する統制がどのようになされるのかという点については，今後，検討の範囲を広げていきたい。

　立法者の統制は，財産権に固有の憲法上の考慮要素に従って，財産権が形成されているかを問題にすることによって行われる。その規準となるものとして，ドイツ連邦憲法裁判所の判例において，立法者の指導原則として確立している「私的効用性」という概念に，本書は特に着目した。憲法上，私的効用性があるということは，物を排他的・包括的に自由に支配することができることが原則として保障され，それを減ずる規制が例外となるということとは異なる。憲法による財産権保障は，公共の福祉や他の私人の有する対立する諸利益との調整がなされ，均衡のとれた関係が実現されることを要請しているのである。

261

憲法裁は，財産権保障に関しても比例原則を用いた審査を行っている。ただし，ここでの比例原則審査は，憲法上の権利への制限が目的達成のための必要最小限のものであるかということには重点がない。そもそも，法律の制定以前には，制限がかけられる対象となる財産権は憲法上存在しない。裁判所は，単に，複雑な考慮を要するものとして立法者に委ねられた私的効用性と社会的拘束との調整の均衡がとれているかどうかを事後的に検証するのみである（「狭義の比例性審査」）。こうした衡量審査が行われる場合，それが裁判官によるアドホックな利益衡量になるおそれがあるという懸念が示されることがある。この点，ドイツでは，審査密度（審査の厳格度）の段階付けが判例理論として確立しており，裁判官の衡量が理論的に方向付けられていた。比例原則の多段階化の一例と見ることができる。

衡量審査を中心とした審査は，日本の最高裁判例においても既に見られる。本書は，憲法29条2項違反が審査された最高裁判例を読み直すことにより，それを示した。

こうした衡量審査の枠組みが用いられるということは，既得の権利の制限が問題となる場合も同様である。既得の権利の保護は，信頼保護の観点が，衡量の際に考え合わされるという点に表れる。信頼保護原則について，ドイツでは豊かな議論が展開されてきたけれども，日本においては憲法の観点からの検討の必要性がようやく認識され始めた段階にある。本書では，財産権保障との関連でのみ触れるにとどまったが，憲法上の原則としての信頼保護原則について，更に広い視野での議論の展開可能性が広がっているように思われる。

また，今後の議論の展開可能性については，ほかにも，財産権以外にも法制度を前提として成り立つ基本権について，その保障のなされ方を論ずるということがある。例えば，契約の自由，選挙権，裁判を受ける権利，放送の自由等が挙げられるが，これらについても，憲法上の権利からの枠付けが可能なのか，可能だとしてどのような論理構成によるのか，ということをそれぞれの権利に即して論じ，その保障の在り方を比較するということが考えられる。そうした遠大な試みへの挑戦は他日を期して，筆を擱きたい。

　　　　あ　と　が　き

　本書の基となっているのは，学位論文「財産権の憲法的保障」（九州大学平成25
年9月30日，法博甲第116号）である。博士後期課程在学中より取り組んできた課
題は，「法律によってその内容が形成される財産権に憲法上保障が及ぶとはど
ういうことか」という問いに集約される。本書は初めから終わりまでただ一つ
の問題意識の下に，書かれたものであり，それぞれの章が終章での財産権論の
提示を導く布石としての役割を担っている。出版に先立って何本かの雑誌論文
として仕上げることも考えられたのであるが，分割するよりも，全てを一度に
公表した方が読み手の理解に資するとの判断から，こうしてまとめて公にする
という形をとることとした。
　問題意識の発端は，修士論文執筆中に，「その保障のためには法律による制度
形成が前提として必要である権利」の憲法による保障のなされ方に強く関心を
抱いたことにある。当時，こうした権利の特性に着目した検討の必要性につい
て，日本の学界でも指摘がなされ始めていたところであったけれども，財産権
を研究対象に定めるに当たっては，困難な道のりとなるであろうことが予想さ
れた。財産権は，その範型となっている所有権に関する制度が民法によって形
作られている。それゆえ，憲法と私法の関係という法学の基底にある課題にま
で立ち戻る必要がある。また，これまで日本の憲法学では，財産権は経済的自
由の一つとして扱われ，他の自由権と同様に法律に対抗して防御されるべき何
らかの内容が憲法上存在するとの立場が明に暗に優勢を保ってきた。そのよう
な中で通常の自由権とは異なる保障構造を新たに提示するのは，荷が重過ぎる
ようにも思われた。しかしながら，そうした大きな課題であるからこそ，これ
から数年を掛けるべき深みと面白みがあることを信じて，取り組んだ結果，学
位論文として仕上げることができた。学位の取得に当たっては，主査として村
西良太准教授，副査として安西文雄教授，南野森教授，渡邉康行教授に審査の
労をとっていただいた。記して御礼を申し上げる。本書は，同論文について構
成の見直しや加筆・修正を行った上，その後の議論の展開を盛り込み，一冊の
著書としてまとめるに至ったものである。未熟な若輩者の作品であり，まだな

263

お検討を要する課題も残されている。本書の出版を新たな出発点とし，更に思索を深めて参りたい。

　私の研究者としての素地は九州大学にて形成されたものである。大学院の先輩・後輩，様々な形でお世話になった先生方等，これまでの研究生活においては，多くの方々のお力添えをいただいた。全てのお名前を挙げることは難しいため，ここでは，憲法学に強い関心を抱くきっかけを与えていただいた先生，研究を進める上でとりわけ深い御指導をいただいた先生に対する感謝の気持ちを述べたい。私と憲法学との関わりは，学部生の頃に，南野森先生（九州大学教授）の講義を受講し，その軽妙な語り口で説き起こされる深遠な憲法の歴史に引き寄せられ，先生のゼミを志望し出席を許されたことに始まる。ゼミでは，多数の文献を渉猟して検討を加え報告するという研究の基礎を作ることができた。先生には大学院への進学を後押ししていただき，修士課程の二年間も指導教員として見守っていただいた。
　博士後期課程へ進学後は，渡邉康行先生（現，一橋大学教授）の下で，御指導を賜ることとなった。先生が九州大学に在籍された最後の年に当たるのであるが，この間に，今後の研究の展開について御相談申し上げ，面白い論文になるために一層深めるべきことは何か，要所を衝いた御助言を頂戴し，今につながる道が開かれたのであり，欠かすことのできない一年であった。本書の出版も，先生に御紹介いただき，実現したものである。その後，村西良太先生（現，大阪大学准教授）に指導教員を引き継いでいただいた。先輩として着実に歩みを進めて行かれる様子を間近に見せていただけるという恩恵を得たのに加え，執筆過程で迷いが生じ，研究室を訪れると，いつも快く相談に応じてくださった。話をさせていただくことを通じて思考が整理されたことも多い。一年後，村西先生は在外研究へと発たれたのであるが，その間も含めて，原田大樹先生（現，京都大学教授）に御指導いただいた。明確な目標を見据えた研究計画の立て方から教えていただき，幾度も構想の報告に伺い，新しい地平を切り開く研究者としての心構えを学んだ。独語文献をゆっくりと一緒にお読みいただいた時間は，今振り返ると，大変に贅沢なものであったと思う。さらに，もうお一方，角松生史先生（現，神戸大学教授）のお名前を挙げさせていただきたい。学部生の頃，留学生向けに開かれた，外国語文献を読んで論文を仕上げるという過酷な夏季

集中講義に紛れ込んでしまい，個別指導をいただいた。その際のやり取りの中で論文を書くということの楽しさを知り，研究者の道を志す契機となった。大学院を出た後，神戸大学にて一緒にお仕事をさせていただく機会をも賜り，学問的刺戟に富んだ日々を過ごすことができた。

　山口大学へ着任後は，優しくいつも手を差し伸べてくれる同僚諸氏や，素直な態度で学びに向き合う学生達に恵まれ，落ち着いた環境の中で本書の執筆を進めることができた。日頃の御厚情に感謝を申し上げる。また，北部九州・山口地区の新進気鋭の若手研究者が集う研究会に参加させていただいており，最新の研究に触れ大いに学ばせてもらうことができる貴重な機会となっている。

　出版に際しては，尚学社の苧野圭太氏に大変お世話になった。駆け出しの無名研究者の手による本書の出版をお引き受けいただき，本当のこととは信じられない思いであった。また，いつも丁寧に御対応くださった上，数々の精確な御指摘を賜り，多くの誤りから本書を救っていただいた。厚く御礼を申し上げる。本書を現代憲法研究シリーズ中の一冊として連ねていただけることは，身に余る光栄である。

　本書の一部は，文部科学省科学研究費補助金（若手研究B　課題番号26780012及び研究活動スタート支援　課題番号24830058）による研究成果が基となっている。記して謝意を表したい。

　何かと自信を失いがちな私の心の支えとなり，激励し続け，本書の最初の読者として原稿に目を通し，有益な指摘を寄せてくれた夫にもこの場を借りて御礼を述べたい。何事も娘のことを第一に考え，研究者として独り立ちするまで温かく育ててくれた両親に心からの感謝の意を込めて本書を捧げる。

2017（平成29）年12月　山口にて

平良　小百合

事項索引

か行

介入思考　69-71, 94-95

過剰侵害禁止（原則）　184-185, 187-188

議会制民主主義　134, 172-175

期待可能性　208

既得の権利　21, **26-33**, **85-88**, 93, 128, 195-197, 201, 220, 222, 225, 228-231, 237, **250-258**

規範存続保障論　**87-88**

基本権の客観法的側面　66-71, 73

基本権の客観法的内容　**23-26**

基本権保護義務論　**23-24**, **67-68**

救済的補償条項　204-205

（固有の）寄与　102, 117, 122, 168-169, 209, 212, 215, 217

狭義の比例性（審査）　154, 157, 162-163, 184, 187, 191-194, 225, 233-236, 244-250, 255

区分所有　**19-21**, 45, **247-250**

経過規定／経過措置　28, 87, 155, 202-204, 216, 229

経済的自由　42-43, 160, 250, 254

形成余地　67, 72, 147, 152, 164, 168, 172-175, 193, 199, 204, 208, 224, 226-227, 236

原形テーゼ　**15**, 22, 219

原子力法　117, 168-169, 202, 214-215

現存保障　11, 26, 82, 98, 148, 159, **195-217**, 220, 225, 230

建築予定地整備　107, 112, **156-158**, 162-163, 198

憲法委託　161, 190

憲法上の財産権概念　83, **97-139**, 159-160, 185, 199, 220, 221-223, 232, 242

憲法上の借用概念論　36-37

憲法の優位　**58-65**, 72, 73-77, 108, 221, 224

憲法・民法一体化論　38

憲法・民法協働論　35

憲法・民法峻別論　35, 38

現有財産権　**11-14**

行為自由　**125-128**, 130, 133-135, 159, 161-163, 170, 223, 232

構成的ルール　16

拘束のパラドックス　**79-82**, **85-88**, 89, 119, 148

公法・私法二元論　35-36

公法上の権利／公法上の地位　11, 101-102, 122, 169

衡量審査　51, **140-175**, **177-182**, **189-194**, 224-225, 229, 232, 236, **238-248**, 251-257

（憲法上の）考慮要素　135-138, 147-152, 159-163, 188, 221, 223, 225, 226, **227-233**, 238, 240, 252, 256

五公五民原則　**112-115**

さ行

財産それ自体　13, **133-135**

財産的価値　11-14, 98, 99-100, 102, **103-104**, 105, 109, 121, 125, 127, 132, 134, 136, 168, 171, 210, 212, 222

三段階審査　27, 72, 85, 94-95, 183-184, 193, 234

私人間効力　**23-24**, 67, 188

自生的秩序　33-39, 43, 76, 81

自然権　18, 88, **119-122**, 129-132, 220, 223

私的効用性　51, 93, **105-115**, 117, 121, 127-128, 131, 134, 138, 142-152, 154-155, 158, 160-161, 164-165, 169-170, 177-178, 180, 190-193, 212, 222, 224, 227-228, 240, 248

私的自治（の原則）　23-24, 37-38, 56-58, 64, **75-77**, 81, 93, 105, 133, 170

私法の伝統性　**73-75**

私法の独自性　64, **73-77**, 81

私法の認識の優位　74, 109

私法の歴史的優位　74-75, 109, 221-222, 227

資本主義（体制／制度／経済）　8-9, 14, 42

社会国家　41, 102, 134-135, 212

社会的拘束　51, 57, 112, 126, 131, 136, 138, 149, 172, 181, **190-193**, 203, 224, 227, 240

社会保障受給権　11, 13, 33

社会モデル　143-146

私有財産制（度）　**7-10**, 14-16, 230

自由な財産権　12-15, 22, 42-43

収用　**84-85**, 106-107, 140-141, 153, 156, **196-200**, 203-206, 221-222, 229, 235

状況拘束性　166, 205

照射効　25, 44, 66-67, 186, 188

条例　21, 80

（基本的な）処分権限　51, 109, **115-117**, 124-125, 127-128, 142-149, 150-152, 160-161, 165, 169-170, 177, 180, 212, 222

侵害留保　24, 48, 236

人格的発展の自由／人格的自由／人格の発展　**39-44**, 46, 49, 98, 99, 105, 134, 141, 159, 164-165, 168, 170, 173, 210, 222, 232

信義誠実の原則　32

審査基準論　233-235

審査密度　**163-175**, 224, 228-229, 233-236, 240, 250

信頼保護原則　**29-33**, **206-217**, 225, 229-231, 254, 258

（租）税　13, 27-28, 30, 113-114, 125, 133-135, 192, 207-208, 256-258

生存保障　102, 122, 212

制度的基本権論　71

制度的保障（論）　**7-8**, 15-16, 49, 87, 137, 149, 230

相互的捕捉秩序　36, 44

遡及効　83-84, 192, **207-208**, 211-212, 257-259

遡及立法　27-28, 30, 257, 259

た行

脱原発　202, 214-215,

著作権　11, 17, 48, 59, 100, 168, 170, 178, 236

適合性審査　154, 157, 189, 191-192, 193, 233, 247, 249, 255

適切性の比例性　187

な行

内容形成論　**40-44**, 48-49, **70-72**, 125, 135-136, 220, 226, **231-232**

内容・限界規定　84-85, 106-107, 111, 127, 137, 156-157, 160-161, 185, 196-200, 216, 221-222, 225

年金　30-32, 167, 169, 178, 216-217

は行

ビスマルク憲法／帝国憲法　56

必要性（審査）　154, 157, 186, 188, **189-194**, 233, **239-247**, 255-256

平等原則　113, 150-151, 181, 193, 230

比例原則（審査）　34, 44, 145-147, 149-150, **152-175**, 181, **182-194**, 196, 201, 208, 215-216, 225, **233-236**, **240-244**

比例原則の多段階化　**233-235**

附帯条項　84, 204-205

フランクフルト憲法　55

プロイセン憲法　11-12, 55-56

プログラム規定　58, 89

ベースライン（論）　**34**, 38, 46, 240

防御権的構成　27, 47, 49, 220, 250

法制度保障（審査）　42, 48, 59-60, 94, 107, 136, **140-152**, 162, **177-182**, 224

法治国家　41, 122, 145, 205, **206-208**, 211, 225, 230, 257

法秩序の憲法化　68

法秩序の段階構造　63

法的安定性　28-29, 210

法律依存性　**79-81**, 89-90, 119-120, 122-123, 126-127, **129-131**, 132, 136-137, 158, 177, 185, 187, 223, 226

法律家集団の共通了解　**34**, 36, 38, 46

補償　84, 106-107, 141, 147-148, 153, 155, 196-200, 201, 203-206, 215, 229-231, 253

補償を要する内容・限界規定　155, **200-206**, 225

ま行

民主的正統性　80, 136, **173-175**

や行

要求可能性（審査）　184, 192, 244, 247
予測可能性　**27-28**, 229, **257-259**

ら行

利益調達　**198-200**
立法収用　62, 84, 141
ローマ法的所有権　**34**, 36-38, 45, **122-125**, 130-133

わ行

ワイマール期　87, 89, 179, 181, 199
ワイマール憲法　**58-62**, 100-101, 149

判 例 索 引

連邦憲法裁判所

BVerfGE 1, 264（煙突掃除夫判決）　100-101

BVerfGE 2, 380　101

BVerfGE 4, 7　134

BVerfGE 4, 219　101

BVerfGE 7, 198（リュート判決）　66-67, 69

BVerfGE 11, 64　101

BVerfGE 13, 261　207

BVerfGE 19, 354　101

BVerfGE 20, 351　101

BVerfGE 21, 73　101, 166

BVerfGE 24, 367（ハンブルク堤防整備法判決）　98-99, 107, 110, 140-143, 147, 149, 151, 159, 173, 198, 222, 230

BVerfGE 25, 112　144, 190

BVerfGE 28, 119　101

BVerfGE 30, 292　99

BVerfGE 30, 367　207

BVerfGE 31, 229（教科書事件判決）　99, 167-168, 170

BVerfGE 36, 281　98, 210-211

BVerfGE 37, 132（居住賃貸借解約保護法決定）　110, 143-146, 151, 167

BVerfGE 38, 348　167

BVerfGE 42, 263（コンテルガン判決）　98, 160, 168-170

BVerfGE 45, 142　99, 211, 222

BVerfGE 50, 108　167

BVerfGE 50, 290（共同決定判決）　99, 105, 115, 146, 165, 167, 172

BVerfGE 51, 193　98

BVerfGE 51, 356　207

BVerfGE 52, 1（クラインガルテン決定）　111, 115-116, 142, 144-147, 149-152, 160, 166, 170-171, 177, 198

BVerfGE 53, 257　115, 160, 167, 169

BVerfGE 58, 81　211

BVerfGE 58, 137（義務献本決定）　87, 160, 202

BVerfGE 58, 300（砂利採取決定）　79-80, 82-84, 97-98, 107, 110, 117, 147-152, 159-160, 172, 177-178, 197, 222

BVerfGE 63, 152　207

BVerfGE 64, 87　160, 211

BVerfGE 65, 196　101

BVerfGE 68, 287　207
BVerfGE 68, 361　116
BVerfGE 69, 272　102-103, 217-218
BVerfGE 70, 101　160, 211
BVerfGE 70, 191　99, 222
BVerfGE 70, 278　189
BVerfGE 71, 1　211
BVerfGE 72, 9　102
BVerfGE 72, 66　160
BVerfGE 72, 141　207
BVerfGE 72, 175　207
BVerfGE 74, 203　160
BVerfGE 74, 264　160
BVerfGE 75, 78　160, 210
BVerfGE 75, 108　134
BVerfGE 75, 246　207
BVerfGE 76, 220　160, 210
BVerfGE 78, 58　98-99, 104, 160, 173, 222
BVerfGE 78, 205　213
BVerfGE 79, 174　160
BVerfGE 79, 283　117
BVerfGE 79, 292　98, 116, 167, 173, 222
BVerfGE 79, 311　184-185
BVerfGE 81, 97　160
BVerfGE 81, 208　160
BVerfGE 83, 182　160
BVerfGE 83, 201　84, 98-99, 103-104, 116, 173, 195, 197-198, 203, 222
BVerfGE 84, 382　160, 167
BVerfGE 86, 59　160
BVerfGE 87, 114　166
BVerfGE 87, 153　134-135
BVerfGE 88, 366　135
BVerfGE 89, 1　99, 116, 222
BVerfGE 91, 294　99, 167, 222
BVerfGE 93, 121（財産税決定）　113-114, 135
BVerfGE 95, 48　127
BVerfGE 95, 267　99, 117, 134-135, 222
BVerfGE 95, 64　210-211
BVerfGE 97, 271　102-103
BVerfGE 97, 350（ユーロ決定）　98-99, 108, 116
BVerfGE 100, 226（史跡保護決定）　99, 110-111, 150-158, 162, 166, 175, 205-206, 224

判例索引　271

BVerfGE 101, 54   116, 127

BVerfGE 101, 239   131, 210

BVerfGE 102, 1   98, 161, 173, 222

BVerfGE 104, 1（建築予定地整備決定）   98, 112, 152, 156-158, 161-163, 166, 173, 175-176, 198, 222

BVerfGE 105, 17   116

BVerfGE 112, 93   99, 161, 171, 222

BVerfGE 114, 1   90-94

BVerfGE 114, 73   90, 94

BVerfGE 115, 97   98-99, 114, 116, 135, 173, 192, 222

BVerfGE 117, 272   210

BVerfGE 122, 374   210

BVerfG, NVwZ 2010, 771   213

BVerfGE 126, 331   99, 161, 164, 171-172, 199, 222, 235

BVerfGE 127, 1   207-208

BVerfGE 127, 31   207

BVerfGE 127, 61   207

BVerfGE 128, 138   216

BVerfGE 131, 66   103

BVerfGE 135, 1   208

BVerfGE 143, 246   117, 144, 167-169, 178, 198-200, 202-204, 210, 214-215

連邦最高裁判所

BGHZ 15, 268   107

BGHZ 27, 15   107

BGH, Urteil vom 26, Juni 1997, NVwZ-RR 1998, 8   107

BGHZ 75, 221   116

BGHZ 126, 379   205

連邦行政裁判所

BVerwGE 94, 1   205

ライヒ裁判所

RGZ 111, 320   61

最高裁判所

最大判昭和28年12月23日民集7巻13号1523頁（自作農創設特別措置法事件）   7

最大判昭和43年11月27日刑集22巻12号1402頁（河川附近地制限令事件）   229-230

最大判昭和50年4月30日民集29巻4号572頁（薬事法判決）   242-244

最判昭和53年4月14日集民123号541頁   237

最大判昭和53年7月12日民集32巻5号946頁（国有農地売払特措法事件）   22, 31, 250-256, 260

最大決昭和55年11月5日民集34巻6号765頁　237

最大判昭和62年4月22日民集41巻3号408頁（森林法判決）　14-15, 21, 33, 39, 45, 50, 52, 237-246

最大判平成14年2月13日民集56巻2号331頁（証券取引法判決）　238, 244-248, 250, 255

最判平成14年4月5日民集56巻4号95頁（農地法判決）　244

最判平成15年4月18日民集57巻4号366頁（損失保証に関する証券取引法判決）　244, 254-256

最判平成18年11月27日集民222号275頁（消費者契約法判決）　244

最判平成21年4月23日判時2045号116頁（建物区分所有法判決）　238, 244, 247

最判平成23年9月22日民集65巻6号2756頁（損益通算廃止判決①）　256

最判平成23年9月30日集民237号519頁（損益通算廃止判決②）　256, 258

高等裁判所

名古屋高判昭和47年11月30日高民集25巻4号414頁（国有農地売払特措法事件〔第2審〕）　251

東京高判昭和59年4月25日民集41巻3号469頁（森林法判決〔第2審〕）　14

東京高判平成12年9月28日民集56巻2号346頁（証券取引法判決〔第2審〕）　245

東京高判平成21年3月11日訟月56巻2号176頁（損益通算廃止判決②〔第2審〕）　257

東京高判平成26年1月30日判自387号11頁　244

地方裁判所

静岡地判昭和53年10月31日民集41巻3号444頁（森林法判決〔第1審〕）　14

東京地判平成12年5月24日民集56巻2号340頁（証券取引法判決〔第1審〕）　245

著者紹介

平良 小百合 (たいら さゆり)

1985(昭和60)年　宮崎県に生まれる
2007(平成19)年　九州大学法学部卒業
2012(平成24)年　九州大学大学院法学府公法・社会法学専攻博士後期課程　単位取
　　　　　　　　得退学

九州大学法学部・大学院法学研究院助教, 神戸大学法学部・大学院法学研究科特命
講師を経て, 現在, 山口大学経済学部・大学院経済学研究科講師
博士(法学)〔2013(平成25)年, 九州大学〕

主要論文

「脱原発を促進する第13次原子力法改正法と憲法上の財産権保障」山口経済学雑誌66
巻3号(2017年)53-84頁
「日本における景観の法的保護」行政法研究17号(2017年)87-97頁
「裁判を受ける権利の憲法的保障」九大法学100号(2010年)47-106頁

財産権の憲法的保障

2017年12月26日　初版第1刷発行

著者ⓒ　平 良 小 百 合

発行者　苧 野 圭 太
発行所　尚 学 社

〒113-0033　東京都文京区本郷1-25-7　電話(03)3818-8784　振替00100-8-69608
ISBN978-4-86031-148-3　C3032

組版・ACT・AIN／印刷・互恵印刷／製本・三栄社

―――――――――――――――― 現代憲法研究 ――――――――――――――――

現代憲法研究 I
サイバースペースと表現の自由　小倉一志　　A5判・360頁　7000円

国家・法領域を越えて情報が行き交うサイバースペースにおける憲法理論のあり方を，アダルトコンテンツ・名誉毀損的表現・差別的表現を突破口に，「コード」論を軸として検討。
目次抜萃　序章／第1章 リアルスペース上の表現諸理論の形成／第2章 サイバースペース原理論／第3章 サイバースペースに対する表現内容規制／第4章 表現内容規制論の再検討／終章

現代憲法研究 II
遺伝情報の法理論――憲法的視座の構築と応用　山本龍彦　　A5判・374頁　7500円

保険会社や一般企業は，労働者等の選別に個人情報を利用し始め，その流れは加速。本書は，「遺伝情報」の「情報」とは何かを問うことで，遺伝子管理型社会に一石を投じる。
目次抜萃　序章／遺伝子例外主義をめぐる論議と「遺伝情報」の分類／DNA情報領域の保護／DNA獲得情報とDNA型情報の保護／遺伝情報と医療／遺伝情報と雇用／遺伝情報と保険／遺伝情報と犯罪捜査／ヒトゲノム・遺伝子解析研究と遺伝情報／終章

現代憲法研究 III
保障国家論と憲法学　三宅雄彦　　A5判・334頁　7500円

スメントの復権，再評価を展開するべくクリュガー統合理論，ヴェルナー精神哲学，フェヒナーの価値哲学，そして保障国家論または国家学一般の将来の可能性を了解，解明する鍵を，著者は自己省察の視座に依拠して編む。
目次抜萃　状況と課題／第1章 保障国家の法教義学／第2章 保障国家と経済憲法／第3章 憲法具体化と行政法／第4章 純粋法学と行政改革／結論と展望

現代憲法研究 IV
人間の尊厳保障の法理――人間の尊厳条項の規範的意義と動態　玉蟲由樹　　A5判・432頁　8500円

人間の尊厳を「人間」と「個人」から説き起こし，具体的な対比事項として，「絶対性」と「相対性」，「尊重」と「保護」，そして具体的問題点として「拷問の禁止」「最低限度の生活の保障」「死後の人格保護」「個人情報」「遺伝子情報」を各章のテーマとして取り上げる。

――――――――――――――――― 尚学社 刊 ―――――――――――― 税別価格